ユーロへの挑戦

Herausforderung Euro

Hans Tietmeyer
H・ティートマイヤー
著

財団法人 国際通貨研究所・
村瀬哲司
監訳

京都大学学術出版会

監訳者はしがき

欧州統一通貨ユーロについてはわが国においても多くの研究が行われ、著作が刊行されている。しかし本書は、この壮大な歴史的大事業の最終段階を、欧州の指導国家ドイツを代表する連邦銀行総裁として完成させた当事者のメモワールである。これほど貴重な記録は他にないと言っても過言ではない。

幸いにして、私は著者ティートマイヤー博士と三十年に及ぶ温かい友人関係を享受してきた。とくに一九八〇年代、私が旧大蔵省財務官、彼が連邦大蔵省次官として、いわゆるG５の仲間として、激動した国際金融の世界で働いた経験は、生涯忘れ得ない貴重な想い出である。

長い交友を通じて私がいつも感銘を受けたのは、彼の祖国ドイツへの愛情と、そのドイツが欧州統合の主導者でなければならないという責任感と矜持の強さだった。本書を読んでいて何度も、プロイセン訛りの英語で熱弁をふるう彼の姿を思い浮かべたものである。

アジア金融危機以来、日本でもユーロに倣ったアジア統一通貨の議論が行われている。これは重要なことである。それにかかわっているすべての学者、市場参加者、当局者に是非本書を読んでもらいたい。そして、統一通貨を創るということが、民意に支えられた強いリーダーの政治的決意に依存すると同時に、いかに膨大で詳細な事務的準備と折衝、詰めを必要とする大事業であるのかをわかっていただきたい。ヨーロッパの人達がどうやってそれを成し遂げたかが本書に書いてある。

翻訳はとても良くできている。先日ティートマイヤーに「立派な日本語版ができたよ」と伝えたら、とても喜んでいた。

何十年後かの将来、日本の通貨当局の責任者がこれと同じような本をアジア統一通貨について書いてくれる日が来るだろうか。その頃私はこの世にはいないだろうが。

二〇〇七年七月

財団法人　国際通貨研究所　理事長　　行天　豊雄

日本の読者の皆様へ

一九九九年、欧州経済通貨同盟は一一か国の参加を得て新しい時代を迎えました。新しい共通の通貨として、ユーロは通貨同盟参加国の通貨にとって代わり、金融政策の決定権は、新たに創設された欧州中央銀行に移行されました。これによって参加一一か国とその通貨の将来は密接不可分の関係に入りました。

ユーロへの移行について、当初は様々な問題点が指摘されていましたが、実際には特別の摩擦もなく終了し、参加各国には色々な意味で利点をもたらしています。旅行においても、経済関係にあっても、ユーロ地域での活動は極めて円滑に行われ、通貨同盟に参加した欧州各国の間では為替リスクは消滅しています。またユーロはその安定性を理由に、ドルに次ぐ重要な国際通貨として評価されています。

通貨の分野ではこのように大きな成果がありましたが、他方で各国の経済と財政政策においては未だ充分には解決されていない問題が残っています。各国は労働市場と社会システムを柔軟にするために、引き続き努力を行っていますが、未だに充分な状況には到達していません。財政赤字が大きくなっているにもかかわらず、各国が独自に早急に対処すべき財政規律も、充分には維持されていません。

このように各国の政策については、それが正しい路線かどうか議論が続いており、通貨同盟が摩擦なく今後とも協力を維持していくためには負担が生じるかもしれない、という問題が残されています。しかし私は、ユーロの将来を楽観しています。通貨同盟に参加する各国の政策担当者は、ユーロのための決定には長い時間を要し、今後も長期的に形成されていくであろう、ということを充分に理解しています。また一部の批評家の意見とは異なりますが、私はこの理由によって特定の国が通貨同盟から脱退する、ということはないと考えています。そのようなことが生じれば、市場も脱退を厳しく、また長期にわたって罰することとなるでしょう。もっとも、新たに通貨同盟に参加する場合には慎重さが求められるでしょう。

私は二〇〇五年に上梓した『ユーロへの挑戦』の中で、ユーロ誕生に至る節目となる出来事と、ユーロ成立後の最初の中間的評価を記述しました。日本には何度も訪問し、日本の友人との長い、友情あたたまる協力を通じて、私は日本の実情と発展を理解し、評価する機会に恵まれました。本書が、欧州の通貨統合を巡る努力と問題について理解の一助となることを希望しています。

二〇〇七年七月

ハンス　ティートマイヤー

序

一九九九年にユーロが導入されるまでには、長く、多岐にわたる相対立した議論があった。しかし今日、様々な懸念とは裏腹に、ユーロは全ての人々に認められ、世界的に使用されている。ユーロは欧州においてより一層の安定をもたらし、コストの削減と透明性の拡大に寄与し、新しい連帯意識を植え付けた。もちろん新しい挑戦が明確になったことも確かである。グローバリゼーションや東欧国境の開放によって、ユーロ圏においては経済競争が激しさを増し、長い間隠されていた構造問題が白日のもとにさらされることになった。合意された財政規律の維持に幾度となく違反する状況も生まれている。

経済と政治はこの挑戦に対峙しなければならない。経済のダイナミズムや財政規律の維持が不十分であることは、長期的には豊かさと雇用を脅かすだけではなく、欧州に新しい争いの芽を生じさせ、共通の通貨に対する信認が将来長く損なわれる、という可能性につながるからである。

本書は、困難を乗り越えて成立したユーロに対する私の個人的な回顧である。ユーロ実現に至る過程での幾つかの節目と重要な決断、そして特にドイツとフランスとの関係において重要と思われる転換点に、意識的に焦点が絞られている。しかしドイツとフランスの両国の協力関係を優先的に取り上げることは、それ以外のユーロ参加国や欧州委員会の貢献を軽視するということではない。ユーロは参加国全ての共同行動の結果であったし、今日でもそれは続いている。そしてユーロは全ての人に対して挑戦を投げかけている。

ハンス　ティートマイヤー

目次

ユーロへの挑戦

第1章
欧州復興期における各国の通貨・経済政策

EU・加盟各国の旗

第1節

政治的なプロセスとその転換点

戦後の経済統合運動から通貨同盟に至る道

経済通貨同盟への移行とユーロに向かう道筋は、歴史的な意味を持つ歩みの連続であった。参加国は一九九九年初頭、共通の通貨であるユーロのために豊かな伝統を持った自国通貨を差し出した。そして独自に実施していた金融政策を放棄し、新しく成立した欧州中央銀行システム（ＥＳＣＢ）が持つ超国家的な権限を認め、政策の中心分野における、これまでの国家主権を永続的に放棄した。

ヨーロッパ統合の軌跡

1951年	参加6か国（ベルギー、西ドイツ、フランス、イタリア、ルクセンブルグ、オランダ）による欧州石炭鉄鋼共同体（ECSC）の成立
1954年	フランス下院による欧州防衛共同体条約の否決
1958年	1957年調印のローマ条約に基づき、ECSC加盟国による欧州経済共同体（EEC）、および欧州原子力共同体（EURATOM）の設立
1967年	1965年の「欧州諸共同体の単一の理事会及び委員会を設立する条約（併合条約）」に基づく、三つの共同体を統合した閣僚理事会及び委員会の設立、欧州共同体（EC）発足
1973年	デンマーク、アイルランド、英国のEC加盟
1979年	欧州議会最初の直接選挙
1981年	ギリシャのEC加盟
1986年	ポルトガル、スペインのEC加盟
1987年	単一欧州議定書（1992年末までに域内市場を統合することを目的とする）が発効
1992年	特に1999年までに経済通貨同盟を結成し、実現させることを目的とした欧州連合条約（マーストリヒト条約）の調印、1993年発効により、欧州連合（EU）発足
1995年	オーストリア、スウェーデン、フィンランドのEU加盟
1999年	ベルギー、ドイツ、フランス、フィンランド、アイルランド、イタリア、ルクセンブルグ、オランダ、オーストリア、ポルトガル、スペインの経済通貨同盟の第三段階への参加（ギリシャは2001年に参加）

さらに二〇〇二年初頭には各国通貨がユーロに交換され、これをもって三年間の経過期間は終わった。現在、お金を使う人はこの変化を実感している。一九九九年以前にも、長い間欧州通貨制度（EMS）の枠内で通貨政策における協調が続けられていたので、欧州では各国通貨間で様々な形での連携が見られた。しかし超国家的な立場に立って各国が主権を放棄するということは、通貨分野ではこれまでにはなかったことである。

一九九二年調印のマーストリヒト条約に基づいて主権の委譲を達成すること、各国の通貨を共通の通貨に統合すること、これが二〇世紀後半の五〇年間の西欧における統合プロセスの新しい頂点である。このプロセスは、第二次大戦後、特にフランスの外務大臣であったロベール・シューマンのイニシアティブに基づいて一九五〇年から始まった。そして後退と遅延を幾度となく経て、全体としては極めて印象的で、当初の期待をはるかに越えた前進と成果に結実していった。右記の表に簡単にその重要なステップを記してみた。

五〇年以上に及ぶ統合プロセスは、当然ながらまだ完成に至っていない。これまで一五か国を有した欧州連合（以下EU）は、二〇〇四年にはさらに中・東欧諸国から八か国を、また地中海地域からマルタ、キプロスを包含して二五か国に拡大した。加えて現在では東欧・南欧の諸国との加盟交渉が行われ、あるいはそれが予定されている。あらゆる状況を考慮すれば、EUの地理的な拡大はこれからも長く議題に残るであろう。

この拡大プロセスは、今後の統合目的を解明し、組織と機構を速やかに発展させることを一層強く求めている。EU加盟国は、ジスカール・デスタン元フランス大統領が議長となった欧州憲法制定集会の基礎の上に、二〇〇四年に憲法条約に署名した。この条約は特にこれまでの種々の条約を集大成し、基本的人権のカタログを決定した。さらに新たな制度的編成も目的としている。この草案は、加盟二五か国の全てが必要な批准プロセスを終了して初めて効力を得ることとなっている。

これまでの統合プロセスの中で、通貨政策の統合歩調は当初は極めてゆっくりしたものであった。

その理由として、特に一九七〇年代の初めまで、ブレトンウッズ体制下で世界的な固定相場システムが存在し、様々な通貨の相場を律する交換比率が決まっていたこと、そして欧州諸国において採用されていた国際資本取引に対する規制が存在していたこと、の二つが挙げられる。国際的な取引の支払は、一九五〇年代以来欧州においてはまず欧州経済協力機構（OEEC）の枠内で、多国間の決済を行う欧州支払同盟（EPU）を経由して実施されていた。

一九五〇年代末になって、このシステムは多くの欧州諸国の通貨が交換性を回復していったことにより、不必要となった。欧州では支払のためにこのような公的な多国間規則を必要としなくなったのである。いくつかの諸国、例えばドイツでは資本取引の自由化が実施されることとなった。そして国際的な資本移動が増え、資本市場が統合されるに及んで、欧州経済共同体（以下EEC）内では各国通貨間で最初の緊張が生じることとなる。その緊張が初めて高まったのが一九六一年のドイツ・マルクの切り上げである。この緊張は一九六〇年代が進むにつれて強まり、当時のEEC加盟六か国は先ず各国の通貨当局との間で情報の交換を、また各国政府間では緊密な協力を強力に押し進めていった。EEC内で既に存在していた通貨評議会や景気政策評議会（後に経済政策評議会となった）に加え、一九六四年にはEECレベルで中央銀行総裁評議会と中期経済政策評議会が設置された。しかしこうした評議会は一般的に決定権限を持っておらず、単に相互の情報・意見交換の場として機能していたにすぎなかった。

その後集中的な経済・通貨の協議プロセスがEEC内の政府間と中央銀行の間で進行したが、共同して、あるいは議論の結果として何らかの決定を採択することはほとんどなかった。こういった機関では現状認識では一致しても、特に政府の代表者や彼らに影響を与える各国議会の意見は、それが適当であり政策につながると判断される場合になると、しばしば一致を見ることがなかったからである。拡散する各国の利益や優先的な解決を急ぐ問題と並んで、各国ごとの、また政治家の異なる経験が、重要な役目を担っていたことも指摘したい。さらにそれぞれの時期に各国が直面する経済状況が異なっていただけではない。様々な考え方の上に立つ伝統や経済通貨政策の経験も、共同の解答や解決を追求する努力をしばしば阻害していた。

指導者と専門家たち

過去五〇年間を一瞥すれば、通貨に関する統合プロセスの中で、時には後退期も存在したが、全体としては重要な漸進的進展が、より正確には国内的にも対外的にも通貨安定に向けた進展が認められる。この進展を回顧するとき、困難な協力と統合のプロセスにおいて時間の経過とともに現れた、様々な場面での重要な決断だけを指摘するだけでは十分ではない。特定の進展に歯止めをかける意味での決断や、解明し目標を設定するための、あるいは更なる進展のための節目を決定する意味での決断もなされた。これらの決断は通貨統合プロセスに対して時には短期的な、また多くの場合は長期的な影響を与え、方向づけをした。今これらを振り返ってみれば、物事を具体的に決定しなければならなかった当時と比較すれば、そうした決断は容易でかつ単純なようにも見える。

決断そのものはもちろん政治に責任を有する人々の責務である。しかしながら、まさに財政通貨問題においては詳細な専門知識が求められている。しばしば具体的な細部が重要な方針決定機能を持ち、次の方向性が決定されるからである。確かに、欧州経済通貨統合のような広範囲に及ぶ野心的な計画のために示された、より大きなヴィジョンと政治的な将来設計に向けた勇気は過小評価されてはならない。前進姿勢を明確にした決定は、しばしば指導力と、政治家としての資質から生まれる揺るぎない信頼感を必要とする。しかしこの決定が具体的にどのような方向に進んでいったのかを振り返ると、技術的・組織的な詳細を作り上げ、具体的な実施を遂行した人の力にも大きなものがあった。従って豊かな将来を目的として方向づけをするためには、次の二つが不可欠である。一つは大きな関係を認識して歴史的な決定に対する勇気を持つことである。もう一つは、初めは専門家でない人から見て比較的重要でないと思われるものであっても、実際には重要で詳細にまたがる規則を具体的に実施する能力を備えている人が存在していることである。

私はほぼ四〇年にわたって欧州統合プロセスにかかわってきた。特に通貨の分野において、私は関連する多くの経験を積んできた。政治的なヴィジョンに高い価値があること、将来を見渡した基本方針の決定への勇気、それぞれの具体的な決定現場における実施可能な詳細規則の意味などについても経験する機会を得た。そこで得た結論は、欧州統合のための政治の分野において、グランドデザインや長期的な方向性がどんなに重要であっても、持続的な統合の進展は、継続して力を発揮できる基本原則と、機能する詳細規則なくしては前進しない、ということである。将来のために行う全ての行為がそうであるように、過去の経験も無視すべきではない。

通貨同盟とユーロは、発足して五年以上を経ている。そこで、ユーロに至る歴史的な統合プロセスを顧み、その転換点を明らかにすることは意味があると思われる。この転換点は国民通貨からユーロに至る歴史的な道を可能とし、時宜を得て重要な基本原則を提供した。それは歴史への単なる理解以上のものを明らかにしている。現在最も重要なことは、将来をいかに設計していくかである。通貨同盟とユーロに対しては、将来も欧州の諸国民の豊かさと平和的な共存に貢献することが期待されているが、これは長期的な課題である。何故なら、一国の通貨は、その背後にある現在と将来の、経済と政治の潜在的能力の総体だからである。そしてその大部分は、ユーロ地域における経済と政治が国家的にも、また超国家的にも、国際的な競争能力と諸国民の平和的な共存の中でいかに力を発揮していくかに大きく依存しているからである。

第2節

独仏で異なる経験と優先順位

豊かで多様な経済、社会、文化

欧州統合のための様々な目標設定と、それを実現するためのコンセプトは、過去五〇年間、西欧各国において極めて様々な様相を呈してきた。この二つは、統合への努力と進展が進んだにもかかわらず、今日でも状況の一部は変わっていない。過去がそうであったように、現在でも問題となっているのは、目標に対して優先順位を付すこと、政治的・経済的な前提条件を整備すること、政策の権限を各国と国家を超えたレベルに分けること、共同体に適用される決定手続きを定めること、などである。さらに自由な市民社会では、異なった意見と向き合うことが日常となっているが、特に欧州では多様な国家が持つ多様な民族の伝統と経験によって、様々な意見が存在していることも重要な点である。

目標に達する道が多様であることは、一方では欧州の文化の豊かさを示している。欧州の各国は独自の歴史を持ち、強さも弱さも持ち合わせている。多様性はしばしば、これからも努力が求められている統合プロセスを前にして、そのために必要となる共通性の形成を困難にするだけでなく、具体的な政治目標、行動指針、あるいは必要な制度的な仕組みを作り上げ、実現させる場合に特に障害となっている。従って通貨同盟という、もともと長期的なスパンを掲げて実現される組織を完成させるためには、特にこの共通性が重要である。

多元的な目標設定があり、色々な考え方を持った開かれた社会では、共通の制度のためのコンセプトを設定することは簡単なことではない。欧州では、このコンセプトの設立は、多様な歴史的経験と、なお存在する国境と言葉の壁があるために、次第に容易になってきてはいるが困難が残っている。欧州の統合プロセスに影響を与え、これを作り上げてきた人たちは、その世界観のほとんどを自国の支配的な意見や価値観から得たし、現在もその影響下にある。この点は政治家や特に国を代表する人に強く表れているが、経済専門家や中央銀行の関係者もある程度影響を受けている。また各国の経済・政治体制、特に国家の役割とその権力の分立支配について、その一部は各国で極めて異なっている。これは各国で異なる歴史的発展の帰結であるが、同時に地理的な条件の結果でもある。さらに各国が絡む異なった民族の自負も、各国で共通であるべき交渉目標への対応を困難なものにしている。

経済における国家の役割

この差異と拡散は、EECが創設された時代において既にしばしば負担となっていた。一九五〇年代の各条約に至る討議と決定において、また一九六〇年代における条約の実施においても、状況は同じであった。特にフランスとドイツは、統合プロセスが始まる最初の一〇年以上にわたって全く異なった目標を持っていた。これが明らかになったのは、一九六〇年代当初、ローマ条約で想定されていた共同体内での制度的な組織の構成と役割について、また初めて実施する共同の政策の進め方について、議論がなされたときである。中でもドゴール・フランス大統領の影響下では、フランスは欧州の共同体的な組織と政策に関して超国家的な権限が拡大することに消極的であった。フランスの政治は当時、新しい共同体的組織と政策によって、フランスの国家主権が過度に制約されることを危惧していたからである。フランスはEEC参加諸国との共同市場に関心を示す一方で、超国家的な政治的意思形成に対してはほとんど関心がなかった。フランスでは、政治的に独立すること、およびＥＥＣにおいて指導的な立場をとること、という考え方が支配的であったので、フランスの意図が他のＥＥＣ加盟諸国によって覆されうるということは、受け入れ困難なことであった。

他方アデナウアー首相を得たドイツは、特に歴史的な経験を踏まえて、可能な限り広範に加盟国を超国家的な欧州の構造に結合させる、という考え方を支持していた。共同体の中で各国が新しく連帯することは、若い連邦共和国であるドイツが同等の権利を持つために重要なステップでもあった。未来を志向する超国家的な権能と決定権を持った組織を創設し、発展させることも、ドイツは求めていた。特に初代ＥＥＣ委員長であったヴァルター・ハルシュタインは、ＥＥＣという超国家的組織を誰が見ても明らかとなるように、政治的にもまた組織的にも発展させ、できる限り大きな共同の政治組織とすることに尽力していた。アデナウアーと同様にハルシュタインも、経済共同体を、欧州において政治的共同体に向かって大きく発展していく際の一つの通過点と見ていたのである。

一九六〇年代中期に、個別問題で重要と思われたフランスの提案が覆されるという可能性が生まれたときに、この意見の不一致は、フランスによるいわゆる「欠席政策」にまで発展した。フランスは共同体において、少なくとも大臣会合には大臣を参加させないことを決定したのである。いわゆるルクセンブルグにおける妥協（いかなる参加国も、その国の「重要な利益」が問題となっている場合には、拒否することができる）によって、この表面化した争いは一九六六年には解消したが、超国家的な組織と権限の創設に対するフランスの留保的な態度は、ドゴール・フランス大統領の退場の後も長く尾を引くこととなった。フランスの立場が少なくとも重要な問題で明らかにオープンで柔軟なものとなるためには、時間を必要としたのである。※

一方ドイツでは、大きく進展する超国家的な連合に対して次第に留保と懸念が膨らんできている。このように欧州連邦国家という目的は、長くドイツの政治的な議論となってきたが、戦後から数十年を経た現代のドイツでは、欧州連邦国家に対する支持は明らかに低下している。

一九六〇年代に独仏間で基本的な対立点となったのは、特にＥＥＣ内での経済政策である。ルードヴィッヒ・エアハルト首相とその経済官僚の影響下にあって、ドイツは経済共同体条約のための交渉では、国内的、対外的な関係を政治的に考慮して、共同体の市場経済的志向を常に要求した。他方フランスには、経済に関して長い間どちらかといえば国家経済計画的な考え方があって、外国貿易の分野で手厚い保護が与えられていたのである。また長く続く歴史的な両国の伝統と並んで、この相異なるコンセプトの背後には、戦後初期の異なる経験が存在していたことも指摘しなければならない。ドイツは計画経済から社会的市場経済へといち早く移行し、ドイツ・マルクの導入が安

※ドゴール大統領の下でフランスは、一九六五年六月、ＥＥＣの農業問題への対応に反対して、ＥＥＣ本部のフランス代表を引き上げるとともに、閣僚会議をボイコットした。これは「フランスの欠席政策」と呼ばれた。翌年「重要な国益」がからむＥＥＣの政策決定は全会一致とするルール（ルクセンブルグの妥協）が定められ、危機は終息した。ドゴール大統領による国家主権重視の姿勢を反映した出来事である。

定的な通貨としてポジティブな経験をもたらした。他方フランスの立場は、特に一九五〇年代のフランスにおいて成功と判断された国家経済計画的な政策と、外国貿易における伝統的な保護政策から影響を受けていた。

社会的市場経済は、秘密裏には第二次大戦中には既に、その一部が学問研究として成り立っていた。そしてその後ルードヴィッヒ・エアハルトによって導入され、ドイツの経済政策に新しい方向性を与えることとなった。一九四八年には通貨改革が実施され、新しい通貨としてドイツ・マルクが導入されたが、その直後には、物価統制の放棄と政府のコントロールの廃止に続いて、競争の自由とカルテルの禁止を盛り込んだ、公正な競争の立ち上げを目的とする最初のステップが採用された。しかしこれに対する抵抗は、当初は国家計画経済の名だたる支持者だけに限られていたわけではない。戦前の時代からカルテルや特定集団による規則に慣れていた経済社会では、多くの反対者が存在していたのである。そして朝鮮戦争の際に物価の顕著な上昇が見られたときには、消費者の中にも大きな不満が高まっていった。

こういった不満はしかし、その後に続く数年の間に経済社会の目覚しい成果によって退けられ、破壊された経済とインフラは速やかに時代に即応して復興されていった。社会保障システムも復興し、拡充された。毎年豊かさを経験する時代が到来したのである。そして特にエアハルト首相が実施した、貿易と資本の規制を欧州内外に大幅に開放する政策は、経済を前進させる更なる原動力となった。ドイツは、一九五〇年代と六〇年代のドイツ・マルクの導入と社会的市場経済への移行期を経て、次第に欧州で最強の経済国へと発展したが、この経験がブリュッセルにおけるドイツの交渉者としての立場を明確にした。

フランスでは事情は若干異なっていた。経済政策での中央集権的で重商主義的な伝統があったことに加え、フランスの戦後の体験が他国とは異なっていた。フランス経済の復興と拡大は、ドイツと違って、国家経済計画的な原理の上に、多くの国家企業の参加を得て実施され、成功をおさめていたのである。従って競争的な思考の位置付けが、フランスの経済政策では、長い間ドイツにおける役割とは異なっていた。また貿易と資本の取引においては、外国や国際市場への行き過ぎた依存に対する懸念がしばしば感知された。特に共同体を拡大することに関しては、フランスでは長い間かなり懐疑的に見られていた。

通貨政策の目的――物価と為替相場

フランスとドイツはそれぞれ独自の伝統を持ち、また両国の戦後の経験によって裏打ちされた思考形態が互いに異なっていたので、特に一九六〇年代の共同体の経済政策論議は大きな負担を負わされた。一九七〇年になって、独仏共同の共同体政策が展開され始めると、次第にその負担の程度は軽くなっていったが、それでも繰り返し困難に遭遇した。全体としてみれば、今日のＥＵは、加盟国が段階的に増加したこともあって、様々なコンセプトが接近してきているが、他方各国の伝統と社会構造から来る多様性はより豊かなものになっている。確かに以前は多くの場で議論の的となっていたこと、例えば様々な通貨政策や経済貿易政策の分野の問題の一部は、現在では目標や実現のためのコンセプトにおいて、大きく収斂してきている。国境の大幅な開放、交流の機会の一層の高まり、EU内における昔からの制度の並存、新しい国際的な経験などが、経済政策や通貨政策の基本的方向を高度に共通化することに明らかに貢献した。しかしまだ一定の留保も残っている。歴史的な発展とそこから来る特別の懸念が原因となって、経済政策の多くの分野において、各国の政策のために必要な自由裁量と、EUレベルでの政策の内容と方向性について、とりわけEUの組織の将来の発展について、多くの意見の相違が存在している。

しかし、通貨政策については、マーストリヒト条約とその実施を基本として、少なくとも直接それを担当するユーロ部門の責任者の間では、既にコンセンサスができている。今日の通貨政策の基本的なコンセンサスは、長い、そしてその一部は大きな痛みを伴った経験の積み重ねであり、それがしばしば危機的な緊張にまでに発展することもあった。振り返ってみれば、通貨の問題に関する多くの危機は、特に首尾一貫しない、あるいは全く矛盾する各国の政策に起因していたことがわかる。そしてそれを解決することが、多くの場合、欧州の統合プロセスをさらに前進させる新しいきっかけや転換点となっていった。

危機はしばしば新しい発展のポテンシャルであり、特に危機から正しい帰結が導き出される場合はそうである。通貨政策のための主要な目標について、また欧州の一層の統合のための通貨政策の役割に関しては、明らかに欧州六か国の時代にも、その後の拡大欧州の時代にも立場の相違は長く続いた。しかしこういった相違点は当時の共同体においては限定された問題であった。当該国が決済・資本取引を規制することによって、あるいは通貨の交換性を制限することによって自国は保護され、ブレトンウッズ体制下の固定為替相場システムに組み入れられていたからである。しかしこの防御壁は、一九五〇年代のエアハルト首相によって一貫して進められた通貨の交換性回復や取引決済の漸進的自由化によって、あるいは一九六〇年代に始まるブレトンウッズ体制の侵食によって、次第に脆くなっていった。それまで隠れていた多くの緊張と実体経済の相違が表面に現れることとなったのである。パドア・スキオッパが何度も指摘した、共同のマーケット、固定相場、各国の通貨・金融政策の三つの間に存在する「矛盾する三角形」(inconsistent triangle)※は、当時から明確であった。

緊張の原因の追求と、それに責任を有する立場にある政治家とその助言者の政策提言は、加盟各

※「不可能な三角形」ともいわれる。為替相場の安定、資本取引の自由化および自律的な金融政策の三つの政策目標は同時に実現することは出来ず、一つの政策目標は捨てなければならないという国際金融の理論。例えば固定相場制のもとで自律的な国内金融政策を維持するためには、為替管理法によって資本取引規制が必要である(一ドル三六〇円時代の日本のケース)。

国の間で大きく異なっていたというわけではない。しかしそれ以上に相違していたのは、長い間参加各国政府の間で見解が分かれていたことである。二国間の、あるいは多国間での議論において、特にドイツとフランスの間では、通貨政策の目標とコンセプトが次第に異なることが明らかになっていった。

この間の歴史を回顧するときに、長い間フランスとドイツの間にあった意見やコンセプトの相違に注目はしても、それによって誤解を招いてはいけない。欧州においては独仏が支配しているという見方からも、あるいは独仏の見解の相違を拡大解釈する見方からも距離をおくべきである。独仏両国は、経済財政政策において異なる伝統から出発しており、戦後の復興期においても一時期それぞれ異なる政策を実施した。両国は国際的な役割についても、今日でも一部で異なる考えを持っている。特に戦争直後の一〇年においては、通貨政策においてそれが反映されている。従って政策の分野で共通性を模索するときに、この差異がしばしば支配的な役割を果たしたとしても、何ら不思議ではない。長い間の直接の経験に基づいたデンマークの中央銀行総裁エリック・ホーフマイヤーの著書や、オランダ中央銀行理事であったアンドレ・スザスによる著書が、この間の事情を明らかにしている。

ドイツの経済通貨政策の目標は、第二次大戦後の新しいコンセプトと、それが実施に移されたことによって得られた実りある経験によって決定されている。戦後のドイツは経済・社会・政治の構造が大きく変化したことに加え、社会的市場経済への急速な移行は、市場と競争というダイナミックな力を解放した。早くから中央統制を放棄し、連邦制を採用したドイツは、比較的早い時点で経済に直接影響を加えることから幅広く手を引いていった。二つの天文学的インフレーション（一九二〇年代や四〇年代）から受けた苦い経験を経て、持続的に安定した通貨から得られる歓迎すべき威力は、次第に高まっていた。この安定性は、日々の政治的影響から独立したドイツ連銀のステータスの高まりとともに評価を得ることとなる。市場経済と通貨安定は、連銀の政治的独立によって助長・保障され、ドイツでは、経済的な豊かさと政治的な自由を維持するために、放棄することのできない前提条件として評価された。そしてドイツの政治は、欧州の政治のためにこの前提条件を不可欠なものと考えるに至った。

他方フランスでは、特に戦後の一〇年間は、ほとんどこういったものとは異なる優先順位と経験が支配していた。ドイツが経験した経済・社会・政治の変革を経ることなく、フランスの伝統の影響は長い間、別の、そして重要な役割を担っていた。そこでは、経済における国家の役割がより重要であった。さらにきわめて中央集権化された国家構造が存在していた。政治の経済に与える直接の影響は、ドイツが経験した時代より極端に長く続いていた。また通貨政策は独立した役割をあまり果たしていなかった。通貨政策はフランスの内政と外交の一部と見られていたし、フランス銀行は一九九〇年代初めまで政府の指導のもとに置かれていたのである。ドイツの政治の場合とは異なり、フランスにおいて国の主権を可能な限り維持することは、通貨の分野においても中心的な役割を長く担っていた。

このように、独仏の経済通貨政策は異なる伝統と経験によって裏打ちされていたので、幾多の意見対立はこの観点から説明できる。数十年に及ぶ欧州の通貨統合に関する交渉において明らかになった対立は次のような点に集約されていた。

―貨幣価値の安定は為替相場の安定に優先させるべきか。

―通貨金融政策の決定に際して中央銀行に自律性を持たせるべきか。

―金融政策の決定を超国家的な組織に移管することができるか。

―通貨同盟と進展する欧州政治統合との関係。

内容に関する論争と平行して、共同して行われる回答と解決策の提示についても、その緊急性を巡って意見は異なっていた。ドイツは、強くなったドイツ・マルクとそれに伴う国際的役割の増大から、欧州の通貨統合の進展を必ずしも急ぐ話とみていなかった(ドイツ・マルクと連動していたオランダ・ギルダーについても同様な状況にあった)。しかしフランスや、またその他のいくつかの国(特にイタリアや一時はベルギーやルクセンブルグ)においてはなおさらのこと、状況は異なっていた。これら諸国の通貨は、国際通貨市場では一九六〇年代が進行するにつれて幾度も切下げ圧力に晒され、政治的威信の問題を惹起しただけではない。多くの場合、国内的な安定政策に悪影響をもたらすようになっていた。

ドイツとオランダでは、為替相場の変化によってそれらの通貨が時々国際市場で過大に評価され、しばしば輸出に負担となるような場面がみられた。しかし強い通貨のおかげで、全体としては金融面であまり被害を蒙ることはなかった。少なくとも経済的な面からは、懸案の欧州の通貨同盟の準備と内容が問題となったときは、両国は交渉上有利な立場にあった。

またドイツとオランダは早い時期から、特に一般的な欧州政策上の立場に立って、欧州通貨同盟という意味での通貨統合に向けて、固定相場、さらには共通の通貨を支持する、と述べていた。両国では欧州の統合に対する一般的な考え方について広範な意見の一致があったので、求められている統合の深化には、長期的には共通の通貨を求めることとなる、と早くから考えられていた。両国はまた、この共通の通貨は、特に長期的に安定的で、可能な限り初めから持続的に、経済的にも政治的にも維持可能な基盤を持つことが必要である、とも考えていた。そしてこの前提が長期的に確保される場合には、各国の通貨政策上の責任を共同体レベルへと移行させても正当化されるし、意味もある、と認識していた。

他方フランスと、イタリアの一部の立場は、一貫して、欧州が一刻も早く為替相場の安定に関心を持つことに集中していた。そして問題が生じた場合には、国内の通貨価値の安定は、少なくとも短期的には、優先的な目標である対外的な相場の安定のために後退もやむなしと考えられていた。長い間フランスとイタリアにとっては、一層の相場の安定に向けた漸進的な進歩の方が、持続的で共通の国内貨幣価値の安定、およびそのための超国家的な構造と権限による保障よりも重要であった。この二つの考え方とそれを解決するための方途はしかし幸いにも次第に接近していくこととなるが、それは以下の節で詳述することとしたい。

第3節

欧州共同体において重要性を増す通貨政策

政策論争に発展しなかった一九五〇年代

一九五〇年代、フランス、ドイツ、イタリア、そしてベネルックス三国を含んだ六か国の共同体を成立させるための交渉において、通貨と通貨政策というテーマは当初は対象外となっていた。一九五一年の石炭鉄鋼共同体設立条約では、通貨問題は明示的に言及されていない。一九五七年ローマで署名された欧州経済共同体条約（ローマ条約、以下ＥＥＣ条約）の中では、「国際収支」の章で通貨と各国の通貨政策協力がうたわれているが、通貨政策の決定と実施のための権限は、各国の所管に委ねられている。そして単に、加盟国は、「為替相場の領域における政策は共通の関心事項である」（107条1項）とすることが義務づけられ、「参加国の通貨政策の協調」を促進させるために、「通貨評議会」が設置されただけであった（105条2項）。またこの評議会には政府と中央銀行の代表者各一名が参加することとなっていた。

一九五〇年、ジャック・リュエフ（元ドゴール大統領経済顧問）は政策討論の中で、「通貨を通じて欧州を統一するか、あるいは全くできないかのいずれかである」という、後日しばしば引用されることとなったテーゼを示した。当時は、新しい欧州の通貨秩序に関して一連の提案が行われている。その中でも、特に一九五〇年にロナルド・マッケイによって欧州評議会（Council of Europe、一九四九年成立）に対して示された提案書、「共通の通貨と為替管理のための欧州中央銀行（ＥＣＢ）の創設のための動議」は指摘しておく必要があろう。さらに「経済社会の発展のための欧州統合（ＣＥＰＥＳ）」は、既に一九五三年と五四年に「欧州の通貨統合に関するテーゼ」を出版している。これらの提案は、学問的文献やいくつかの欧州のサークルの中で議論を呼んだが、政治的な機関による公式の討議の場では全く注目されなかった。このような将来への提案やテーゼは早い段階で欧州の共通通貨を目標としたが、当時は戦後いくばくも経っていないこと、そして欧州各国の経済発展が異なっていることを理由に、欧州の人々や政治の重要な関心からは大きく懸け離れたものであった。

国際通貨の面では、政策努力はとりわけ国境を越える決済を容易にする仕組みに集中した。支払い決済はまだ極めて困難な問題を抱えており、様々な規制のもとに置かれていたからである。そこで一九五〇年七月一日、ジョージ・マーシャル米国務長官の呼びかけに応じて結成された欧州経済協力機構（OEEC）は、欧州支払同盟（EPU）を創設した。これによって決済システムが構築され、ドルに対応する共通の計算単位の使用と、参加各国の決済の引き受けが行われた。このシステムは参加六か国を超えて、実際には西欧を包摂しており、特に欧州内の貿易自由化を容易にして、欧州経済が分業的な世界経済に再び組み込まれる可能性を求めていた。欧州決済同盟は当初困難に直面したが、結果としては成功であった。その後一九五八年に欧州の主要国は通貨の交換性を回復したので、多国間の決済システムは不必要となったが、これに代わって出現したのが欧州通貨協定（EMA）である。これによって、まだ交換性を回復していない諸国に対しても西側諸国との決済を支障なく行うことが可能となった。

西欧のほとんどの諸国に関係する国際決済を容易にする努力は、当時は摩擦なく機能していた世界的な固定為替相場制度(いわゆるブレトンウッズ体制)とともに決定的に重要であった。欧州通貨協定が存在していたので、欧州六か国は、EEC条約締結交渉において通貨政策のための特別の規則や、六か国だけに適用される共通の通貨システムを検討の対象外にすることができた。モノやサービス、ヒトの移動の自由化と並んで、EEC条約が目標とした資本移動の漸進的自由化（第3条）は採択された。しかし条約交渉担当者は、当時はまだ世界的に固定相場制度が適用されていたので、共通の通貨政策の規則が必要であるとは感じていなかった。また、加盟各国は経済通貨政策において幅広く主権を放棄する用意があるとも考えていなかった。一九五七年のＥＥＣ条約では、加盟六か国は通貨評議会について了承していただけであり、この評議会が共通の状況把握に基づいて、各国間の自主的な通貨協力に貢献することとなっていたが、決定については各国にその権限を残していたのである。

当時条約交渉に直接参加した人たちは、段階的な関税同盟の創設をもって、将来は共通の政策から幅広い統合への道を歩むこととなると確信していたから、定期的に行われる情報・意見交換に限られた通貨政策の協力に同意することは、特に難しいことではなかった。統合への努力に向けてフランス人としてひときわ着想豊かであったジャン・モネだけが、始めからこのように考えていたのではない。ドイツ外務省次官で後に初代のＥＥＣ委員長となったヴァルター・ハルシュタインも、同じ意見であった。彼は初めからこの点について確信しており、関税同盟は遅かれ早かれ幅広い政治的統合の方向へ進むという状況に至らざるをえないとして、後になってもこの点を何度も語っている。

経済政策分野で各国が山積する問題と集中的に格闘していたことも、この状況を有利にしていた。この点も後になってヴァルター・ハルシュタインが私に個人的に何度も話していたが、ドイツの多くの政治家も同様に考えていた。しかし、一九五〇年代にドイツの交渉代表団の一員であり、一九六一年までドイツ経済省次官を務めたアルフレッド・ミュラー・アルマックは懐疑的であった。彼は、「政治的な同盟を求めるものは、直接この政治的目標と対決しなければならない」と述べている。

ドイツ・マルク、オランダ・ギルダーの最初の切り上げと経済協調に向けた動き

新しく設立されたEEC内で、最初の大きな通貨政策上の緊張は、一九六一年三月、ドイツ・マルクがオランダ・ギルダーとともにブレトンウッズ体制のもとで五パーセント切り上げられたときに生じた。当時ドイツ連邦経済大臣であったルードヴィッヒ・エアハルトは、基軸通貨であるドルに対して切り上げを行ったが、これはEEC内の他の通貨に対する平価を変更することも意味しており、共同体内では集中論議を呼び起こした。特に議論の中心となったのは、この平価の変更が、目標としている共同市場の目的、特に共同農業市場の規則に合致したものであるか、という点である。EEC委員会は集中的な議論を重ねていたが、その間に欧州議会で担当委員会の報告者であったファン・カンペン議員は、一九六二年四月、EEC内における共通の経済通貨政策に向けて多くの提案を含む報告書を提出した。この報告を基礎として、欧州議会総会は一〇月に提案書を採択した。この提案書の中では、これまでの協調行動への努力という段階から出発し、EEC中央銀行という、連邦制に根ざした組織を持つ共通の通貨政策への発展が追求されていた。また通貨政策の統合は、経済政策の様々な分野でより広範な統合へと進んでいくことも要求していた。

そこでEEC委員会は、一九六二年一〇月二四日にアクション・プログラムを発表して欧州議会の見解に反応した。このプログラムの中の通貨政策に関する章で、委員会は経済同盟と連携した通

貨同盟のための将来構想を具体化したのである。そして、数か月たって新しい複数の委員会の創設のために詳細な提案を行ったが、その内容は、十分な協調と共同体の方向を明らかにして、関係する各国の政策決定全てを事前に協議する、というものであった。この結果、通貨政策のための提案をベースとして、一九六四年春、政府および中央銀行の代表者を含む通貨評議会に加えて、政府とEEC委員会から独立して行動する、EEC加盟中央銀行総裁による評議会が設立された。この評議会は、時宜に適った通貨金融問題を取り上げつつ、毎月行われるバーゼルの国際決済銀行理事会の際に、従って意識的にブリュッセルとルクセンブルグにおけるEEC委員会と加盟各国の協議とは一定の空間的距離を持って、定期的に開催された。

ドイツでは、EEC委員会がアクション・プログラムと同時に提案した、共同体による経済政策の計画化のコンセプトを巡って、厳しい意見の対立で沸き返っていた。そこでこの問題を所管したフランスのマルジョランEEC委員会委員は、ハルシュタインEEC委員長の同意を得て、アクション・プログラムに付随して、将来の共通の経済政策の方向性として、欧州経済のための全体的な経済計画を作ることを提案した。フランスが広く実践している「長期経済計画」システム（Planification）に対応したこの提案は、ドイツで実施されていた「社会的市場経済」政策のコンセプトとは明らかに対立するものである。従って経済学者であったルードヴィッヒ・エアハルトが、この提案に強く反対したことは十分理解できる。エアハルトは法律学者であるヴァルター・ハルシュタインと公開論争することさえ厭わなかった。私は「市場経済における国家的な計画の可能性と限界」

と題して、長文の部内用の基本ノートを示し、連邦経済省における政策立案形成や、ブリュッセルのＥＥＣ委員会に対するドイツの議論に貢献した。そこで要約した基本テーゼは次のようなものである。

市場経済は国家的な計画ではなく、競争によって制御されるシステムである。従って単に指標としての、国家的な、あるいは特定集団に対するセクターごとの計画でさえ、競争原理と矛盾する。また国家によって設定されることとなる市場経済の枠組み条件は、それが十分に計画され、正しい時期に発表される必要がある。このような場合にのみ国家による枠組み条件は信認を受け、十分な政策の効率が保障される。

ブリュッセルの各部会では甲論乙駁の議論が行われたが、ＥＥＣ委員会は最終的には、当初提出した国家の長期経済計画提案を事実上撤回し、各国の経済政策の間で長期的な考えに基づいた協調努力を強化することで満足する、とした。一九六四年、ＥＥＣ加盟六か国は中期経済政策のための共同の評議会の設置に合意した。この評議会の任務は、とりわけ各国の経済政策の形成について、中期的なガイドラインを作成することであった。しかしこの時期になると、もともと議論のあった原則論的な独仏間の対立は、実務的な作業の段階では比較的小さいものとなっていた。これは、国家の長期経済計画のコンセプトがフランスにおいても、一九六〇年代の後半にかけて、次第にその意味と政治による支持を失っていたからである。

通貨問題への理論的整理

通貨の分野では、一九六一年の平価の変更後六〇年代の中盤まで、最初は比較的静かであった。ＥＥＣ委員会でも、また通貨評議会でも、為替問題が解決した後では、加盟各国間の経済的制約を除去するための通貨政策上の条件、あるいは特定の分野で漸進的に共通の政策に移行するための条件は、広範な通貨政策上の決定を行うまでもなく、大部分は、恐らく長期的にも満たされている、という意見が当時は支配的だったからである。しかしこういった意見はあまりにも楽観的すぎた。一九六一―六二年には、二回目の資本取引に関するガイドラインによってＥＥＣ内での資本取引の自由化が導入されたが、しばらくしてその政策の実施は困難になっていった。そして一九六四年にＥＥＣ委員会によって提出された三回目のガイドラインのための提案は、閣僚理事会によって初めて採択されないという状況になった。各国通貨とその背後にある政策が、国際資本市場ではあまりにも異なった評価を受けたからである。

共同体の中では、各国の政策について一層の協調に向けて努力がなされていた。共同体に参加している各国の中央銀行総裁はバーゼルで定期的に会合し、各国の実態的な動向について協議していた。また各国の経済問題は次第にブリュッセルの各部会でも議論されるようになっていた。引き続き議論となっていた国際通貨問題は、通貨評議会での議題に取り上げられていた。しかし広く関係するテーマである「欧州における通貨協力」は、この時点ではまだ閣僚理事会で特別の役割を果たしていなかった。さらに欧州議会でも、欧州における通貨同盟の長期的目的に関して定期的に議論していた。しかし、一九六六年にドイツ選出の欧州議会議員デッヒガンスが欧州の通貨同盟に対する提案を行ったものの、各方面からはまだ現実的でないと指摘されたことを除いては、確たる動きはみられなかったのである。

長期的観点から重要であったのは、一九六一年の切り上げ後しばらくして始まった固定相場、あるいは変動相場に関するメリット・デメリットについての集中的な学問的議論である。ドイツでは、この議論は、一九六四年秋のドイツ経済の発展に関する答申のために新たに設立された、独立した専門家委員会（いわゆる五賢人委員会）の最初の年次報告書によって、特に集中的に進められた。この年次報告書では、五賢人委員会は連邦政府に対して、国際的なインフレの危険が次第に高まっているとして、近い将来できるだけ柔軟な為替相場に移行することを勧告したが、政府は、当時有効であった国際条約に照らして採用しなかった。

しかし為替相場の役割については、この勧告によってドイツを中心に幅広い討論の口火が切られた。ドイツの多数の経済学者の間では、ドイツのような国は、自国通貨の為替相場がこれまで以上により柔軟に変動する場合だけ、自国の経済安定コースを成功裏に維持することができる、という意見が支配的であった。他方ドイツの経済学者の少数派によって勧告された代案は、通貨を固定することによって当該国の国内的安定を強要するというものであったが、これは状況をみれば全く実現不可能と見られていた。これらの極めてアカデミックな議論は、ドイツと欧州で実際に採られていた政策には、ほとんど影響を与えなかった。特に一九六五年、六六年に、五賢人委員会によって指摘されたインフレの危険が、想定されていたほどには緊急性がないものであることがとりあえず明らかとなったとき、このアカデミックな議論は力を失っていった。

一九六七年、連邦議会は安定と成長に関する法律を採択した。そこでは、新たに就任したカール・シラー連邦経済大臣のイニシアティブによって、国内的な安定政策のための「対外経済からの防衛」に関する一文が明確に採用された（同法第4条）。経済全体のバランスが対外経済によって撹乱される場合には、まず国際的な協調によってあらゆる可能性が追求される、これが効果を発揮しない場合、ドイツ政府は「対外経済的なバランスを維持するために与えられている経済政策手段を投入する」という内容である。これによってドイツの政策のための方向性は決定されたが、国際的な協調のために可能な手掛りを具体化すること、また国家的な防衛措置に関する潜在的な問題点は、未着手のまま残った。

五賢人委員会では柔軟な為替相場のメリット・デメリットについて様々な議論が続いたが、特に連邦政府が柔軟な為替相場への移行を否決したことによって、国際的な協調というテーマはその後も追求されることになった。一九六六年の年次報告書では、五賢人委員会は例えば「ハード化された外貨スタンダード」、「中期的に保障された平価の上昇」、あるいは「限定的に平価を上方に調整して変動幅を拡大する方法」といった手法が、世界的に、あるいはＥＥＣの中で採用可能かどうか調査している。しかしこのような議論は学問的な議論を越えて広がっていくことはなかった。日常の政策では、このような複雑な解決策は欧州でも、また世界的にも現実的なチャンスはなかったのである。それに加えて、新たなインフレーションの危険もなくドイツの経済的発展が進んだので、このテーマはドイツの政治にとっては時宜に適ったものとはいえなかった。

この時期には、国際的な学問上の議論では別の思考の芽生えが意味を得ていた。後日ノーベル経済学賞を受けたロバート・マンデルは一九六一年、米国で「最適通貨圏理論」（ＯＣＡ）と題する論文を発表した。彼の基本理論は、均質的な通貨圏とは、一義的には国境によってではなく、十分な労働力の移動、十分な弾力性を持った賃金と物価、および一定の公的財政の移転を含む金融と財政の統合によって定義される、と要約される。マンデルのこの理論は当時学会においては議論されていたが、欧州の政治の場では、あまり注目された議論とはならなかった。というのも、先に指摘したテーゼの核心はＥＥＣにとっては全く現実的でない、と見られていたからである。マンデルは後日自分の見解をさらに発展させ、労働という生産要素の移動と弾力性に代えて、通貨圏における包括的な政策、あるいは各国の政策の協調を前面に展開している。そしてもっと明確な形で、欧州は米国の政策と市場から一層独立することが必要である、と説いたが、後日彼は、ユーロとドルの間のより一層の為替相場の調整を支持することを否定してはいない。

マンデルの最適通貨圏理論は、一九八〇年代においても欧州内部の通貨論議を活性化させた。彼は現在多くの人から、欧州の経済通貨同盟の学問的父の一人であると思われている。もっとも初めに彼が示した議論は、今でもユーロ地域ではほとんど実現されてはいないと考えられる。

ドイツ・マルクへの圧力と国内経済防衛

欧州では、一九六八年に再び欧州共同体（以下ＥＣ）内で通貨政策面の緊張が高まったとき、集中的な政策議論が再燃した。この議論の発火点は、これまでの安定的な発展と各国の政策が、国際的にも欧州内でも不安定な状態に向かって拡散していったことにある。英国は、一九六七年に一四パーセントに達するポンドの大幅切り下げによって過大評価を是正したが、長期にわたる英国の貿易収支赤字を克服するためには、時間を必要とした。一九六〇年代後半には米国でもインフレの昂進が表面化し、その原因としてベトナム戦争によって問題化した財政と、そこから生じた赤字が指摘された。一九六八年になると、ＥＣの中では経済発展の差が明確に現れてきた。ドイツでは、賃金と物価が比較的安定する中で新しく経済の発展が進んでいったが、フランスでは一九六八年の学生騒動とそれに続く全面ストライキの後、賃上げにより需要が急激に拡大した。こういった状況を背景に、特に一九六八年秋にはドイツ・マルクへの資本流入が増加した。当時ドイツ・マルクは既に欧州で最強の通貨となりつつあり、価値を下げたドルに対して、主要な対抗者となり始めていた。最後に平価が変更されてから七年がたち、こういった状況の中でドイツ・マルクにとっては再び切り上げの問題が緊急性を帯びていったが、それは対ドルだけではなく、ECのいくつかの通貨に対しても同様であった。そこで一九六八年初秋にはドイツ国内でも、また国際的にも、現実的な解決に向けた一連の秘密会議が持たれた。ドイツ内の議論では、五賢人委員会のみならず連銀理事会は、秘密会議において早急に大幅な切り上げを討議した。しかし連邦政府の政策形成は当初明確ではなかった。連邦経済大臣であったカール・シラーは、当初極秘の経済省幹部会において早期の切り上げを表明したが、ドイツ産業連盟会長のフリッツ・ベルグ、ドイツ銀行会長のヘルマン・ヨーゼフ・アプスといった経済界や銀行の代表者は、ドイツ経済の競争力に対する危険性を認識し、国民に対してはドイツ・マルクの切り上げに強く反対する、と述べていた。連邦大蔵大臣のフランツ・ヨーゼフ・シュトラウスやキージンガー首相も、国民に対してはこの後者の見解を支持すると述べた。しかし連銀では意見の集約はまだ不明確であったので、カール・シラーは、連邦政府において自分の決定を押し通すという現実的なチャンスはない、と判断した。

シラーはECの多くの加盟国の提案に基づいて、先進主要工業国によるいわゆる一〇か国グループを、一一月二〇—二一日ボンに招致していた。ところがこの会議の直前に、ドイツ政府はシラーの同意を得て、公式にドイツ・マルクの切り上げを行わないことを内々決定してしまった。そこで多くの会議参加者は、会議が始まって初めてドイツ政府の決定を知り、驚きと苦渋を味わうこととなった。参加者は大幅なドイツ・マルクの切り上げと、欧州の他の通貨の再調整を想定していたのである。この切り上げ問題は、ドイツ政府に相談することなく、既に九月の国際通貨基金（IMF）

のワシントンにおける年次総会や、その後のバーゼルにおける国際決済銀行（ＢＩＳ）の理事会での秘密会議において、一〇か国グループの中央銀行代表者の間で集中的に議論されていた。その際に集約された中央銀行間のコンセンサスは、ドイツ・マルクのその他の通貨に対する望ましい切り上げ幅を五パーセントとし、同時にフランス・フランを追加的に五パーセント切り下げるという内容であり、会議参加者の大方の期待と一致していた。ドイツ連銀理事会も一九六一年のときとは異なり、しばらくは躊躇していたが、最終的にはドイツ・マルクの切り上げを支持した。私は今でも、この連銀の意見が会議の直前にブレッシング独連銀総裁から文書で伝えられたときに、シラー大臣が立腹したことを良く覚えている。しかし各国中央銀行間において調整されたこの見解も、ボンにおける一〇か国グループによる通貨会議の場では全くチャンスがなかった。最終的に平価変更の権限を有していたのは政府であり、各国の中央銀行ではなかったのである。

一〇か国グループに集まった各国政府は、ドイツ・マルクの一定の切り上げに同意する用意があった。しかしドイツ政府はドイツ・マルクの平価をいかなる意味でも変更することに反対であり、その代わりとして租税政策を利用した「代替切り上げ」（輸出に対して四パーセントの課徴金を課し、輸入に対して四パーセントの優遇税を導入する）を決定した。当時この一方的なドイツ政府による決定が各方面から非難を浴びたのを見て、フランスは自国通貨の切り下げに反対する立場をとった。その結果、多くの会議参加者と、これを見守っていた人々はボン会議の結果に大いに落胆した。平価は変更されない、ドイツの輸出には四パーセントの課徴金を課し、また輸入には四パーセント税を優遇する、という結果に終わったからである。私はこのような国際会議の内部経緯を初めて直接経験したが、この結果は納得できるものでもなく、将来を見据えたものでもなかった。私はこのとき、長期的には、特に欧州内での通貨協力はこういったものとは異なる道と解決策を必要とする、との感を新たにした。

避けられなかった通貨調整

ボンの会議が「結果の出ない会議」に終わったので、これに対する国際的な反応は、極めて批判的なものとなった。今でも当時の出来事について、専門家は否定的な思い出を呼び覚ますことがある。「結果の出ない会議」が、その後も長く市場を納得させなかったことは明らかであった。とりあえず市場は落着きを取り戻したが、その落着きは全く短期的なものであり、一九六九年春にはドイツ・マルクは実質的に低く評価され、同時に特にフランス・フランがあまりにも過大評価されていることが次第に明確になってきた。これに対応して、ドイツの景気は嵐のように反応した。ドイツ・マルクが低く評価されたことで、ドイツ連銀の行動能力は大きく制約され、為替相場の緊張は、特にフランス・フランとの関係では再び張り詰めたものとなった。特に一九六九年四月二七日にドゴール大統領が退陣した後には、あらためてフランス・フランの軟化が見られ、ドイツ・マルクへの逃避が生じた。その結果為替市場で記録された投機の波は、これまで欧州で起こったものの中では最大となった。ドイツ政府が主導したドイツ・マルク切り上げに代わる租税措置は、ドイツの安定政策のために持続的効果を持つ「対外経済面の保障」とはならないことが次第に明らかとなった。またドイツの安定と成長のために法律が求めるもの（第4条）とは一致しないことも明らかになっていった。

市場では、これまでのドイツ・マルクの平価は、ドルに対しても、その他のEC通貨に対しても維持が不可能であることが明らかになった。この状況はシラー経済大臣も次第に認識し始めていた。そこで彼は連邦政府内の協議で、一九六九年前半には、連銀の支持を得てドイツ・マルクの早期かつ実質的な切り上げを説き始めた。しかしキージンガー首相とシュトラウス連邦大蔵大臣は、ベルグ・ドイツ産業連盟会長とアプス・ドイツ銀行会長の勧めもあり、いまだに強く反対していた。この反対を伏線として、一九六九年秋の連邦議会選挙までの連邦政府の対応は決定された。そして連邦政府による切り上げ拒否に続いて、対外債務の期限前償還、景気調整積立金の導入といった連邦政府の一連の側面的な措置が採用されたことによって、市場においては一定の満足が生み出されていった。

一方フランスは八月初めになって、誰も期待していなかったこの状況を狙い、満を持したフランス・フランの一一パーセント切り下げを巧みに行って、市場を驚かせた。もっともフランス・フランの大幅な引き下げは、当初フランス経済の負担を軽減したが、EC内の不均衡や、ドルに対して膨れ上がってきた不均衡を排除することにはならなかった。またフランス・フランの引き下げによっても、ドイツ・マルクの切り上げというテーマは、議題から外れることにならず、事実は逆となった。ドイツでは、選挙戦において次第にこの問題が賛否の論戦を呼び、国内のメインテーマの一つとなった。そして選挙戦が進むにつれ、この論争は選挙結果を左右する問題となっていった。

その年の夏にはもう市場で、選挙後はいずれにせよドイツ・マルクは実質的な切り上げとなる、という期待が先行していた。そして実際にそのとおりとなった。一九六九年九月二八日の選挙結果により、キージンガー／ブラント内閣の終焉とブラント／シェール内閣の成立がもたらされた後で、ドイツ・マルクの平価は「一時停止」されたのである。市場はすぐさま、フロートするドイツ・マルクを高く評価した。そこでドイツは新政府の就任式が終わって数日後の一九六九年一〇月二四日、ドイツ・マルクの平価を九・三パーセント引き上げることを決定した。ブリュッセルで行われた直近の大臣会議では、ECのいかなる加盟国も、ドイツ・マルクの平価の変更に従う用意はないことが明らかとなっていたので、EC内の通貨構造は若干遅れたとはいえ、この大幅なドイツ・マルクの切り上げで、特にドイツ・マルクとフランス・フランの間には大きな変化が生じた。すなわちフランス・フランは八月にその他の欧州通貨に対して一一パーセント切り下げられており、今ドイツ・マルクが追加的に九・三パーセント切り上げられたので、両方の通貨で二〇パーセント以上の調整が行われたのである。

一九六八—六九年のドラマチックな事件と広範な変化は、一九六〇年代が進むにつれて、共同体の中で通貨政策上の緊張を高めたポテンシャルがどの程度堆積されていったか、を明示している。一九五七年のEEC条約によって、遅くとも一九七〇年までには実現させることとなっていた関税同盟は、予定より早く一九六八年には実現され、また共同農業市場は既に一九六三年から漸次構築されていた。他方、参加各国の経済は、特に通貨の評価について一九六〇年代末には深い格差を示すようになっており、この格差は欧州共同市場の目的とも、また固定相場に基づいた共通農業政策とも相容れるものではなかった。この拡大する格差を前に、欧州経済と通貨は次第に緊張をはらむようになり、この緊張は欧州の多くの人たちによって、統合政策の目的とは合致しないと見られるようになっていった。また、達成された統合の水準は、経済通貨政策上の統合がより強く進められる場合にのみ長く維持され、持続的な発展が見込まれる、ということも明らかとなった。ただし統合を「どのようにして」進めるか、という問題については大きな意見の相違があった。

経済通貨政策の協調強化

一九六九年二月一二日、EC委員会はメモランダムの中で、緊密な経済政策の協調と通貨政策における協力の改善のために、新しい提案を行った。この提案(委員会副委員長の名前に因みバール提案と呼ばれた)は、経済政策の領域においては、生産、雇用、物価および国際収支のために特に各国で、またEC域内で矛盾のない中期的な目標値を作成することを目的としていた。さらに、短期的な経済政策において、対内的および対外的経済発展バランスに関する決定が行われる場合には、参加各国は全て事前に協議することが義務づけられた。最後に通貨政策の領域では、短期の通貨安定メカニズムの創設と、中期的な共同の財政支援のための十分な資金提供が提案された。委員会は、経済政策上の協調への努力と、各国相互の通貨政策上の支援への準備をそれぞれ促進することを考えていたのである。しかし特にフランスでは、一九六八年のドゴールの退陣の後もEC条約の基本を変更することに対する留保がなお支配的であった。そこでこれを考慮して、現存する条約の基礎の上に立って委員会の提案を展開し、条約の更なる発展のための新しい提案は当面意図的に放棄することとした。現状ではとにかく経済政策上の協調努力を強化し、それに加えて、弱い通貨を支えることを目的とした通貨介入のための、ある種の金融支援を追加的に設置することが優先されていた。

ドイツでは、提案に対する最初の反応が明らかになるにつれ、この提案は一時的にも、また長期的にも、幅広い通貨統合に向けては十分ではない、と考えられた。これについて、私はバール副委員長とシラー連邦経済大臣のボンでの秘密会談を良く記憶している。私たちは連邦経済省において、条約上の基礎をさらに深く進展させることなくして、EC内で根本的で持続的な通貨分野での進歩を図ることはできない、と判断した。他方バール副委員長はバール提案の中で、経済政策と通貨政策について、第一段階としてはある意味で平行論を採用しようとしていたと思われる。彼は、多分フランス内での抵抗にあって、幅広い提案を少なくともこの段階では放棄したかったのであろう。

一九六九年夏、バール提案の一部は閣僚理事会によって採用されたが、その後に新しく生じた危機的状況が先鋭化した。その結果現存する条約の枠は、共同体を危険な緊張から守り、経済通貨政策の中核的な分野で統合を進めるためには不十分であることがますます明確になった。事ここに至ってジャン・モネとヴァルター・ハルシュタインがかつて呼んだ「状況が求める強制」が、一層理解されるようになった。当時、条約に規定されていた関税同盟は、時期を早めて一九六八年七月一日から実現されていた。フランス側から要求されていた共通の農業政策も、特に共同の市場秩序の導入によって、参加国通貨の間で固定された平価の上で機能する共通の計算単位が作動し、ほぼ完成されていた。しかしこの通貨を結合している経済的な基礎は、次第に脆弱なものとなり、経済通貨政策が将来どのようになっていくのか、不透明感が日増しに大きくなっていった。統合の今後の発展のためのアイデアと計画について、共同体の内外で、十分な共通性が明らかに不足していたのである。他方、農業政策に見られるように、特定の分野における統合は十分進展していたので、より広範な統合の道程を示すことが緊急な課題となった。このようにして、ますます明らかになる「状況が早急に求める強制」は、更なる発展を必要としていた。

第2章
ブレトンウッズ体制の崩壊と欧州通貨

ピエール・ヴェルナー（1970年11月23日）
© European Community, 2007

一九六九年のデンハーグ欧州理事会とヴェルナー・グループ

第1節

独仏首脳の交代と通貨問題に対する新しい取り組み

ドゴールの後継としてポンピドーがフランス大統領に選出された直後、フランスは一九六九年後半にＥＣ六か国首脳会議の開催を提案した。この会議の目的は、経済・通貨の領域での一層の統合目的を明らかにすること、および特定の国との将来考えられる加盟拡大交渉について決定すること、の二点であった。首脳会議（以下欧州理事会）は一九六九年一二月一日と二日にデンハーグで行われたが、その前にドイツでは、秋の連邦議会選挙がドイツの政治状況を変えていた。キージンガー首相率いるCDU／CSU（キリスト教民主同盟／キリスト教社会同盟）とSPD（社会民主党）による大連立政権に代わって、それまで外務大臣であったブラントが首相になり、SPD／FDP（社会民主党／自由民主党）が政権についた。これによって、ECの二つの大国でそれぞれ新しい国家・政府首脳が誕生した。

デンハーグ欧州理事会では、欧州の一層の統合のために重要な決断がなされた。まず、国家・政府首脳は、これまで進められてきた経済統合プロセスは引き続き政治的な重要目的であることを強調し、プロセスを進めるための決意も表明した。可能な限り早期に、加盟意思のある西欧各国との加盟拡大交渉を進める用意があることも明らかにした。この決定は、一九六〇年代に当時のドゴール大統領によって採られていた英国との交渉封鎖を解き、一九七三年には英国、アイルランド、デンマークの三か国による共同体の拡大へと発展していった。

欧州理事会は経済通貨同盟に関して次のような決定を採択した。

8. 国家・政府首脳は、共同体の強化と経済同盟の発展のために、必要な更なる拡大を加速させることを決意した。国家・政府首脳は、統合のプロセスは安定と成長を持つ共同体へと進まなければならないと考えている。この目的のために、国家・政府首脳は一九六九年二月一二日のEC委員会のメモランダムから出発して、同委員会との緊密な協力を図りつつ、欧州理事会において、一九七〇年中に経済通貨同盟の創設のための段階的プランを作成することに合意した。通貨問題における協力の発展は、経済政策におけるハーモナイゼーションの上に展開されなければならない。国家・政府首脳は、欧州準備基金の創設の可能性を検討させることとし、この準備基金は共通の経済通貨政策がもたらす成果でなければならないことに合意した。

この決定は、「安定と成長を持つ共同体」の目的を明確にしたものではあったが、目標とされた「経済通貨同盟」のためには、単に手続き的な措置を決定しただけであった。しかしこの合意文書は、このテーマを真摯に検討して決定を導き出す、という共通の意思を明らかにした。また経済政策のハーモナイゼーションは、通貨問題における一層の協力のための基礎でなければならないことを確認した。これは将来のための重要な方針決定であった。さらに欧州準備基金の設立の可能性を検討させるという合意は、共通の経済通貨政策がこの「準備基金に収斂しなければならない」という趣旨であるとする補足文が加えられた。

デンハーグ欧州理事会の決定を評価するとき、それまで長い間明確になっていなかった事柄や、時折障害となっていた対立点が急に前進への道しるべとなっていったのはなぜか、という問題に突き当たる。これに対する回答は、特にフランスの政治的な変化に、そしてドイツの欧州政策や外交政策における新しいアクセントの置き方に求められるだろう。ポンピドー・フランス大統領は明らかに、欧州政策においては、前任のドゴールとは違う別のコースを選択する努力を示したかったのである。ドゴールは一九六三年の独仏友好条約において、ドイツとの緊密な協力を約束したが、一九五七年のEECおよびEURATOMに関するローマ条約は、その背後にある超国家性を目指した道程であるがゆえに、彼にとっては行き過ぎであった。委員会の役割や閣僚理事会における多数決制は、ドゴールのいう国家の主権という考え方と矛盾してもいた。従ってフランスは一九六〇年代の中盤に、ブリュッセルで「欠席政策」を採ったのである。彼は拡大交渉、特に英国との拡大交渉も実質的にブロックしていた。そこで新大統領のポンピドーは、明らかに前任者の政策と決別して、フランスの欧州政策に新しい路線を敷きたかったのである。ポンピドー自身も後で述べているが、「欧州はドイツをできるだけ自らに近く引き寄せなければならない、そうすることでドイツは欧州からもはや離れることはできなくなる」ということが、彼にとって重要であった。

新しく就任したブラント西独首相も、明らかにドイツの欧州政策においてドイツの特色を出すことに関心を示していた。彼は外務大臣として在職する間、ブリュッセルのほとんど結論の出ない閣僚理事会に出席して欲求不満を高めていた。通貨政策上の対立も経験している。しかし心から欧州人であった彼は、欧州政策において新しいダイナミズムを志向していた。彼自身のメモワールでも述べているように、ジャン・モネの欧州についての警告は彼に大きな印象を残している。ブラントは、新首相としての新しい責任を担うに当たって、できるだけ速やかに新しいシグナルを送ろうとした。そしてカール・シラーの慎重なポジションがあったにもかかわらず、フランスから長く求められていた欧州準備基金に関する交渉については、そのための前提と条件で合意できる場合には、原則的に応じることを提案した。またエリック・ホーフマイヤーが正しく推測したように、西欧における通貨政策の協力のための新しい政治的イニシアティブは、同時に西欧の隣国において、新しいドイツの東方政策のためにより多くの理解を産み出すかもしれない、という期待も一定の役割を果たしていた可能性がある。

いかなる動機が支配的なものであったかは定かでない。しかし一つだけ明らかであったのは、デンハーグ欧州理事会の準備会議において、ドイツ側ではヴァルター・シェール新外務大臣と並んで、首相府で新しく政務次官に就任したフォッケが大活躍をしたことである。彼女は欧州ユニオン・ドイツで積極的に活動しており、ケルンの一九六八年の会議では、最終的には共通の欧州通貨が出現することを想定した段階的プランの早期作成を強力に推進していた。欧州において通貨政策をまとめることを目的としたこの特別な働きは、首相府における彼女の新しい政治的職務においても出色であった。

通貨統合への最初のプランをまとめたヴェルナー・グループ(一九七〇年)

経験や新しい政治状況、特別のモチベーションによって拡大交渉を再び開始し、共通の経済通貨政策を追求しようとする独仏の態度は、デンハーグに参集した他のEC各国によって歓迎された。もちろん両国には経済通貨同盟を目指す具体的な道程に関して、未だに異なった考え方があったが、合意に向かって努力するという目標は、しばらく前と比べればより多くの加盟国から一様に支持を受けていた。こういった状況もあって、デンハーグの決定は、「突破口」として大方の評価を得たが、これは数日前まではほとんど期待しえないものであった。EC内外の多くの国では、欧州理事会以後、原則的な対立と過去の進展のない交渉状態は近い将来克服されうる、といった安堵感が広がっていった。

他方で警告的な声も聞かれた。特にドゴール派は、しばらくして一線を画すような対応を示した。彼らは国家主権が侵害されることへの懸念を持っていたのである。他方ドイツでは、ドイツ・マルクの安定が危うくなることを警告する声が少なからずあった。しかし一般的には、デンハーグ欧州理事会とその結果によって欧州統合政策の新しい時代が始まった、と見られていた。拡大交渉への準備と平行して、欧州では最初の具体的な経済通貨同盟のために事前作業が始まったからである。

デンハーグ欧州理事会から数週間を経て、ECの経済・大蔵大臣は中央銀行総裁とともにブリュッセルで会合を開いた。彼らは、経済通貨同盟への移行を目的とした段階的プランを作成するために、その方法を模索していた。そして二回目の討議が終了した後で、一九七〇年三月六日、当時のルクセンブルグ首相ピエール・ヴェルナーを議長として、作業グループを構成することが決定された。この作業グループにはEC委員会の代表と並んで、テーマに従って直接に関係するECの各評議会（通貨評議会、中央銀行総裁評議会、景気政策評議会、中期政策評議会、財政政策評議会）の議長も参加することが求められていた。こうして、関係する全ての専門分野に加えて全加盟国、つまり六か国がグループに集結することとなり、作業グループの議長の名前を取って広く「ヴェルナー・グループ」と称されるようになった。グループへの公式の出席者は、最初の会合で代表の代理を任命した。彼らには、全ての会合に参加し、後日中間および最終の報告に対する具体的な編集作業にも出席することが依託された。ドイツ側の代表は、当時連邦経済省次官でEC景気政策評議会の議長であったヨハネス・シェルホルンであり、私を代理に指名した。私は、ボンの各省間との、またドイツ連銀との間の準備作業をまとめる役に就くこととなった。

一九七〇年三月中旬、ヴェルナー・グループがその作業を開始したときには、既に多くの、一部では極めて詳細に作成されたプランが配布されていた。特に意欲的であったのは、一九六九年末に既に明らかとなっていたベルギーの大蔵大臣スノワ・エ・ドプエール男爵の三段階プランである。このプランは、一九七六年には通貨同盟が最終段階に移行し、その後は共通の欧州通貨単位によって各国通貨が着実に廃止されることを掲げていた。共同体による中央銀行制度と並んで、共通の経済財政政策のための共同体レベルでの機構設立も提案されていた。さらにこのプランを補足するものとして、ベルギー中央銀行総裁のアンショー男爵による欧州準備基金の早期創設、およびそれと並行したEC内での為替変動幅の縮小と最終的な消滅が付加されていた。

一九七〇年二月一八日、ドイツ連邦経済大臣のシラーによって提示されたドイツのプランは、私たちが連邦経済省において連銀と協議した結果であり、いくつかの点で異なるアクセントを明示していた。例えば最終段階の内容に関しては、ベルギーの考え方と多くの点では一致していたが、いわゆるシラー・プランでは、個々の段階で別の順序が予定されていた。特に為替変動幅の縮小と、それを保障するための為替介入の共同ファイナンスの実施は、各国の経済と政策に十分な収斂が実際に確保されていることを確認した後でなされる、とされていた。また、通貨統合における将来の段階に対して具体的な時期の明示を意識的に放棄し、次の段階への移行は実際に達成された成果に依存する、と書かれていた。

ヴェルナー・プランとシラー・プランは、ルクセンブルグ・プランによっても補足された。ルクセンブルグ・プランでは、経済協調と通貨同盟の創設を並行して進めるが、同時にこの並立性を義務として厳格に適用することは避ける、とされていた。このプランに類似したものとして、EC委員会がヴェルナー・グループで検討を始める直前に提出したプランがあり、これも同じ結論であった。EC委員会のプランは多方面で細部にわたるものであったが、様々な具体的措置を進める際の順序については判断を放棄していた。さらに最終段階で必要となる中央銀行システムの役割や独立性についても、判断が示されていなかった。

フランス、イタリアおよびオランダは、ヴェルナー・グループが討議する前に独自の作業を示すことは避けていた。ただフランスの大蔵大臣ジスカール・デスタンは、作業グループに報告書作成を委任する際に、これらのプロセスの結果として、欧州の共通通貨が生まれることを確信するとの意見を表明していた。

各国で異なる交渉プロセス

ヴェルナー・グループでは、しばらくして討議の中心は、個別の具体的な措置の実施順序へ、そして各種の分野における進展の相互依存性へと、移動していった。ベルギーの中央銀行総裁アンショー男爵とフランス中央銀行副総裁ベルナール・クラピエは、早期に為替相場の変動幅を狭めると同時に、為替調整基金の設立を支持した。他方オランダのブロウヴァース次官とドイツのシェルホルン次官は、まず参加各国の経済政策と各国経済間の収斂を引き続き進めることを強く主張した。イタリアの予算局長スタマテは、協議の冒頭において、各国の為替変動幅を縮小しながら、共同体による財政均衡のための措置を行うことに意味があると指摘した。

通貨同盟に至る道筋を時間的に秩序立てることを巡っては、しばらくして二つの異なる基本的コンセプトが明らかになった。一つは、早い時期に狭い変動幅を持つ可能な限り固定された為替相場と、介入のための共同の財政支援を利用して、通貨をできるだけ早く結びつけ、経済政策上の協調を進めることである。他の一つは、まず経済政策上の協調努力を一層進め、推進の度合いを見て参加各国の通貨を幅広く結びつけることである。この異なる二つの見解は、一九七〇年五月末のヴェニスにおける経済・蔵相・中央銀行総裁非公式会議においても（ヴェルナー・グループはこの非公式会議のために一部に問題含みの中間報告を提出していた）、議長を務めたイタリアのエミリオ・コロンボ蔵相の大変な努力にもかかわらず、克服されることもなく、橋渡しされることもなかった。

二つの異なる見解に対して、世論はそれぞれを「エコノミスト派」、「マネタリスト派」と名づけた。ドイツ、オランダそして一部分についてはイタリアも、基本前提としてまず経済政策上の協調を主張した。そしてその目標は、経済安定に向けて優先順位を調整し、また経済構造を接近させ、実態経済のパフォーマンスを近づけることである、と述べた。これに対しベルギー、フランス、ルクセンブルグの代表者は、EC委員会の大幅な支持を得て、できるだけ早く各国間で通貨を固定し、そのために二国間での、あるいは共同体による支援(相手国の介入義務を伴った為替変動幅の縮小、自動的な平価の変更可能性の制限、共同の介入・準備基金の設立など)を強く求めた。

経済と統合の理論についての方法論的論争は、見解の相違となって現れた。識者の間では、進行する統合の政策的目標について次第にその差が明らかになった。特にフランスは、進行する政治的・制度的統合を未だに留保していたこともあって、経済通貨同盟の政策的・制度的な帰結を明確にすることに対しては、極めて慎重な態度を表明した。これに対してヴェルナー・グループは、通貨同盟が発展すれば経済通貨同盟政策についても国家の自律性は事実上大幅に制約を受けるが、為替相場を固定することによって政策協調が進んでも、フランス側も明らかに受容可能であろう、超国家的なレベルに公式に権限を委譲することによって各国の主権が直接制限されるよりは良い、と考えていた。

ヴェルナー・プランが決定した三つの原則

ヴェルナー・グループの集中的な議論（計一一回の全体会議、代理による多くの個別会議、そして二国間と多国間の様々な会議が行われた）を終えて、一九七〇年秋には経済通貨同盟に向けた段階的プランの発展のための共同提案書が出来上がった。もっともこの報告書作成に当たっては、例えばベルギーのエイスケンス首相による書面での介入に見られるように、様々な確執があった。エイスケンス首相はヴェルナー・グループによる協議の終了直前に、ブラント首相の前で、為替調整基金の早期の設立に反対するドイツ代表の頑固な抵抗に不満を表明した。それはともかく、ヴェルナー・グループの共同提案が成立した最大の理由は、「実質的な平行論」という基本原則の上に妥協を見出したことである。この実質的な平行論という基本原則は、少なくとも次の三つの観点において意味があった。

―経済政策上の収斂と通貨政策上の相場固定化への移行を平行して進める。

―ＥＣ域内での通貨政策上の固定化と、金融・信用政策や対外通貨政策、あるいは域内全体の財政政策の方向づけ、また地域構造改善政策の権限をＥＣに委譲することを平行して進める。

―共同体の権限を拡大させることと平行して、共同体の機能強化のための機構の設立と拡大を進める（特に自己責任を有する中央銀行システム、決定権能を有する欧州議会、委員会と閣僚理事会の立場の強化）。

この三つの平行論原則を確実なものとするために、段階的プランの遂行中は、ある段階から次の段階へ移行する際、移行が自動的には完了しないことが申し合わされた。そしてこれまでの段階の総括をもとに、次の段階への移行のために共同の政治的決定が再度行われることとなった。他方、プランが道半ばで停滞したり、一方的な解決策が出てきたりする危険が想定されるので、ヴェルナー・プランに集まった人たちは始めから最終段階の基本的な目的と帰結を理解し、受け入れることを了承した。ヴェルナー報告はこれらについて、「第一段階は、十分な準備を経て実際に最終段階に移行することを、参加国全てが原則的に受け入れる場合のみ、意味を持つ」として、明確で誤解のない表現を用いている。

最終段階のために、ヴェルナー・グループは、全面的かつ不可逆性を持った、完全な固定為替相場を持つ交換可能な通貨への移行、つまり単一通貨への移行と並んで、資本移動の完全な自由化と、次に述べる二つの機能しうる共同体の機構が必要であることを表明した。欧州議会と並び立つ責任を有する経済政策決定機構と、自己責任を有する共同体レベルの中央銀行がそれである。最終報告書はこの新しい制度的な構造の詳細な内容については触れなかったが、経済通貨同盟の中心的な政治的意味合いを強調し、「経済通貨同盟は政治同盟の発展にとり酵素のようなものである。それなくして経済通貨同盟は長きにわたっては存在しえない」と記述している。

報告書は具体的には特に第一段階に焦点を当てている。第一段階では、経済政策の協調努力と並んで、為替相場の分野における各国中央銀行の協力が、数年に及ぶ実験期間としてまず活動を開始する。次に「欧州通貨協力基金」の創設準備に着手する。そして経済政策の収斂の経験と進展に応じて、事実上の為替相場協力は法律上のシステムへと発展し、欧州基金が活動を始めることができるようになる。そして、最初の三年間の段階が終了する前に、予定どおりEEC条約第236条に基づいて政府間会議が招聘される。そこでは第一段階の総括があり、次の段階に進むための綿密なアクション・プログラムに基づいて、経済通貨同盟の実現のために必要な条約の変更（本条約は批准が求められる）が決定される、と記されていた。

確認されていないいくつかの点は残っていたが、ヴェルナー報告の結論部分は、求められている通貨同盟が長期に安定政策を志向するために、また経済政策が十分に収斂し、共通性がみられることによって永続性を確保するために、正しい時期に決断が下されることが重要な意味を持つ、と指摘している。具体的には次のとおりである。

> 永続する、安定を志向した、可能な限り対立のない通貨同盟には、参加する各国の経済の収斂が長期に維持されることが必要である。また活動可能な共同体機構を持った十分な政策的共通性も存在しなければならない。

ヴェルナー報告を受けてなされた政治的決定は、この野心的なコンセプトに対して始めは限定的な配慮しか払っていなかった。とはいえ、ヴェルナー・グループが明らかにしたプロセスは、その後の発展のためには重要な一歩であった。

第2節

一部合意にしか至らなかった閣僚理事会

ヴェルナー・グループの報告に対する様々な反応

ヴェルナー・グループの最終報告が発表されてまもなくして、ドイツとフランスでは異なる反応が認められた。ドイツでは、この報告は多少の留保はあったが、全体としては肯定的に受け止められた。一九七〇年一一月六日の連邦議会の欧州問題討議では、全政党がこの報告書の基本ラインを了承している。連邦参議院も同様の見解を表明した。ルードヴィッヒ・エアハルト、アルフレッド・ミュラー・アルマック、ヴァルター・ハルシュタインといった、経済・欧州政治の分野で権威のある独立した機関の長も、賛成の意を表明した。多くのEC加盟国でも、国民の間では肯定的な意見が支配的であった。

しかしフランスではそうではなかった。特に正統派を任じるゴーリストの反対はすさまじかった。報告書が発表されて数日を経て、フランス国民議会でも明確に批判的な評価が現れた。これに対してフランス政府の態度は、公式には、静観であった。当時外務大臣であったシューマンは、政府は重要な点ではヴェルナー・プランを承認すると強調したが、他方で新しい共同体機構の設立は時期尚早である、と述べた。さらにポンピドー大統領は一九七一年一一月、公式に、フランスは現状では経済通貨同盟に向けた次の段階を決定することは制度上不必要な問題を浮上させるため適当ではないと考える、と表明した。

ゴーリストの大半が拒否的な反応であったことは、フランス大統領とフランス政府にとっては驚きであった、とエリック・ホーフマイヤーは彼の著作の中で書いている。ポンピドー大統領、当時のジスカール・デスタン蔵相、ヴェルナー・グループのフランス代表を務めたベルナール・クラピエ・フランス中央銀行副総裁も、ECの超国家的構造をさらに拡大することについて、フランスでは政治的な抵抗があることを過小評価していたのであろう。

フランスの反応に直面して、EC委員会はヴェルナー報告を無条件に支持することはやめ、一〇月末には、「広い観点からは」第一段階に関する報告の論理的帰結を支持する、とする見解を表明した。そしてその後の段階について幅広く提案することはやめ、全く一般的に言及するにとどめた。特にドイツから見て重要であった、経済・通貨と制度上の進展の相互関係について述べた実質的な平行論は、委員会の意見書の中ではほとんど言及されなかった。他方通貨分野については、極めて具体的な提案が提出されていた。委員会は、各国の中央銀行に義務を課して、中央銀行が実施する金融政策上の決定を、閣僚理事会によって定められた経済通貨政策のガイドラインに合わせるように求めたのである。このような提案はドイツの連銀によっても、他のほとんどの中央銀行によっても批判を浴びることになったが、これは不思議なことではない。ドイツの政界もすぐにはっきりとした抵抗を示した。連邦議会でも、連邦経済省でも、シラー大臣はこの連銀の批判的な見解を完全に支持した。ＥＣ委員会の提案は、経済通貨政策上の考慮について平行論が欠けており、制度上の今後の発展も無視されていることについて、ドイツから批判を受けたのである。

一部しか合意できなかった閣僚理事会(一九七〇年)

一九七〇年一二月一四日に開催されたブリュッセル閣僚理事会の席上、決定されるべき結論と採択について、他の加盟諸国も委員会の提案には不満があることが明らかとなった。そこで数時間も交渉が続いたが、閣僚理事会は合意に達することができなかった。合意に失敗した後では、困難な二国間と多国間の交渉が数週間続いた。大臣レベルや官僚レベルによるこのマラソン交渉には、私も常に参加した。当然フランスとドイツの交渉は集中的に行われたが、全ての加盟国を包括する、内容的にも明確な段階的プランは、この時点では達成不能であることが次第に明らかになっていった。

そこで一九七一年二月八―九日、閣僚理事会は一般的に表現された共同テキストで最終的に合意し、紛糾した部分については先送りした。この合意は、一九七一年一月一日に始まる段階的プランに沿って、将来経済通貨同盟を創設するという一般的な目的を繰り返し、実現までに一〇年という期間に言及した。しかし具体的に突き詰めれば、最初の段階として、三年間続く第一段階の採択とそのイニシアチブを決めただけであった。制度上の進展、およびそれに関係する新しい権限の配分と必要な条約上の変更については特にフランスが抵抗を示したので、合意は達成できなかった。これを受けて、最終会合ではシラー大臣が発言し、その結果いわゆる時限条項が決定された。この時限条項によって、第一段階で予定されている共同体の通貨政策上の措置は、その効力においてまず時間的に制限されることとなった。一九七五年までに、経済通貨同盟の最終段階に向けた今後の発展について具体的な内容に合意できなかった場合は、この時限条項によって合意は無効となる、というものである。この条項を理由に、ドイツ側は、設定されたプロセスの原則的な不可逆性を疑問視したわけではなかったが、むしろこの条項が、段階的プランを実施していく過程で、通貨政策と経済政策の統合と、制度の進展という二つの間で平行論を確実なものとするための梃子となることを期待したのである。連邦議会ではこの条項はしばしば分別条項（Clause-de-Prudence）と呼ばれ、その後明確に多くの支持を得た。

厳しい交渉の結果成立した妥協の方程式は、当時の状況からすれば明らかに政治的に達成可能なぎりぎりのものであった。同時に、克服できなかった原則的な相違を踏まえて、経済通貨同盟という目標は一〇年以内に本当に実現されるのか、という強い疑問が強く生まれた。この疑問は、一九七〇年代が深まるにつれ残念ながら確認されることとなったが、それについては次節で詳述したい。私は、当時の激しい対立は無駄ではなかったと思っている。対立は間違った方向づけがなされることを防いだ。さもなければ、ドイツや欧州にもたらした安定コースにその後明らかに負の影響を与えたであろう。そして通貨統合を間違った方向に主導していったに違いない。為替相場を固定化し、それを両国の介入義務と結びつけること、そして共同体の基金とも連結すること、これだけでは持続する安定を志向した通貨同盟を創設することはできない。むしろ各国の安定化政策を危険に晒し、共同体を次第に対立させ、弱体化させることとなったであろう。果たせるかな、その後しばらくしてデンマーク、英国、アイルランドの加盟によって九か国に拡大された共同体は、一九七〇年代には世界経済から新たな挑戦を受けて、再び困難な航海に向けて進むこととなった。

第3節 多くの失敗を抱えた「トンネルの中の蛇」

世界的な通貨不安

一九七一年三月二二日の閣僚理事会の決定や採択に基づいて（この理事会において一九七一年二月七―八日の閣僚理事会合意が正式に採択された）、各国の中央銀行は、ドルに対して同一歩調を取り、加盟各国通貨の間の為替変動を、第一段階の始めから「試験的に」対ドルよりもより狭い変動幅の中に収めるように「要請」された。閣僚理事会は、経済状況や経済政策を統一することの結果にもよるが、この「事実上のシステム」が、加盟各国の通貨に対する公式の介入義務を持ち、漸進的に一層の変動幅の縮小を意図した、「法律上のシステム」へと発展することを期待したのである（理事会決議文書第7項）。さらに通貨評議会と中央銀行総裁評議会は、一九七一年半ばまでに欧州通貨協力基金の設立とその役割、および定款に関する報告を行うことが求められた。この決議文書では、ドイツの圧力を考慮して、この基金は後日共同体の中央銀行システムに吸収されていくことも最初から決まっていた（同第8項）。

欧州の為替相場協調はすぐさま主要テーマになった。一九七一年に入って最初の数か月、ドルは再び軟化を示し、欧州各国通貨に対して様々な評価が現れたからである。戦後初めて米国の貿易収支が赤字へと転落し、短期資本はドル圏から急速に逃避を始めていた。市場参加者は、各国の議論を踏まえて、一九五九年までは米国の公的負債を全てカバーすることのできた米国の金準備が、今や一五パーセント以下しか負担することができないことを十分認識していた。金との交換義務を持ったドルは次第に過大評価されている、と見られるようになった。資本はドルから特に安定的であると評価されていたドイツ・マルクに逃避していった。そこでドイツ連銀は、ブレトンウッズ体制下でなお有効であった対ドル変動幅±〇・七五パーセントを維持するために、一層のドル買いに動くことを余儀なくされていた。

一九七一年四月二六日、このような状況を背景としてハンブルグで行われた欧州の経済相、蔵相、中央銀行総裁による非公式会合では、ＥＣ各国の反応について議論が厳しく対立した。特にフランスはドイツ・マルクの対ドル切り上げを迫ったが、これはドイツ側によって拒否された。秘密であった部分が対外的にも明らかになるに及んで、市場での動きはさらに激しくなった。ドイツ・マルクは急激に切り上げ圧力に晒され、連銀は大幅なドル買いを強要されることとなった。このドルからの逃避を前に、ドイツ政府は一九七一年五月五日、連銀の求めによりドイツの為替市場を一時閉鎖することを決定し、オランダとともに、五月八日に経済相、蔵相、中央銀行総裁による特別会議をブリュッセルに招集することを求めた。

ほぼ二一時間に及んだドラマチックな会議では、再び独仏間の対立が顕著となった。ジスカール・デスタン仏蔵相がドイツ・マルクの平価の大幅切り上げを訴えたのに対して、カール・シラー経済相は、それによってドイツ経済が長期にかつ過度に負担を受けることを恐れて、これを拒否した。シラーはまた、様々な人たちから議論として提案された、国家による資本流出入の規制導入にも強く反対した。シラー自身の言葉によれば「為替制限経済」ということになるが、彼は市場政策の立場から規制を問題視し、それが後々に与える効果に疑問を唱えていた。シラー大臣はそれに代えて、一時的にドイツ・マルクをフロートさせ、過度の投機に対応するとともに、新たな市場秩序を回復するよう主張した。この議論は長く続く困難なものであったが、EC各国大臣は最終的には、各国は「一定期間」為替相場の変動幅を拡大することに対して、「理解を表明する」ことで合意に達した。この合意は、最終的には明らかになる現実を受け入れたにすぎなかったが、ドイツ連邦政府は同じ日に、連銀に対して為替市場でのこれまでの介入を「一時」停止するよう要請した。これによってドイツ・マルク相場は、市場で自由に変動し始めることとなった。

為替市場の危機的な緊張と一時的なドイツ・マルクのフロートに直面するに至り、ドイツ国内政治の議論は意見が分かれた。しかしこの動きはEC内での為替変動幅の縮小を求める努力に対して、その出発点と周囲の環境を当然変えていくことになった。もともと一九七一年六月半ばに各国中央銀行によって実施されることとなっていた変動幅の縮小努力は、当面見送られることとなった。そして多くの専門家の分析は、危機の源はドルであると一層指摘するに至ったが、一九七一年夏にコナリー米国財務長官がいかなるドルの切り下げも公式に拒否するに及んで、為替相場における緊張はますます進んだ。ローマにおける一〇か国グループ会合において、コナリー長官が、「ドルは我々の通貨である、しかし問題は欧州にある」と述べたことを私は記憶しているが、これは今でも語り草となっている。

一九七一年八月一五日、ニクソン米国大統領は公式声明において驚くべき見解を表明した。彼は直接担当する高官や連邦準備制度理事会のアーサー・バーンズ議長（後の在ドイツ米国大使）との数回にわたる討議の結果として、ドルの金との交換義務を「一時」停止し、同時に、またこれも「一時的」に、課税義務のある全ての輸入製品に対して追加的に一〇パーセントの課徴金を賦課する、という決定を下したのである。米国の決定はいかなる国際的な協議もなしに行われたものであり、世界に衝撃を与えた。国際通貨システムはこれによってドルと金との結びつきという支えを失い、このシステムが今後どのように機能するのか、不安は大きく広がっていった。

ニクソン・ショックを境として、欧州でも欧州通貨間で為替変動幅を縮小するという議論に代わって、別の議題がもっぱら取り上げられることとなった。劇的な米国の決定から数日して、一連の国際会議が特に一〇か国グループを中心に開催されたが、ＥＣ大臣会合もその合間をぬって頻繁に開かれた。当時の私の日程は、一九七一年秋には一〇回以上の国際会議で埋まり、政府の随員として出席することになっていた。しかしどの会議も初めは成果をもたらさなかった。参加諸国の短期的な関心は明らかに拡散しており、クリスマス直前になって初めて、ワシントンにおけるいわゆるスミソニアン会議によって取りあえずの結論を得た。この会議では、極めて困難な討議が続いた二日目になって、先進一〇か国の間で、包括的な平価の調整と、対ドル為替レートの変動幅を現行の±〇・七五パーセントから±二・二五パーセントに拡大するという合意が成立したのである。また米国はこれと同時に八月に導入した輸入課徴金を撤廃するという義務に応じ、カナダだけがカナダ・ドルを引き続きフロートさせる権利を得た。ドイツ・マルクに対しては、ドルは他の通貨に対するのと同じく七・八九パーセント切り下げられ、さらにドイツ・マルクは特別に対ドルで四・六一パーセント切り上げられた。その結果ドイツ・マルクは対ドルでは一三・五八パーセント切り上げられる結果となった。

もとよりこれはドイツ側にとっては受入れ困難であった。私はワシントンから、当時連邦経済省でこの問題を担当していたオットー・シュレヒト次官に対して、次第に明らかとなる結果を電話で逐一連絡していた。またシュレヒト次官は私に、平行して行われていたボンの政府関係大臣会議における紛糾した議論を伝えており、特にヘルムート・シュミット国防大臣はこのような切り上げに強い反対の意思を示している、と連絡を入れていた。他方シラー大臣はドイツ・マルクの切り上げ交渉において、ドイツ代表団全員が行き過ぎと受け止めたにもかかわらず、最終的にはドイツ・マルクを防衛することが最早できなくなっていた。

シラー大臣の驚きはなおも続いた。しばらく前に始まったニクソン大統領とポンピドー大統領とのアゾレア諸島における二国間会談で、ドイツのブラント首相は一五パーセントまでの切り上げに対する最終的な同意にサインを出した、とするフランス側の通報を、シラー大臣はコナリー長官から会議場内で知らされたのである。シラー大臣にとっては大変なショックであった。会議は中断された。彼は会議から退席してボンに帰ることを考えた。しかし結局は交渉にとどまることにし、ドイツ側の意思を押し通した結果、ポンピドー大統領を通じてブラント首相から出された一五パーセントまでという交渉範囲内の一三・五八パーセントという切り上げに収めることができたのである。

それに続いて行われたスミソニアン博物館内の有名な天空を翔るアポロの間での記者会見では、ニクソン大統領は交渉の全成果を「各国の歴史において最も重要な通貨協定」と評価した。しかし私は今でも良く覚えている。米国の大統領のこのコメントについて、私がドイツの代表団の中の特定の人たちに対して語った疑問を押しとどめることはできなかった。残念ながら私の疑問はしばらくして正しいことが明らかとなった。この新しく決まった平価と、ブレトンウッズ体制下での固定相場システムは一五か月しか存続しえず、一九七三年三月には最終的に崩壊してしまった。

欧州通貨の安定を求めて——トンネルの中の蛇の誕生(一九七二年)

一九七一年一二月のスミソニアン協定の後、世界の為替市場はしばらく安定を取り戻していた。しかし欧州では、ドルに対する為替の変動幅拡大は、欧州内部での変動幅縮小に向かおうとする努力を求める試みに対して新しい挑戦となる、と各界から判断されていた。欧州各国通貨の対ドル為替変動幅は±二・二五パーセントであり、これはECの各国通貨間においては±四・五パーセントの変動幅を示すこととなるが、ECの二つの通貨間で極端な相場の開きが生まれると、最大限九パーセントに及ぶ変動が可能となる。特にEC委員会はこの範囲で為替が変動することを、共同農業市場に対する、また欧州共同市場に対する大きなリスクとみていた。そこで委員会はスミソニアン合意の後で、特にフランスとベルギーの支持を得て、かつて一九七一年三月の閣僚理事会決定が予定していたように、強力に欧州域内での為替変動幅縮小を求めた。一九七二年三月二一日、閣僚理事会はその決議において再度各国中央銀行総裁に要請を発出し、「国際的なシステムの中における独自の通貨圏」創設の第一歩として、EC各国の通貨間の為替変動幅を±二・二五パーセントに縮小すること(すなわち国際的なシステムによって可能とされた変動範囲の半分)、および新しい変動幅の上下限ではEC各国通貨に介入すること、この二点を求めたのである。また理事会は、変動幅以内での介入は関係する中央銀行による共同の決定による、とし、変動幅の完全な排除を長期的な目標とすることを申し合わせた。

最終的にはシラー大臣の同意も得て成立した新しい閣僚理事会決議は、各国中央銀行によるいわゆるバーゼル協定を経て、一九七二年四月一〇日には実施に移された。バーゼル協定はまた、介入をファイナンスするための短期の信用枠に関する詳細な規則も持っていた。これは既に存在するEC各国の短・中期の通貨支援に追加して作られたものである。こうしてEC内の新しい為替同盟は、しばらくして専門家の間では「トンネルの中の蛇」と命名された。この蛇はEC各国通貨の間の為替変動幅縮小から生まれたものであり、各国通貨をより連結させ、共同して、ドルに対するより広い変動幅によって規定されたトンネルの中を動くことになった。

なお不安定さを残した欧州通貨

新しいシステムはある種の魅力をもたらした。ECの通貨に加えて一九七二年五月初めには、EC参加が予定されていた英国、アイルランド、デンマークの通貨も新システムに参加した。ノルウェーは国民投票によってEC参加を否決していたが、しばらくして参加した。しかしこのEC内システムの魅力は長くは続かなかった。国際通貨市場においては新たな緊張が生まれており、「欧州の蛇」も新しい挑戦に直面することとなった。各国の通貨、特にドイツ・マルクに再び資本が流入するという事態が生じたのである。そこでEC経済相・蔵相会議が新たに開催されたが、これに対して共通の回答を出すことはできなかった。六月後半にはドイツにおいて為替市場が数日間閉鎖される事態が発生し、シラー大臣はジスカール・デスタン蔵相とともに共通の回答を見出すことに努めた。しかし早急な回答は見出せなかった。これを受けてドイツ政府は一九七二年六月二九日、担当大臣であるシラー経済相の反対にもかかわらず当時のクラーゼン連銀総裁の提案を受け入れて、対外経済法第23条によって資本流入規制を行うことを決定した。

カール・シラーは、連邦大蔵大臣であったアレックス・メラーが退任した後数か月は大蔵省も所管していたが、この事態を受けて辞任を申し入れ、これはブラント首相によって受理された。シラー大臣は明らかに党の一部の支持を失ったのである。その後任には経済相・蔵相としてこれまで国防大臣を務めていたヘルムート・シュミットが任命された。しかし、資本の流入規制を支持した新大臣もしばらくして、行政的な管理ではその根底にある諸問題を解決することができないことを理解せざるを得なかった。沈静化の期間は多少続いたが、欧州では再び大量の資本移動と緊張が生まれ、英国とアイルランドは「蛇」から離れることとなった。デンマークも数日してこのシステムから離脱したが、数か月して復帰することができた。しかし、期待されていた為替市場の持続的な安定を図ることはできなかった。

「トンネルの中の蛇」の中で最も緊張が走ったのは、一九七三年初めドルが新たに軟化し、特にドイツ・マルクへの逃避が激増した時期である。一九七三年二月に米国が再度ドルを一〇パーセント切り下げ、それに対応して金平価を切り上げた翌日、イタリアは「蛇」から離脱してリラをフロートさせた。そしてドルの再度の切り下げにもかかわらず、為替市場は真の安定を取り戻すことはなかった。事実はその逆であった。ドルに対して状況は劇的な展開を示し、一九七三年三月、ブレトンウッズ合意が作り上げた世界の固定相場制度は最終的に崩壊した。米国がドル平価を放棄することを決定したからである。これによって一九四四年に合意された世界的な固定相場制度も終了した。ドル平価の放棄、そしてそれと連動していた変動幅の放棄により、欧州通貨の「蛇のトンネル」も同時に消滅していった。「蛇」の中に残っていた欧州各国（ベルギー、ルクセンブルグ、ドイツ、デンマーク、フランス、オランダ）は、ドルが作ったトンネルがなくなっても「蛇」のシステムを維持し、同時に一時的に欧州の「失われた兄弟」に対してドアを開放しておくことに合意はしたものの、これによっても問題は解決したわけではなかった。

欧州内での根源的な緊張はこの後に現れることとなる。まず一九七三―七四年に石油が世界的に暴騰した。この暴騰はエネルギー需給の構造的な違いにより、「蛇」に残っていた欧州各国にそれぞれ異なる衝撃を与え、国内政治的にも多様な反応を引き起こした。ある国は、明らかに国内的な安定政策を利用して、輸入による物価上昇が拡大するのをできるだけ抑制するよう試みた。他の国はおおかた状況に順応する政策を採用した。その結果、欧州における経済政策、とりわけ金融政策の基本的な手段の共通性が失われたことで、為替相場の分野で常に新しい緊張が起こることとなった。特にドイツ・マルクに対して各国通貨が切り下げられる事態が多くなり、一部の通貨は「蛇」からの離脱と合流、そして再び離脱というコースを採った。特にフランス・フランはこのコースをたどり、次第に強くなるドイツ・マルクに対して歩調を合わせることができなくなった。その結果「蛇」はドイツ・マルク圏に近いものとなったが、これはフランス側から見れば、本来阻止されなければならないことであった。経済の発展、特に経済政策が十分収斂していなければ、長期的には通貨システムは生き続けるチャンスがないという現実が次第に明らかになっていた。

こういった状況を背景として、一九八〇年代初頭の完成を目指した欧州経済通貨同盟という目標は、次第に実現性を失ってきたと考えられた。欧州における経済財政政策に長期の共通性を与えるという意図は、この時期にはもはや認められなかったからである。統合プロセスは遅滞を強めていった。一九七〇年代には、例えばフランス蔵相のフォルカ提案、いわゆるティンデマンス報告、あるいは欧州並行通貨のための提案など、色々と新しい提案があったが、いずれも当時の状況では最終的に実現の可能性は存在していなかった。各国とも、より永続的な、そして制度的に保障された経済政策上の共通性を目指す方向を避けることを考えていたからである。経済政策における優先目標や、各国の主権を放棄するといったことは、明らかに各国で取り扱いが様々であった。このため一九七一年に採択された、一九七〇年代中期に予定された第二段階への移行や、新しい制度上の編成とその権限に関する規則について条約上の基礎を確定することなどは、実現には至らなかった。EC委員会もこれに対応した提案を行わなかったし、条約変更を目的とした政府間会議も召集されなかった。このようにして、持続的に機能する欧州経済通貨同盟への展望は日増しに不確かなものとなり、欧州への一般的な懐疑が広まっていった。

第3章

通貨政策における独仏の相克と協調

ＥＣ加盟国の閣僚たち（前列最左がコール独首相，前列左から２人目がミッテラン仏大統領）（1983年３月，ブリュッセル）

新しい独仏イニシアティブ——一九七八—七九年の欧州通貨制度

第1節

協調を欠いた欧州の経済通貨政策

一九六九年のデンハーグ欧州理事会は、統合プロセスの強化と発展を進めて安定と成長を目指す共同体に移行する、という意思を確認している。しかし一九七〇年代の半ばには、これをほとんど感じ取ることができなかった。一九七三年初めに激しい交渉の後でデンマーク、アイルランド、英国の加盟があったが、ノルウェーは国民投票の結果加盟を拒否した。目標としていた統合プロセスの強化と深化は暗礁に乗り上げ、ＥＣ財政負担の配分を巡って行われた交渉でも激しい対立が生じ、各国経済政策の協調も次第に成功から遠ざかっていった。特に一九七三年の第一次石油価格の高騰と、マーケットの急激な国際化から生まれた新しい挑戦に対して、加盟各国が経済政策において選択した回答は様々であった。社会的・福祉国家的システムを一層拡大させることについても、内容は各国によって異なっていた。一般的には、各国間の政策の拡散は、専門部会における収斂努力があったにもかかわらず、大きくなっていった。ＥＣ委員会によって設立されたロベール・マルジョラン元ＥＥＣ委員会副委員長を委員長とする研究グループは、一九七五年三月における報告書で、次のように極めて厳しい判断を下している。

「各国の経済通貨政策は過去二五年間を経て、今日ほど一体性がなく拡散しているときはない。各国の政策の協調は誠実な願望であるが、実際に達成されたことはほとんどない。」

このような政策の拡散の結果は、為替相場の変遷を見ればよりはっきりする。一九七二年から一九七八年まで、欧州の共同フロートでは一七回の切り上げ・切り下げ、そして五回の離脱があり、そのうちの一部は再加盟した。ドイツ・マルクは常に切り上げ側に位置し、この間に欧州における事実上のアンカー通貨、あるいは基軸通貨へと発展していった。いくつかの通貨が離脱したことによって、共同フロートは時間の経過とともに次第に「ミニの蛇」へと変化し、同盟内の通貨の数は少なくなっていった。目標であった欧州の通貨統合という立場から見れば、その中でも特にフランス・フランが一九七四年に離脱し、一九七六年にも再度離脱したことは痛手となった。そしてこの離脱状態は長く続いた。

通貨政策における協力を目的として設立が決定された一九七一年の欧州通貨協力基金が、極めて限定的にしか機能しなかったことも指摘しなければならない。この欧州通貨協力基金は世界的な混乱によって二年遅れて一九七三年六月に業務を開始したが、基金の活動はこの基金を推奨した人たちの期待から大きくかけ離れていた。各国の政策に実際上影響を与えることはできず、金融支援が特別の重みを得たわけでもなかった。基金には、形式的には為替市場における何らかの協調行動や、債権・債務国ポジションの多角的決済、また共同して行う金融支援システムの管理などが業務として委託されていた。この野心的な任務が課せられていたにもかかわらず、基金は毎日の業務で事務的な役割しか果たしていなかった。共同して資金管理を実施するという機能を越えて、基金が活動することはなかったのである（バーゼルの国際決済銀行によってこの資金管理は行われていた）。

こういった失敗の最大の原因として、現実の経済政策の順序づけや、長期的な通貨政策・欧州政策に対する考え方において、EC各国間で大きな開きがあったことを指摘したい。また特に、一九七〇年代後半においては次のことが次第に明らかになった。すなわち、一九七一年に採択された政治的意思、つまり「次の一〇年間において」欧州共同体を経済通貨同盟へと発展させる、という意思は、新たな動きがない限り、実現のチャンスは皆無ということである。

独仏首脳の通貨イニシアティブ（一九七八年）

こういった状況下で、ヘルムート・シュミット首相とジスカール・デスタン大統領は一九七八年夏、欧州の通貨政策上の共通性を目指す新しいイニシアティブを開始した。両者は一九七二年にともに蔵相として親しくなっており、一九七四年にはヘルムート・シュミットはブラント首相の後任として、また一九七五年にはジスカール・デスタンはポンピドー大統領の後任として、それぞれ自国で政治指導者に選出されている。両者とも二国間や多国間の会合において、欧州問題や通貨問題に関する独自の考え方を通して親交を深めていた。ヘルムート・シュミットはドイツでは当初しばしば「大西洋主義者」と呼ばれていたが、実際には確固たる欧州人でもあり、いくつかの通貨問題においてはフランスの立場に接近していったと見られていた。もっともカーター政権時代の経済通貨政策に対してシュミットが時折ネガティブな経験を持ったことが、彼自身の意見を形成する際に一定の役割を果たしていたことは考えられる。一方ジスカール・デスタンは、欧州における一層の統合の前進を以前から推していたが、こと通貨政策に関しては常にフランスの立場のために意欲的に戦っていた。

一九七七年秋には英国のロイ・ジェンキンスＥＣ委員長が、様々な講演において、欧州経済通貨同盟に向けた新たな努力を強力に支持することを明らかにしており、それに対応した提案も行っていた。英国はそれまで経済通貨同盟の目標に対して極めて懐疑的な態度を取っていたので、ジェンキンスの態度は意外であった。しかし彼の提案は当初、特にドイツにおいて反対に遭遇していた。一九七七年一二月初旬、欧州理事会は通貨同盟の長期目標をあらためて力説したが、そこに至る道のりはまったく明らかではなかった。しかしEC委員会が一九七八年にこのテーマを公式に委員会のアクション・プログラムに取り入れるとともに、ベルギー側から追加的に具体的な新提案がなされたことを見届けて、フランスとドイツの指導者は自ら率先して行動に移った。まず二国間で極秘の会合が持たれた。このイニシアティブがどちらの側から具体的に出されてきたのかは、今日でも明らかではない。ペーター・ルードロウは詳細な研究の中で、ドイツの首相が主導者であるとしているが、ヘルムート・シュミット自身はメモワールの中で、この新しい出発のための考えはジスカール・デスタンとの会談において生まれたものである、と書いている。

従って誰が主導者であるかは明確ではない。極めて明らかなことは、両者が共同して打ち合わせた後で、一九七八年四月七—八日のコペンハーゲン欧州理事会の夜の会談の席上、他の七名のEC首脳が驚く中、欧州の通貨政策に関する新たな協力を開始することについて、考え方を開陳したことである。その説明の中心は、報道によれば、新しい欧州準備基金の創設、欧州通貨単位を用いた為替協力を新たに開始すること、および介入を目的とする場合に欧州の通貨を一層使用すること、の三点であった。

もっともこの内容の詳細は当初は明らかに決まってはおらず、後にその内の数名が述べているように、少なくとも他の参加者は一部分しか理解できなかった。しかし共通の目標は明らかであった。二人の主導者は、為替相場の安定と外貨準備の共有によって、欧州域内の緊張を減らし、欧州を米国の通貨政策からより独立したものとすることを意図していた。特にフランスが欧州通貨同盟に復帰することを可能にするために、通貨同盟参加各国の間での介入と外貨準備政策において、いわゆる一層の対称性を作り上げることも考慮されていた。このようにして欧州における為替相場の安定は、事態が急変した際には自国の貨幣価値の安定より優先されることが意図されていた。

これまでのドイツの見解と比較すれば、独仏の新しい共通の考え方には驚くべきものがある。この立場は明らかに、特にフランスの欧州通貨協力への復帰を容易にすることを目指していた。またヘルムート・シュミットも後に記者会見で強調したように、「欧州の組織において新しい時代」を導く、という期待も存在していた。

最初はまだ一般的にしか表明されていなかったコペンハーゲン・イニシアティブは、その具体化が必要であった。しかし最初から、ヘルムート・シュミットの言葉で言えば「口やかましい専門家」の幅広い討議に委ねて、基本的な考え方が薄められるのを避けるために、二人の主導者はそれぞれ個人代表(ホルスト・シュールマン・ドイツ首相府局長とベルナール・クラピエ・フランス銀行副総裁)を任命して、イニシアティブの具体的肉づけを委ねた。さらに漏洩を恐れて、ボンの各省にも連銀に対しても内容は伝達されず、ましてや各省を協議に加えることもなかった。私が後日ホルスト・シュールマンから聞いた範囲では、この個人代表の集中的な協議には、最初英国からジェイムス・

キャラハン首相の個人代表としてケン・カズンズも参加したが、彼の参加は、英国が独仏のコンセプトとは相容れないことが判明した段階までに限られた。

新しい欧州の為替相場システムが目指すもの

一九七八年七月六―七日のブレーメン欧州理事会で提示された独仏共同提案は、新しい欧州為替相場制度、新しい欧州通貨単位（ＥＣＵ）の創設、第三国に対する為替政策での協力、という新機軸を打ち出した。またこの新機軸に対応した新しい制度は、少なくとも二年後には欧州通貨基金へと変革され、これが制度を管理する、とされていた。ブレーメン欧州理事会はこの提案を議論し、詳細を決定することはしなかったが、会議の最終になって全ての欧州理事会参加者は、「欧州における安定通貨圏」という共通の目標を強調し、追求されるべきシステムの基本ラインについて合意した。さらにこれをフォローするＥＣ委員会に対しては、ブリュッセルの次回欧州理事会までに、具体的な決定のために必要な提案を準備することを付託した。また特にイタリアおよびアイルランドの首脳の求めによって、発展途上の国民経済を強化するために、ＥＣにおける新しい通貨システムの枠組みの中で、何ができるのか、またそれはどのようにして達成されるのかを調査することも追加された。イタリアとアイルランドは明らかに最初から、追加的な公的資金の移転の可能性を追求していたのである。

ブレーメン首脳会議の後、共同体の専門委員会ではすぐさま細部の議論が集中的に始まった。通貨政策問題は中央銀行総裁評議会でも、通貨評議会（大蔵省と中央銀行の代表者で構成）でも扱われたが、発展途上の国民経済の強化に関する措置についての調査は、ブリュッセルの経済政策評議会で行われた。この評議会にはその後イタリア大統領となったカルロ・チャンピも入っていて、議長は私が務めていた。この評議会は、いわゆる平行調査（concurrent studies）といって、様々な指標を使って、為替相場同盟において、異なる経済の間にある豊かさの格差の意味とそのインプリケーション（含意）を分析したが、必要な追加的財政移転に関する具体的な問題について合意することはできなかった。加盟国の多数は、同じ方向に向かう各国の安定政策に関し、問題を認めなかったのである。しかし少数の国は、欧州の為替相場同盟において一層の公的な財政移転は必要不可欠である、と述べた。そこでこれについての決定は、各国で異なる利害もあって、首脳会議での最終交渉に委ねられることとなった。

ＥＣＵの役割を巡る対立

一九七八年秋の専門家会合の中心は、通貨政策に関する問題であった。特に新しい為替相場システムの中身と介入のためのファイナンスが議論となった。中心的な対立事項は、中央銀行総裁評議会でも、通貨評議会でも、ベルギーのジャック・ファン・イペルゼル（ベルギー大蔵省高官）を議長として綿密に議論された。専門家の議論は、予定されている新しい通貨単位の将来の役割と、為替相場システムにおける介入義務の配分、そしてそのファイナンスに集中した。ここでは基本的に二つの考え方が対立した。ヘルムート・シュミットとジスカール・デスタンによって提案された欧州通貨単位（ＥＣＵ）をシステムの中心にすえるという目標は、いわゆるシステムにおける計算単位として単に利用されるのか、あるいは為替相場の基準値として、従って変動幅や介入義務の決定のために使われるのか、という問題である。この二つの考え方は一見すればさほど重要ではないように思えるが、実際には中心的な意味を持っている。

ＥＣＵは参加各国の通貨が集まって一つのバスケットを構成しており、中身は各国の通貨を加重平均した値である。その結果、ＥＣＵの値はバスケットの中の各国通貨の市場価値によって影響を受ける。従って各国通貨の間に適用されるＥＣＵ中心相場は、ＥＣＵで表示されるそれぞれの中心相場では、一つの数字に特定されない。ＥＣＵ中心相場は通貨バスケットでは、それぞれの通貨の価値の変化に対応して絶えず変動する。一つの、あるいは複数の市場で高く評価されている通貨は、それ以外の大部分の通貨が弱い局面にあって変動幅の下限に接近した時点で、弱い通貨のために買介入を行う義務が生じる。ＥＣＵ中心相場を使って介入義務点を決定すれば、それはＥＣＵ構成通貨の加重平均を基準として行われることとなる。

これまでの欧州共同フロート制では、これとは異なって介入点は二国間で定義された中心相場と変動幅（いわゆるパリティ・グリッド）に従っていた。参加各国通貨との関係では、相互の通貨間の関係を決定する際に中心相場が決定され、また数字は確定されたものとなっていた。このいわゆるパリティ・グリッド方式においては、最も強い通貨が事実上基準となり、その通貨は次第にドイツ・マルクとなっていった。このパリティ・グリッド方式は、特にフランス側に困難をもたらしていた。フランスは、形式上平等なパリティ・グリッド方式は、為替介入を行う場合に「非対称的」に作用し、市場において最も強いと評価された通貨に有利となると考えていた。そこで中心相場を加重平均的に決め、より強い対称性（シンメトリー）を達成するよう要求していた。逆にドイツ連銀は、通貨システム全体を永続的に安定させる鍵はパリティ・グリッド方式である、と考えていた。ドイツ連銀は介入義務の指針を加重平均に求めることを、安定政策上受入れることができなかったのである。

このような背景から、中央銀行総裁評議会でも、また通貨評議会でも、この問題について明らかな対立が持ち上がることは不思議ではなかった。連銀の代表者は、ＥＣＵ基準に反対する集団の中ではオランダによって支持されていたが、この対立はブレーメン会議での合意文書で示された提案によって、さらに煽られることとなった。その提案とは、生じうる介入に対しては「基本的に」参加各国通貨を使用する、米ドルと金をこのシステムに投入して新しいＥＣＵを創設し、このＥＣＵを各国通貨の形で参加国中央銀行に対して介入目的のために提供する、というものである。そしてこのようにして、各国には介入を目的とした資金が拡大される、と書かれていた。

中心相場の基準、介入の際の負担配分、そのファイナンスに関する提案については、この提案による大幅な影響を斟酌すれば、専門家の間で様々な具体策が議論され、検討されたことはいうまでもない。エリック・ホーフマイヤーやアンドレ・スザス、ペーター・ルードロウなどは、彼らの著書において様々な見解と具体的な提案を個々に記述している。こういった二国間・多国間で交わされた専門家による集中的な議論が如何に重要であったにせよ、私の立場からみて後々の解決にとって決定的な妥協は、まさに一九七八年九月一四—一五日のアーヘン独仏協議で政治的に成立した。当時連銀総裁であったオットマー・エミンガーは、その前日にシュミット首相に対して、ECUを中心とした基準を用いた介入義務と、それによる大規模なファイナンス制度というシステムに関して、連銀としての重大な反論を展開した。この連銀の見解は、それが明らかになるに及んで政治家やマスコミからも支持を得、最後にはホルスト・シュールマンもこれを支持した。そこでシュミット首相はフランスに対して、中心的な問題である介入システムの基準についてアーヘンで妥協を求めることにした。この妥協は、当時通貨評議会の議長を務めたベルギーのジャック・ファン・イペルゼルによって既に十分検討され、準備されたものである。その内容は、ECUは介入システムの中では単に計算単位として利用され、介入義務はこれまでどおりパリティ・グリッドに従う、というものであった。

ECUを付加的に「乖離指標」としても利用しても良いが、乖離指標がどれほど大幅に振れた場合に具体的に介入義務が発生するのか、またどの程度介入するのか、という問題がある。これについては決定されていなかった。ジスカール・デスタン大統領はアーヘン会議で、しばらく躊躇するところがあったが、最後には歩み寄った。この妥協は、その後ブリュッセルの欧州理事会で決定された内容の一部となった。また当時ドイツでは外貨準備を移転するための法的な前提が存在していなかったので、独仏政府はアーヘン会合で、当初直ぐに実施する予定だった外貨、あるいは金準備の欧州通貨基金への移転は、その目的は変えないものの、取りあえずは既に存在している欧州通貨協力基金の枠内で金融規則を拡充することで十分である、という合意を得た。これによって連銀との間の争点も一応解決された。

独仏合意が、一九七八年一二月五日のブリュッセル欧州理事会で他のメンバーによっても合意を見る前に、いわゆる平行調査で取り扱われたテーマ、すなわち経済的に十分には発達していない加盟諸国のために起こりうる、新しい通貨体制下での財政援助の問題も解決されなければならなかった。ここでも、加盟国の間で政治的な対立が生じたことは自明の理である。特にアイルランドとイタリアは共同体による支援として追加的な財政移転を要求したが、加盟国の多数はそれぞれもっともな財政的理由を挙げて、このような措置には批判的であった。ベネルックス三国とデンマーク以外にも、ドイツとフランスがこの立場を支持した。これらの国の立場は、経済政策評議会の最終報告書に書かれている。

しかし要求を拒否する多数の加盟国に対し、少数の国は、安定的で永続するシステムのために政策的な協力を行うとする報告書に従い、欧州投資銀行や欧州地域基金、欧州社会基金といった既に存在する機関を再検討することが適当である、という主張を行った。この提案は関心を持つ国の政治レベルにおいて取り上げられ、具体的な要求として提案されることになった。しかし加盟国の多数は移転支援の実質的な拡大を支持する意図はなく、この問題は激しい交渉の結果、ブリュッセル欧州理事会における首脳間討議において、ようやく妥協を見ることとなった。その結果、五年間の期間、欧州投資銀行の利子を下げて、一〇億ＥＣＵまでの信用を供与することは受け入れられたが、それを越えて地域基金、社会基金に対しても要請を広げることは拒否された。しかしそれでもこの信用供与は、経済的に十分に発達していない、新しい欧州通貨制度（以下ＥＭＳ）参加国の利益となった。なお利子に対する補助金は、この制度に参加するその他の国が負担することとなった。また委員会に対しては、各国の経済的能力が大局的に収斂していくための方策と、金融に関連する共同体の機関の利用について、調査を行うことが付託された。

欧州通貨制度の発展のための最後の詰め

一九七八年一二月五日、欧州理事会は、集中的な準備を経て新しいＥＭＳの出発の号令を下した。最終声明においては、通貨制度のために特に以下の内容が取り上げられた。

—欧州通貨単位（ＥＣＵ）は「新しい制度の中心に位置する」と表記されるが、その機能は、為替相場メカニズム（ＥＲＭ）と信用供与メカニズムのための計算単位として、またいわゆる乖離指標のためのベースとして利用されることに限定される。

—中心相場の決定および介入義務の定義のために、これまでの二国間のパリティ・グリッドは維持される。為替市場における相場がＥＣＵの乖離指標の限界値に達する場合には、何らかの是正措置がとられ、あるいは中央銀行間の協議が行われるものと想定される（presumption）。（それ以上の行動は定められなかった。）

—起こりうる介入は、「原則として」参加国通貨によって実施される。新しい金融支援として「極めて短期間のファシリティー」が設置され、これまで存在していた信用供与メカニズムは拡大される。さらに参加中央銀行は欧州通貨協力基金に対して、更新可能な通貨スワップを通してドルと金準備の二〇パーセントを移転する。この外貨準備に対する所有権は各国中央銀行に残る。

—少なくとも二年後には、これらの当初の規則は新しい共同体と各国の法律制定の基礎の上に発展化が図られ、将来設置される永続的な欧州通貨基金に組み込まれる。

一九七八年にブリュッセル欧州理事会によってまとめられた決定事項は、法案テキストに変換され、一九七九年三月一三日に発効した。欧州の通貨統合への旅程において重要な新しい一歩が始まったのである。決定された事項は、特にフランスが欧州の為替相場の協力に復帰することを可能とした。しかし新しく創設され、政策面でも特別に作り出されたEMSも、実質的には多方面で言われたほどには新しいものではなかった。安定政策の立場からみると、正式な介入義務は通貨バスケットであるECUとではなく、引き続きパリティ・グリッドと結びついていた。そして、その時期に最も強い通貨が新システムにおいて依然として決定的な基準であり、アンカーでもあった。また信用枠の拡大は、連銀のもともとの想定を越えても、安定政策上説明しうる限界を超えることはなかった。当初直ぐに予定されていた外貨準備の共同体化や、欧州通貨基金を創設することもまずは取り下げられた。新しいシステムについて経験を積むことが優先されたのである。早速着手されたことは、合意されたシステムを少なくとも二年後には新しく必要となる共同体と各国の法律の基礎の中に、最終的に組み込むことであった。

新しいEMSに合意したブリュッセル欧州理事会の決定をもって、欧州の通貨政策上の協力は疑いもなく新しい枠組みと推進力を得た。しかしこれまでの協力の基本的指針は、その後も最も強い通貨を基本として展開されることとなり、変更はなかった。新しい通貨協力によって、中央銀行は、通貨バスケットであるECUに従って介入を行い、その結果強い自国通貨が弱くなることを余儀なくされる、という状況も生まれなかった。欧州通貨基金の創設の前に中央銀行が外貨準備を移転することで自らの行動範囲の縮小を強いられる、ということもなくなった。これからの発展は、今後の経験を踏まえながら進めていく、ということになったのである。

ブリュッセルの一二月の決定はこのように慎重なものであったが、この決定の前には、ドイツ連銀が自由な行動範囲を早い段階で狭めることに強い疑念を示し、世論においてもこのような進展に対して次第に批判が高まっていった、という事実がある。当時連銀総裁であったオットマー・エミンガーは、連邦政府との内部討論の中で、ＥＭＳの中で早い段階でＥＣＵを基準とすること、および公式に外貨準備を移転することに対して疑念を表明していた。それに応えて、シュミット首相は一一月末のフランクフルトにおける連銀理事会に出席することを決めた。エミンガー総裁が会議の後の書簡において明らかにしているように、連銀は首相との会議において、過度の介入義務を強要されないこと、安定を損なうような状況が続く場合には一時的に介入義務から解放されること、の二点に対する承認を連邦政府から得た。さらに外貨準備の最終的な移転は、連邦議会によって批准される国際条約によってのみ可能となることも確認された。連邦政府と連銀の間で行われ、後日国際的にも知れ渡ることとなる内部約束は、一九七八年一二月五日のブリュッセルの妥協においても十分考慮されていたのである。

欧州通貨制度下での各国通貨の動き

ブリュッセル欧州理事会で採択された決議が必要な法的形式を整えた後、一九七九年三月一三日に新しいＥＭＳが発効した。しかし特に英国からみれば、このシステムにはあまりにも柔軟性がなかった。英国は為替相場のより大きな変動と、自由な政策の範囲の一層の拡大を求めていたからである。そこで英国政府はまずポンドの参加を拒否したが、将来それ以外の決定もありうることを留保した。ドイツの専門家の間では初め、新しいＥＭＳは、安定を十分志向していない国に対して、拡大的な通貨政策にあまりにも多くの裁量を与えすぎてはいないか、他方ドイツ連銀の安定政策はあまりにも狭められるのではないか、という危惧が支配的であった。フランスでは、ＥＭＳは通貨政策への協力の新しい始まりであると広く認識され、最初からフランス・フランが参加することを可能とした。特に強調されたのは、共通の通貨バスケットであるＥＣＵが、少なくとも計算単位として、制度の中心に据えられたことである。ジスカール・デスタン大統領が強調したように、ＥＣＵという名称を使用することは、一三世紀に存在した有名なフランスの金貨 écu を再び採用することでもあった。

もっともドイツとフランスでは期待が異なっていた。その大部分は、合意に対する正確な理解が欠けていることから起きている。例えば、ドイツでは通貨政策の具体的な実施の際のＥＣＵの意味が数倍にも過大評価されていた。また介入義務のために最後の決定的な基準となるパリティ・グリッドの維持については、マーケットが根本的に変わった場合には中心相場の変更が必要となることが過小評価されていた。しかし、全体としてみれば、新しいシステムは多くの新機軸を投入し、信用枠を広げたものの、介入義務については、市場で最も高く評価されている通貨を基準とし続けることが最終的に決まった。

一九七九年春にＥＭＳが公式に開始されてからしばらくは、通貨の状況はある程度平穏な状態が続いた。その理由としては、当時の米国のカーター政権が一九七八年末にドル防衛策を導入したことによるところが大きい。ドル防衛策の導入の後生じたドル相場の上昇は、一九七九年初頭に過大評価されていたドイツ・マルクの負担を軽減し、欧州の為替政策上の緊張を取り除いていた。フランス・フランが比較的低い相場で新しい制度に参加したことも理由の一つである。さらに、イタリアはリラに対してまずＥＭＳで定められたオプション、つまり初めはより広い変動幅である±六パーセントを採用し、他の参加諸国は通常の±二・二五パーセントを採用したことも理由に挙げられる。一九七九年秋にはドイツ・マルクの二パーセント切り上げという若干の変更と、デンマーク・クローネの二回にわたるほぼ七パーセントの切り下げが見られたが、全体としては一九八一年初頭まで、欧州の通貨情勢は比較的静かであった。

その後は再び変動に見舞われることとなる。この原因は特に、参加各国の政策の方向性がそれぞれ異なっていたことに求められる。通貨不安は、一九八一年三月末、イタリアが拡大された変動幅を受けて参加したにもかかわらず、リラを六パーセント切り下げる必要があると述べたことがきっかけとなった。フランスでは、一九七九年五月にミッテランが大統領選でジスカール・デスタンに勝利してしばらくして、議会における多数派を利用して再び強い拡張政策を始めた。しかしこの政策は、安定に必要な条件を以前ほど考慮していなかった。幅広い政府の影響下にあったフランス中央銀行も、政府の政策から距離を置くことはできなかった。当然ながら国際通貨市場もこれに見合った対応をし、その結果、新しい通貨協力の中でも最も重要な領域、すなわちフランス・フランとドイツ・マルクの間で緊張が再び高まった。フランス・フランは市場で次第に低く評価されるようになり、一九八一年一〇月には、ドイツ・マルクとオランダ・ギルダーの五・五パーセント切り上げ、フランス・フランとイタリア・リラの三パーセント切り下げを含む、多国間での本格的な中心相場の調整が実施された。しかしこの中心相場の大幅調整でも十分ではなかった。一九八二年には再び調整が必要となり、始めにベルギーとルクセンブルグのフランが八・五パーセント切り下げられ、デンマーク・クローネは三パーセント切り下げられた。同年夏には再びシステムの中心部分に緊張が走り、ドイツ・マルクとオランダ・ギルダーは再度四・二五パーセントの切り上げ、フランス・フランは五・七五パーセント、イタリア・リラは二・七五パーセントの切り下げとなった。これによって次第に明らかとなってきたことは、各国通貨の固定された中心相場を市場というテストの中で維持させるためには、加盟各国の金融政策と財政政策の基本的方向性があまりにも相違していた、ということであった。

結局のところ、欧州において長期安定的な固定相場システムを維持するための充分な、かつ共通する経済政策の基本方針が、当時の欧州には明らかに欠けていたのである。ＥＭＳは対外的には新しい出発を表明した。しかし各国の政策は安定志向の面で異なり、各国の通貨に対する市場の判断も異なる、というジレンマは依然として残っていた。ＥＭＳ参加国通貨の長期的安定は、最終的には国内的な安定の基礎の上に、各国の政策基準をより強く近づけることによってのみ達成される。

ＥＭＳの長期的成功のためには、決定的に重要な国においてそれに見合う基本方針の決定が必要不可欠であり、新しいシステムの導入だけでは十分ではなかったのである。従って一九八〇年代の初めには、一九七九年に合意された二年という欧州通貨基金の創設のための期限は、何もなされることなく過ぎていった。

新しいフランスの安定政策の展開

第2節

ドイツ・マルクの切り上げを求めたフランス・フランの安定政策

一九八二年秋、ドイツではＦＤＰ（自由民主党）がそれまでの連立を離れて新しい政権に合流し、これ以降欧州の為替市場における緊張はますます高まっていった。ＳＰＤ（社会民主党）とＦＤＰは今後の経済社会政策に関する共同のコンセプトについて、これ以上合意を見ることはできなくなり、新しくＣＤＵ／ＣＳＵ（キリスト教民主同盟／キリスト教社会同盟）とＦＤＰが連立政権を作った。首相にヘルムート・コール、連邦蔵相にゲアハルト・シュトルテンベルグ、連邦経済相には引き続きオットー・ラムスドルフを迎え、市場経済の改革と財政上の規律強化という路線を打ち出した。私自身は連邦経済省に二〇年間以上奉職した後、連邦大蔵省に招聘され、財政に関する基本問題と国際問題を担当する次官に任命された。欧州通貨問題担当も職務の一つに含まれていた。

ドイツの経済財政政策の新しい方向性は、通貨市場からは全体としてポジティブな反応を得ていた。しかし、新政権が長く続くのかどうか、不安定なところもあった。新しい連立政権はFDPの強い要請もあって、成立して六か月後には連邦議会選挙を実施することとしていたからである。従って一九八三年三月六日の選挙で新連立政権が国民から明らかな支持を得たときには、市場はより明確に反応した。ドイツ・マルクは次第に強く評価されたが、フランス・フランは軟化傾向にあった。明らかに市場は、一九八一年にフランス大統領の交代後導入された経済プログラムを批判的に評価していたのである。資本逃避が増加し、フランス・フランはますます強い圧力に晒されるようになった。毎日のようにEMSの中心部分で緊張が増幅され、早急にも確実な解決策が求められていた。

このような状態にあって、まず独仏の二国間関係でドラマチックな出来事が連続し、次にECの担当部局でも同じことが生じた。私にとってのドラマチックな日々は一九八三年三月一五日の電話連絡に始まる。その日フランス大蔵省財務官であったミッシェル・カムドゥシュはパリから、通貨政策について多くの問題を含んだフランス政府内の討議の内容を私に伝達してきた。そしてジャック・ドロール大蔵大臣の命を受けたので、明日ボンでシュトルテンベルグ大臣との、そして可能ならばコール首相との会談も合わせて至急セットして欲しい、首相に対してはミッテラン大統領の親書を携行する、と伝えてきた。私は、首相と大臣は新政権のプログラムを作成するために連立交渉で多忙であることを指摘したが、アポイントメントを取る努力は続ける、と答えた。

翌日、困難を乗り越えて成立した会談は、連立交渉が行われていたボンのバイエルン州代表部で始まった。会談が行われる会場への道は最悪であった。代表部の前には、ジャーナリストやカメラマンが連立交渉の進捗に合わせて記事やコメントを求めて待機していたからである。市場における投機を可能な限り回避するために、カムドゥシュと私は隣の建物に付属した庭を通って、裏口から代表部に入った。ここでフランス側が求めた首相と大蔵大臣との秘密の会談が成立した。カムドゥシュは大統領の指示に従って、ミッテラン大統領とドロール大蔵大臣からの挨拶を伝えた後で、フランスは欧州協力の改善と強化が重要と考えており、それは緊急を要する、特に経済通貨政策における収斂、共同体の市場拡大、農業政策の一層の推進、そしてEMSの安定のための外貨準備の利用強化が重要である、とする大統領親書を渡した。その前提として、現在有効な為替の中心相場を大胆に再調整し、ドイツ・マルクについては八―一二パーセントの切り上げを求める、とあり、この大幅なドイツ・マルクの切り上げが実施されないのであれば、フランスはEMSから脱退せざるをえない、と付け加えてあった。カムドゥシュは同時に、ドロール大臣は全力でEMSからの脱退を阻止する努力をしている、と述べ、大臣の意向を次のように伝えた。

「EMSからの脱退は欧州の統合プロセスを大きな危険に晒し、共同体においては保護主義的な傾向が台頭することさえありうるので、フランスは安定プログラムの維持を続け、国内需要を抑制して貿易赤字を削減することを支持する。フランスにおいてこのプログラムが政治的に受け入れられ成功を収めるためには、先に述べたドイツ・マルクのフランス・フランに対する実質的な切り上げと、臨時の措置としてフランスが信用供与メカニズムを利用できることが必要である。」

コール首相とシュトルテンベルグ蔵相は、フランスの状況と立場についての明確な説明に謝意を述べた。そして、ドイツはフランスを支持する用意がある、しかしドイツ・マルクの一方的な切り上げは国内経済が困難な時期であり正当化することはできないし、EMS内に沈積した問題を解決することも可能ではない、と付け加えた。最後に、勿論これからも会談を重ねることとしたいので、内部で検討したい、と続けた。

その夕刻、コール首相は内部会議を招集し、シュトルテンベルグ蔵相、ゲンシャー外相、ペール連銀総裁が出席した。この会議で、今後の討議のためのドイツの基本ラインとして、再調整に関する二国間および多国間交渉について同意することが決まった。また、EMS参加各国通貨に対する一方的な措置にもなりかねないドイツ・マルクの切り上げは、同時に適宜のフランス・フラン切り下げがない限り受入れ不可能である、という合意もみた。この間に私はオランダの同僚ペーター・コルテヴェークから伝言を得ていた。彼はパリからフランスの考えを聞き、オランダは再調整がある場合には実質的なフランス・フランの切り下げ要求を放棄できないだろう、と伝えてきた。夕刻の会合の結果、コール首相はシュトルテンベルグ蔵相と私に対して、議論を継続するために明日パリに飛ぶよう要請した。

私たち（現ドイツ連邦共和国大統領ホルスト・ケーラーは当時連邦大蔵省で官房長の職にあり、我々に同行していた）は翌日の午後遅く、ドイツ連邦軍用機を利用してパリ郊外に到着した。まずシュトルテンベルグ蔵相は、ミッテラン大統領との二者会談のためにエリゼ宮に招かれた。後日談であるが、大臣は、パリにおいても一般に知れ渡ることを避けて、ちょうどカムドゥシュが前日ボンで行ったように宮殿の庭を突き抜けて裏手から入ることとなった。大臣によれば、大統領は事態の緊急性を強調した後で早急な解決策について耳を傾け、質問を投げかけたが、大統領自身の評価と結論については明らかにしなかった、ということであった。エリゼ宮での会談に引き続いて、私たちを含め、サン・クロード城においてドロール蔵相、ミッシェル・カムドゥシュ、フィリップ・ラガエット内閣官房長、そしてホルスト・ケーラー大蔵大臣官房長が参加して長い夜の討議に移った。ジャック・ドロールは時折感動的とも言える説明を披瀝しながら、国内の政治的な交渉カードをテーブルに出していった。彼は次のように述べた。

「ＥＭＳにとどまらず、欧州共同体そのものが存否の岐路にある。近日中にドイツ・マルクの大幅切り上げが行われなければ、フランスの政治に対して、また特に欧州統合全体にとってその結果は予測しがたいものとなる。フランス政府は相当の覚悟を持ってEMSから脱退することを決定し、他の共同体諸国からの輸入に対する課徴金の導入も決定するだろう。自分はそのような政策を支持する考えはなく、国内の安定に向けてフランスの政策を引き続き修正していくことに力を注ぎたい。しかし国内における安定政策の採用だけでは、現在進んでいる不均衡、特に経常収支における不均衡を短期に変えることはできない。そこで金融市場を納得させるために、フランスは、側面的な支援としてドイツ・マルクの大胆な切り上げが必要であると考えている。フランス・フランの形式的な切り下げは、フランスの政治から見れば、国内の対立もあって現在は受け入れることができない。近々ドイツ・マルクの大幅な切り上げによる側面支援が実施されなければ、フランス大蔵大臣として政府に引き続きとどまることはできない。さらに欧州統合のこれまでの歩みと、それ以上にミッテラン大統領によって原則的に支持されてきた共同体政策の今後の進展も危機を迎えるだろう。欧州において安定を志向するために政策を収斂させていくこともできなくなるだろう。」

シュトルテンベルグ蔵相は率直な説明に感謝し、連邦政府は、近々行われる再調整交渉が失敗すれば全員が敗者となり、誰も勝者とはならないことは良くわかっているので、ドロール大臣の安定政策に対する努力を強く支持する、と述べた。またフランス・フランの切り下げが同時に行われない場合は、ドイツ側はこれを政治的に受け入れられず、経済的にも説明できない、と付け加えた。しかし最終的には、その後に行われた再調整を巡る個々の解決策について、ドロール大臣がフランス・フランの切り下げに強く抵抗したために、何らの成果にも至らなかった。ドロールは、フランス・フランの同時切り下げはフランスでは実施不可能である、と考えていたのである。極めて集中的で、フランスの内政事情をさらけ出すことまでして行われた会談は、真夜中になって、独仏が共同で加盟各国に再調整の交渉を要請するという簡単な合意を得たのみで終了した。交渉はブリュッセルで次の週末に行われることとなり、真夜中の協議は第一ラウンドでしかなかった。

欧州通貨の再調整とフランスの安定志向経済政策への舵取り

翌日首相を交えてボンで行われた会合には、ゲンシャー外相とペール連銀総裁に加えてラムスドルフ経済大臣とシュレジンガー連銀副総裁も参加したが、議論を進めることはできなかった。シュトルテンベルグ蔵相は、中心相場を巡って生じた不均衡は、ドイツ・マルクだけ、あるいは要すればオランダ・ギルダーとともに切り上げるだけではなく、同時に他のEMS参加国通貨に対するフランス・フランの切り下げも行うことで修正されなければならない、と述べ、参加者全員の支持を得た。一方的なドイツ・マルクの切り上げはドイツ経済に過度の負担を強いるであろう、という考えがあったからである。

三月一九日、ブリュッセルで再調整のための公式の交渉が始まった。その前まではいかなる妥協の予兆もなかった。手続きに従ってまず通貨評議会がミッシェル・カムドゥシュ議長のもとで開かれた。フランス代表団は、八―九パーセントの中心相場の変更が必要である、それはドイツ・マルクとオランダ・ギルダーのみの切り上げによって達成される、なぜならこの二つの通貨の相場が特にこれまでEMS内において平均値から乖離しており、それはECUの乖離指標の変化が示している、と述べた。安定政策においては平均的な基準をベースとしていることから、この一方的な乖離指標による理由づけは、ドイツ側の受け入れるところではなかった。

集中的な討議では、ドイツ・マルクとフランス・フランの間で必要とされる中心相場の変更を、指摘のあった大枠として八―九パーセントとすることについては大方の同意を得た。しかし、ドイツ・マルクとオランダ・ギルダーの一方的な切り上げ要求は、同意に至らなかった。様々な国から出された、一時的にフランス・フランの変動幅を二・二五パーセントから六パーセントに拡大するという提案に対しても、協議に出席していたフランス側からポジティブな反応は出なかった。拡大変動幅は当時イタリア・リラに対してのみ適用されており、フランスは、フランス・フランに対して威信を失うことを恐れたからである。結局意見の相違のために、通貨評議会は議長の集中的な努力にもかかわらず、その日の夕刻にブリュッセル入りすることとなっている各国大臣と中央銀行総裁に対して、解決のための具体的提案を提出できなかった

その日の夕刻に始まった経済相・蔵相と中央銀行総裁の協議は、二日間では終わらなかった。異常ともいえる劇的な進行と、外部に現れた雰囲気が全てを物語っている。最初に、いかなる国も通貨の中心相場の変更を申請していないことが明らかになった。そこでジャック・ドロールは交渉のための戦術やシナリオを総動員して、フランス経済の困難さを詳細に述べ、欧州の責任、特にドイ

ツとオランダの責任を指摘し、何度も会議の中断を求めた。彼はその間ミッテラン大統領と協議するために、一度はパリに戻ったこともあった。ブリュッセルの会議場の入り口に詰めかけた多くのジャーナリストを前に、彼は声明を発表して挑発的な攻撃を行い、特にドイツをめがけて攻撃を仕掛けることに躊躇することはなかった。フランスとその欧州政策、そしてドロール個人の将来にかかる交渉であることは誰の目にも明らかであった。ミッテラン大統領とフランス政府にとって受入れ可能な再調整に失敗すれば、彼の政治的将来が危険に晒される、ということだけにとどまらなかった。フランスがEMSから離脱し、それによってEMS自身の存在が危機に瀕し、フランスの国内政策は、保護主義的な措置を採用することでEC各国に対して門戸を閉ざす、という危険すらあったのである。ブリュッセルでフランスが受け入れられる解決が図られなかったとした場合、フランスが実際どのような決定を下したか、誰も断定することはできない。しかし色々な点を総合すれば、フランスは少なくともEMSからは脱退し、輸入課徴金を導入して自由な貿易を歪曲し、結果としてEC条約に違反していたと思われる。

ブリュッセルの為替市場が月曜日の午後遅くに閉鎖された後で、二日間の厳しい交渉は(中断は何度もあった)、ついに共同の決定に至ることとなった。各国が全てこれを支持したことは、大きな喜びであった。ドイツ・マルクは五・五パーセント、オランダ・ギルダーは三・五パーセント、デンマーク・クローネは二・五パーセント切り上げられ、フランス・フランとイタリア・リラは二・五パーセント、アイルランド・ポンドは三・五パーセント切り下げられた。この結果を振り返ると、最終局面ではドイツが最もフランスに歩み寄ったことがわかる。ドイツが大幅に譲歩したことで、オランダは部分的にしか共同歩調をとることができなかった。長い交渉を経て、オランダ・ギルダーはドイツ・マルクと比べて二パーセント低い切り上げを行うこととなり、結果としてはドイツ・マルクに対して初めて切り下げられたのである。この決定は、当時のヴィム・ドイゼンベルグ・オランダ銀行総裁の勧告を退けてオランダ政府が採択したものであり、その後長くオランダの金利の決定に悪影響を与えた。オランダ・ギルダーのドイツ・マルクに対する中心相場を危険に晒さないために、オランダの金利は数年にわたってドイツのそれよりも高い水準を保たなくてはならなかったのである。

今となってみれば、私たちは次の通り理解できる。一九八三年三月二一日夜の、しばらくは劇的にも見えたドラマの後で成立した再調整は、フランスの国内経済コースの修正を可能とし、その後の欧州の経済通貨統合に中心的な意味を持った。そして後々まで影響を与えることとなった。フランスはこれ以降、国内の安定を志向するコースをより強力に選択し、他の欧州諸国にもこのコースを進むことを勧めた。ドロールが個人的に進めた決定によって、フランスでは新しい展開が生まれ、通貨政策上の協力において新しい展望を可能とする道が開かれた。もっともこの政策転換は、フランス国内では長い間議論を呼んだ。また一歩一歩市場の信頼を回復するために、この転換が正しかったことを、時間をかけて証明する必要があった。しかし、これによってＥＭＳが救われたばかりではない。フランスでは、国内政策により強力な安定政策が採用され、それは為替相場に現れた。

その後しばしば曖昧な表現で引用されることとなる「強いフラン政策」(Franc-Fort-Policy)は、他のEMS加盟諸国に対しても効果をもたらすこととなった。その結果一九八〇年代の再調整はその回数が減り、また時が経つにつれて、通貨政策における協力の推進のための経済基盤が整えられることとなった。もっとも通貨同盟に至る大いなる前進への道は、まだまだ長いものがあった。経済の格差、通貨政策上の経験とその考え方の相違などは早急に解決されなければならない問題であった。しかし進むべき重要な方向性を決定することはできたのである。

第3節

単一欧州議定書による新しい発展

ミッテラン大統領の通貨問題イニシアティブ（一九八四年）

一九八四年初め、コール首相との相互の信頼の上に立って親密な個人的関係を築いていたミッテラン大統領は、フランスが欧州理事会議長国となるのを前にして、これからの数年間、彼の政治活動の中でも特に欧州統合の一層の推進を主要政策のテーマとすることに決めた。一九八三年一二月、彼はまずこれまで自分の補佐を務めていたローラン・デューマを欧州問題担当大臣に任命した。

デューマは一九八四年六月初めにメモランダムを提出し、各国の政策を幅広く協調させるための提案と並んで、ジスカール・デスタンとヘルムート・シュミットがかつて取り上げたＥＭＳを一層発展させ、欧州通貨基金の創設を再び取り上げることを明らかにした。このメモランダムは直接的な結果はもたらさなかったが、フランスが将来自国の欧州政策において、通貨問題に特別の比重を置くことを示したものとして重要な文書となった。

フランスの首相はモーロアからファビウスに代わった。一九八四年末にはフランス大蔵省でも交代があり、ジャック・ドロールがＥＣ委員長としてブリュッセルに招聘された後、それまで大統領府で官房長を務めていたピエール・ベレゴボアが大蔵大臣に就任した。ベレゴボアは初め、欧州通貨統合に対してはドロールと比較すればかなり懐疑的であった。しかししばらくして判断を求められる機会が生じた。彼はフランス・フランの安定政策に対して明らかに支持者であった。さらに重要なことは、ミッシェル・カムドゥシュがフランス中央銀行総裁に新任されたことである。彼はフランス・フランの安定と欧州協力の推進という目標を強く支持していた。

ドロールが一九八五年初めにＥＣ委員長に就任してしばらくすると、ブリュッセルでは彼のダイナミックな力が発揮され始めた。早速欧州における停滞を克服する努力を継続的に追求し始めたのである。そして新たに選出された委員会は、六月には欧州共同市場の実現と、ＥＣの各機構と各国との間での協力拡大のために、具体的提案書を提出した。ドロールは、このテーマの一部がミッテラン大統領とコール首相との二国間会談で既に議論されていたことを知っており、両国はＥＣ条約の一層の発展を基本的に支持することも知っていた。そこで九月には各国政府が全て加わって、ECの改革のためのいわゆる単一欧州議定書に関する交渉が開始された。この議定書は各国で必要な批准を経て、遅くとも一九八七年一月一日までに発効することとされていた。このドロールの極めて野心的な提案は、共同体市場の完成への道を開くものであり、通貨問題もあらためて取り上げ、可能な限り迅速に、また幅広く前進させることを求めていた。

ドロールは特に、EMSの基本的な法的基礎が参加する中央銀行間の合意だけで構成されていた現状に考慮して、条約上の法的基盤を作ることが必要であると考えていた。欧州通貨基金の創設と一般的な経済通貨同盟の目的を、条約において確定させる必要もあった。しかし当時のパリの大蔵省やフランス中央銀行では、ECUを一般的な並行通貨に発展させることの方により大きな比重がかけられていた。従ってこの二つの機関では、初めは委員会の条約案のこの特定部分に関してある種の慎重さが窺えたが、ドロール委員長がミッテラン大統領に支持を求めたことによって初めて、フランス政府は委員会が提案したとおり、条約交渉において通貨政策を条約に盛り込むことを強く支持したのである。

ドイツにおいては、大蔵省も含め特に連銀が通貨問題に対する委員会の提案に反対であった。私たちは、委員会が提案した条約補足条項は、連銀の政治的独立性を制限することになり、また制度としては単に欧州通貨基金という解決策が導入されるだけで、堅実なプロセスの結果として作られる経済通貨同盟にはつながらないのではないか、といった懸念を持っていた。シュトルテンベルグ蔵相と私は、内部の会議で私たちの懸念を首相に説明し、理解を得た。

委員会提案の条約テキストは主に、通貨政策において共同体の政策的な権限を強化すること、従って各国中央銀行の自律性を制限することを主眼としており、最終的にドイツが目指していた経済通貨同盟を、内容においても制度的な面でも反映していなかった。またこの部分に関する共同体の政策の具体化と発展は、委員会提案によれば、今後はローマ条約第235条による決定手続きに委ねる（欧州理事会の決定によって共同体条約を内部で推進できるが、各国の批准を伴う条約の変更は行わない）、となっていた。これによって第236条が規定する、条約の変更は批准を求めるというハードルは、明らかに回避されることになった。

このような委員会の提案が、ドイツが長い間主張していた見解と一致していないことは、一目瞭然であった。委員会提案は、通貨問題について、最終段階における超国家的通貨同盟の内容を明確にすることなく、また政治的に独立したＥＣＢの設立を確定することもせずに、問題の多い中間的解決案（例えば欧州通貨基金の創設）を狙っている、と私たちは考えていた。この中間案は、各国議会による批准や国民投票にかけることなく、中央銀行の管轄権への介入、つまり各国の中央銀行の独立性に介入することを可能にしていた。ドイツは、一九七〇年のヴェルナー報告を巡る交渉以来、まさにこの点に関する委員会の提案を常に拒否し続けてきたのである。ドイツ政府はこれまで、単一議定書や共同体市場の完全な実現、財や資本移動の自由化、各機構間の協力の改善といった基本的な関心事項について大きな貢献をしてきた。しかし中央銀行の独立性への介入という点については委員会の提案に応じることはできなかった。
一九八五年一二月三―四日のルクセンブルグ欧州理事会を直前に控えて、ミッテラン大統領とデューマ外相はコール首相とゲンシャー外相を合意に導こうとしたが、ドイツ政府をこの委員会の提案へと動かすことはできなかった。ドイツ側も反論したが、実質面において委員会に自らの提案を放棄させることはできなかった。最終協議では、委員会は先ず首脳会議のために若干変更された文書を提出してきた。ドロールは首脳会議での最終会合で明らかにフランスの支持を得て、通貨統合の今後の進展について基本的な反論を唱える英国や、統合のために援用される手続き（236条ではなく、235条を援用する）を留保するドイツを説得できることに賭けていたのである。

単一欧州議定書の採択で前進した経済通貨政策

未解決の問題を前に、コール首相は私にルクセンブルグに同行することを求めた。予期していたとおり、首脳会議による条約案討議ではしばらくしてこの問題を巡って対立が生まれた。サッチャー首相は通貨同盟に関する基本的な留保を理由として、いかなる形でも条約案で通貨問題に言及することを最初から拒否した。他方コール首相とオランダのルッバース首相は、経済通貨同盟の目標を条約に盛り込み、同時にＥＭＳの機能と、目標に至るための重要な指標としてＥＣＵを発展させることについて触れることに異議はなかった。また制度的な変更と通貨問題における権限の移転については、236条に基づく（従って各国の批准を必要とする）条約内容の変更のために留保する、と指摘した。委員会の提案はしかし、若干の変更は加わっていたものの、依然として基本的な条約形式を「変更することなく」、欧州通貨基金を創設することを目指していた。それ以上に重要であったのは、経済通貨同盟の具体的な内容については欧州理事会の決定によって定められ、新しく批准を要する条約を必要としない、という点であった。まさにこの点こそ、連邦政府は連邦議会とドイツの有権者から承認を求めることはできず、初めから受け入れ不可能な事柄であった。

通貨同盟の目的に反対するというサッチャー首相の原則的な異論も含めて、ルクセンブルグ会議で異なる立場が明らかにされたので、コール首相は、私の同僚である英国大蔵省のジェフリー・リットラーとともに妥協策を探すよう、私に指示を出した。ボンでの各省と連銀を含めた事前の会議で、私は新しい条約文のための案文を用意していた。案文は、可能な限り妥協案を受け入れるが、決定的な点、つまり制度上の新組織と通貨問題における権限の変更については、ローマ条約第236条に従って批准を要する条約に変更されることを求める、という内容であった。この案文を若干変更した後で、私はジェフリー・リットラーを納得させることができた。しかしサッチャー首相はこの案文に承認を与えることに未だに躊躇していた。私は、コール首相の希望を受けて、個人的にサッチャー首相に新しい案文の内容を説明した。その結果、英国はこういった条文において経済通貨同盟の目的に形式上も同意するものではないこと、またEMSへの参加に関連して英国を縛ることもなく、また将来ありうべき制度上の変更や通貨政策の分野での権限の移転をあらかじめ承認するものでもないことを条件に、サッチャー首相に納得させることができた。

サッチャー首相との会話は簡単なものではなかったが、その後の多国間交渉で、彼女は案文の修正を盛り込んだドイツの提案を承認する意思がある、と述べた。しかし彼女は全体を承認する声明文の中で、この委員会の案では新しい条文が当該の章に盛り込まれ、見出しとして「経済通貨政策における協力(経済通貨同盟)」と書き添えられていたことを明らかに見逃していた。この章の見出しの中で経済通貨同盟に言及があったことは、それが括弧付きであったにせよ、英国下院における条約審議においてサッチャー首相に困難をもたらすこととなった。彼女はこの見出しに承認を与えたことについて、経済通貨同盟は不幸にも（unfortunately）既に一九七二年以来共同体の公式の目的である（つまり彼女の内閣成立以前の問題）としてこれを正当化した。

サッチャー首相が承認を与えたので、デンマークの首相もこれまでの抵抗を放棄した。そしてドロールとミッテラン大統領には、もともとの目的である、ＥＭＳに権限を委譲させて通貨統合を発展させ、通貨同盟につなげることを第235条を援用して主張する、というチャンスは残されていなかった。最終的には、以下のテキストを第102条ａとして新しく作られる条約に盛り込むことで合意が成立した。

（1）共同体の更なる発展のために必要な経済通貨政策の収斂を確保するため、共同体加盟国は第104条の目的に従って協力する。共同体各国はＥＭＳの枠内で行われる協力において、またＥＣＵの推進においてそれぞれ蓄積された経験に配慮し、現存する権限を尊重する。
(2)経済通貨政策の分野における今後の発展により制度的な改正が必要となる場合には、第236条が援用される。通貨政策の分野における制度の改正に際しては、通貨評議会と中央銀行総裁評議会の意見を聴取しなければならない。

経済通貨同盟を目指す新たな道筋に対して、この合意をもって方向が定められた。経済通貨政策の長期的目標が条約条文で言及され（章の見出しにおいてであったとはいえ）、条約上確認された。同時に、共同体の一層の発展のために、必要な経済通貨政策の収斂が確保され、ＥＭＳにおいて、またＥＣＵの推進において、それまでに蓄積された経験が配慮されなければならないことが明記された。特に、批准を必要とする条約の変更が新たに生じるまで、現存の権限は尊重される、という点は重要であった。制度と権限の配分の変更は、第236条に従って、批准を伴う条約変更によってのみ実施されるからである。

さらに、全加盟国によって批准された新しい条約が効力を得るまで、各国の通貨政策上の主権と現存する中央銀行の独立性への介入は許されないことが、明確に規定された。ドイツ側が長く主張していた意見が明記されたのである。この法的説明が明確になった後では、まずＥＭＳにおいて安定政策面でさらに収斂を強め、ＥＣＵを発展させることに努力を集中させることができた。そこで集められた経験は、新しく成立した条項の文言に従い経済通貨同盟のために必要な変更を行うのに先立って、尊重されなければならなかった。

第4節

一層の対称性を求める新たな要求

引き続き弱いフランス・フランとドイツ・マルクへの切り上げ要請

一九八六年初に、共同体はポルトガルとスペインの加盟を得て一二か国に拡大した。またフランスにおける三月の選挙で国民議会では新しい多数派政党が誕生し、社会党の大統領ミッテラン、保守党の首相シラク、蔵相のバラデュールという、政府の間で「コアビタシオン」(保革共存)が生じた。為替市場はこのフランス国内の政治的変動に対して、フランス・フランの若干の軟化という形で応えた。フランス・フランに対する圧力は、初めは比較的限定的であった。

フランス新政府が、次の非公式のEC経済相・蔵相理事会が始まる前にEMSの再調整を申請したことは、我々にとって驚きであった。一九八六年四月六—七日、オランダ蔵相オンノ・ルーデングがオートマーズムに会議を招集した(オートマーズムはドイツ国境に近い所であり、私が生まれたウェストファーレン州のメーテレンから数キロ離れている)。この申請の目的は、ドイツ・マルクとフランス・フランの間の中心相場を約八パーセント変更することであった。私たちが驚いたのは、フランス側は、これまで常に主張してきたフランス・フランの切り下げから来る威信の喪失を恐れていなかったことである。この新しい考え方は、選挙直後のフランス・フランの切り下げは選挙で敗北したばかりの社会党政権による政治の結果である、と評価されることで有利に判断されたのかもしれない。いずれにせよフランスの威信問題がなければ、これに対する回答はかなり容易であった。通貨評議会では議長はカムドゥシュから私に代わっていた。この部会での短い準備を終えて、オートマーズムでは各国蔵相と中央銀行総裁の間で合意はすばやく達成された。フランスの申請を下回る数字ではあったが、フランス・フランは三パーセント、ベルギー・フラン、ルクセンブルグ・フラン、およびデンマーク・クローネは一パーセント切り下げられた。またドイツ・マルクとオランダ・ギルダーは三パーセント切り上げられ、為替市場ではポジティブに評価された。

この場で各国担当大臣と各国中央銀行総裁は、EMSの利用の一層の改善を通貨評議会に委託した。このための検討会議は後になってブリュッセルで何度も開かれたが、オランダ中央銀行のアンドレ・スザス理事は、ドイツの通貨評議会委員の支持を得て、ＥＭＳの中で適用されている変動幅を実際にも市場で最大限度まで許容し、変動幅以内では外貨の売買による通貨の介入はなるべく行わないことが必要である、と強く求めた。この見解は私も支持したが、フランス大蔵省のダニエル・レベク財務官は、それでは投機を加速させるリスクがあるとして、これを退けた。しかし私は今日でも、変動幅内での介入を少なくするという共同の勧告を採択しなかったことを悔やんでいる。変動幅は当時中心相場の±二・二五パーセントと比較的狭かったにせよ、変動幅以内での介入を可能な限り放棄することは、市場に対して二方向の変動リスクを負わせる。投機に対してはそれを助長するというより、むしろそれを阻止する効果を持つ、と私は考えている（これに対しフランス側は、投機が拡大することを恐れていた）。

幸いなことに、一九八六年を通して為替市場は比較的静かであった。もっとも、夏の真っ盛りに、具体的には八月四日に、アイルランド・ポンドが急に八パーセント切り下げられた。この再調整は比較的問題なく進んだが、私には特別の印象として残っている。それはアイルランドの申請が提出された後、特別の会議もなく電話による調整で切り下げが決定され、その後ブリュッセルで発表されたからである。このようなＥＭＳ内での中心相場の調整は、それまでにはなかったことであった。私は通貨評議会の議長として、この調整手続きをバイエルンの休暇先から電話で進めた。休暇を一日それに費やすことにはなったが、ほとんどの委員による意見の一致を見て比較的簡単に解決できた。この決定が当時市場によっても問題がないとして受け入れられたことも重要であった。

欧州為替市場の中心分野で再び不安が生じたのは、特に年末にかけてフランス・フランが急に、恐らく金利を巡る投機を理由に、再び軟化し始めたときであった。一九八七年が始まって数日、EMS内での緊張は明らかに高まっていった。フランス中央銀行の求めにより連銀は介入に入る意思を表明したが、フランス側から要請のあったドイツ国内の金利の引き下げは断ることにした。そこでフランス中央銀行は一方的にフランスの金利を若干引き上げたが、この慎ましい引き上げではフランスの市場を満足させることはできなかった。細かい点ではアクセントの置き方が異なっていたが、ドロールによって一九八三年に導入され、彼の後任であるベレゴボアとバラデュールによって引き継がれていた国内の安定政策をフランスは真剣に捉えているのかどうか、市場では疑問が膨れ上がっていたのである。

シラク首相は、為替市場の緊張が新たに高まった責任はドイツ側にあると公言し、ドイツによる金利の引き下げが再度拒否された場合には直接ドイツ・マルクを再度切り上げることを要求した。これ以降、フランスの安定政策への疑念は次第に高まっていった。この公的な場での攻撃を経験した後では、状況はドイツ側にとっても容易なものではなかった。フランスの同僚であったダニエル・レベクは、フランス政府はドイツ連銀とフランス中央銀行によって早急に金利に関する共同歩調を取ることに関心がある、と私に伝えてきた。シュトルテンベルグ大臣と私は始め連銀と協議したが、連銀は、国内でインフレ懸念があることから考えてドイツによる金利引き下げは容認できない、と主張した。

一九八七年一月八日、シュトルテンベルグ蔵相と私は、バラデュール蔵相とその補佐官との秘密会談のためパリに赴いた。フランスの見解は、ドイツによる大幅な金利の引き下げがなければ、あるいは独仏の通貨の間で新しく中心相場の変更が迅速に行われなければ、為替市場における投機はさらに先鋭化し、EMSの存在を危険に晒す事態が再び生じることは避けられない、というものであった。私たちはパリから連絡をとり、翌日にフランクフルトで連銀首脳との討議を設けることとなった。内部の状況分析をもとに、ペール総裁とシュレジンガー副総裁は新たにドイツ・マルクを切り上げることを支持した。シュトルテンベルグ蔵相も基本的にこの立場を支持したが、一九八七年の連邦選挙が迫っていることもあり、即座に決定することに躊躇していた。それによってドイツ農業に与えるネガティブな結果も考慮されていたのである。そこで私は席上シュトルテンベルグ蔵相に対して、通貨政策上必要なこのような決定をすることは、選挙を直前に控えた政府に専門的な能力があることを示すことでもある、と説明したので、大臣はこの決定を採用した。同じ日の午後には、大臣はボンにおいて首相の基本的な支持を得ることができた。

独仏協議と欧州レベルでの通貨再調整(一九八七年)

それに続く週末(一九八七年一月一一—一二日)、ブリュッセルの通貨評議会で短い協議があり、引き続きECの経済相・蔵相と中央銀行総裁が協議した後、ドイツ・マルクとオランダ・ギルダーの三パーセントという緩やかな切り上げが行われた。ベルギー・フランとルクセンブルグ・フランは相互に連結されていたが、ルクセンブルグの希望とベルギーの抵抗の狭間にあってわずかに二パーセントの切り上げとなった。一九八七年一月の再調整は、ドイツ・マルクとフランス・フランの間では最後のものとなった。その後もしばしば、一九九二―九三年のように強い緊張が生まれたが、一九八七年に続く一二年間に、フランスは国内安定政策と強いフラン政策を真摯に実施することによって、市場の信任を得ることができたのである。

それにもかかわらず、最終的にドイツ・マルクとフランス・フランの中心相場が一九九九年初めに固定されるまでの道のりは長く、石ころだらけであった。一九七〇年代の経験と、フランス国内の様々な対立を経て、為替市場では、フランス国内における安定志向の持続性についてなお疑念が続いた。一九九〇年代に入っても、フランスでは政治から独立し、通貨政策について完全に独自の決定権限を有する中央銀行は存在しなかった。これに対する批判的な声が上がるたびに、市場での持続する信頼を確立するためには、長い時間をかけた試行錯誤と実証が必要であることがますます明らかになった。そこでフランス側は、特にドイツ連銀を迅速かつ強力に欧州に取り込むことによって、必要とされる時間が短縮されることを希望した。シラク首相とバラデュール蔵相は、EMSにおける「一層の対称性」を求めるフランスの伝統的な要求をあらためて持ち出し、市場に対して明らかにわかりやすい中央銀行間協力を、ドイツ側に対して幅広く要請したのである。

バラデュール大臣は、経済相・蔵相理事会議長であったベルギーのマルク・エイスケンスの協力を得て、一九八七年一月一二日の再調整のための交渉で、通貨評議会と中央銀行総裁評議会に再度、「EMSの強化」というテーマを採択する必要があることを認めさせることに成功した。これを受けてバラデュールは四月初旬にボンの大蔵省を訪問し、彼の期待を明確にして、次のように述べた。

「フランスは安定政策をこれからも実施し、これ以上の中心相場の変更を回避したいと考えている。そのためにはフランスの考えでは、EMS内での幅広い金利政策の調整と協調が不可欠であり、市場で高く評価されている通貨と低く評価されている通貨の間の調整負担を、よりバランスのとれたものにする必要がある。さらに、為替介入のためにより寛容な共同の金融支援が必要であり、かつドイツ連銀が金とドルに加えてフランス・フランを外貨準備として採用して、これを同時に公式に発表することは意味があると考えている。連銀による公式な発表があれば、市場におけるフランス・フランのポジションは強化されるだろう。EMSの規則を具体的に援用する際には「今以上の対称性」が求められており、そうしなければ、欧州において通貨と国民経済の発展の差の広がりから来る危険を払うことはできない。」

シュトルテンベルグ蔵相はフランスの懸念に理解を示したが、為替市場においてEMS内の各国通貨の評価に問題がある場合は、一義的にはそれぞれの国の断固とした安定政策によって克服されなければならない、外からの支援があっても、それは安定的な通貨を持つ国の安定志向に負担をかけるものであってはならず、ましてやEMSの負担によって行われるものではない、と答えた。そして、EMSでは外貨準備について個別の通貨に対して特権を与えるべきではなく、外貨保有の構成は各国中央銀行が独自に決定している、ドイツではドイツ連銀自身がこれを行っている、と述べた。

バラデュール蔵相は、数日を経た一九八七年四月四―五日、この問題をクノッケ（ベルギー）での非公式の経済相・蔵相理事会で再度持ち出した。そして通貨評議会がこの問題で遅滞なく説得的な提案を提出することを求め、彼自身の見解をフランスのメディアに流してしまった。その後に行われたブリュッセルの通貨評議会でも、またバーゼルの中央銀行総裁評議会でも、これに関して対立点が再び浮き彫りにされたが、これまでの統一見解を基本的に変更するまでには至らなかった。フランスの要求は新しいものはなく、またこの時点では、通貨同盟拡大に向けた根本的な制度変革を目指すフランスの準備を示唆するものでもなかった。オランダ中央銀行理事のアンドレ・スザスによれば、オランダ蔵相のオンノ・ルーデングはこの議論の蒸し返しをたとえて、「フランス好みの馬がまたぐるぐると周りを走っているね」とコメントした。

とはいえ、フランス政府の強力な国内の安定志向は、ゆっくりしたものではあったが欧州の状況を変えていった。バラデュール蔵相に加えて、ミッシェル・カムドゥシュと交代してワシントンのIMFからパリに戻ってきたフランス中央銀行総裁のジャック・ド・ラロジェールも、重要な役割を担うこととなった。特にバーゼルの中央銀行総裁評議会が格好の舞台となった。私が議長を務めていたブリュッセルの通貨評議会では、その年の夏は変動幅の寛容な利用についての勧告と、明らかに緊張が認知されるときには緊急に小さな中心相場の変更を実施することについて合意がなされた。しかしバーゼルの中央銀行総裁評議会での交渉は、為替介入をいかに容易にファイナンスするかに集中していた。特にフランス側は、金利政策での一層の協調と、より寛大な共同のファイナンス制度の拡充を重視していた。そしてニューボー（デンマーク）での非公式なEC経済相・蔵相理事会の三日前の一九八七年九月八日、中央銀行総裁評議会は、その後の大臣協議にちなんで世にバーゼル・ニューボー合意といわれる協調行動で意見の一致をみた。

一九八七年九月の合意は、バラデュール大臣の期待をはるかに下回るものであり、各国の金利政策のための義務も、あるいはEMS参加国通貨を中央銀行の外貨準備に組み込む、という義務も決定していない。しかし各国中央銀行は、試験期間を二年間として、介入する双方の国に信用枠を寛大に提供することに合意した。また通貨評議会の報告をもとに、ニューボーでは、投機から守るために変動幅をフレキシブルに利用すること、適切な時期に中心相場の微調整を行うことの二点を含んだ勧告が、各国大臣によって採択された。もっともこの勧告は、政策の現場においては大きな効果をもたらすことはなかった。ドイツのメディアは、中央銀行総裁評議会で提案されたファイナンス合意について、その一部は連銀のフランス中央銀行に対する大幅な譲歩であるとして批判した。フランスでは、同じ結果は、求められていたEMS内での一層の対称性確保には十分ではないと評価された。ミッテラン大統領の周囲も、シラク内閣も、この結果に満足してはいなかったのである。

独仏金融経済評議会の発足

しばらくしてフランスには予期せぬ好機が訪れた。ドイツと経済通貨政策の面で政治的に二国間協力を議論する新しいチャンスに恵まれたのである。一九八七年夏、ボンの連邦首相府は、一九六三年に締結された独仏友好条約二五周年を契機として、両国の防衛政策をより良く調整するため、独仏防衛・安全保障評議会を設立したい、とフランスに提案した。独仏間で年二回実施されている伝統的な政府間会議の次の機会は、一九八七年一一月二五日のカールスルーエとなっていた。そこでシラク首相はドイツ側提案を利用して、コール首相との個人的会談の際、シラク首相自ら独仏金融経済評議会の創設を提案した。これを受けてコール首相は、様々な個別の会議の間の休憩時間を利用して、シュトルテンベルグと私にこのフランス提案を伝えたが、私たちの驚きは大きかった。一九七〇年代以後パリとボンで相互に行われている定期的な専門家会合は、経済省と大蔵省の事務レベルで実施されていた。フランスの新しい提案は明らかに、所管大臣レベルによる政治的な協議を目的としており、その協議に双方の中央銀行総裁も参加するのが望ましい、としていた。

コール首相とシュトルテンベルグ蔵相は、提案に驚くことはあっても、ドイツ連銀の独立性という立場が尊重される場合には（フランス側にもこのことはカールスルーエで伝えられていた）、この提案を基本的に拒む理由はないと判断した。そこでドイツ大蔵省は、この二国間の金融経済評議会は両国政府間の行政取極めを基礎に設置されるものであり、批准を必要とする独仏友好条約の変更に基づくものではない、という考えを採った。その結果、バラデュールとシュトルテンベルグはカールスルーエで、ジャン・クロード・トリシェ（当時大蔵大臣官房長）と私が金融経済評議会のために必要な法的基礎を目指して、速やかに共同の提案を作成することに合意した。

その後の何週間かは、集中的に共同テキストの作成に費やされた。私にとっては、評議会の任務を様々なテーマに従って共同議論することに集中し、もともとフランス側が求めていたような拘束力を持つ決定を可能な限り回避することが重要であった。出来上がった共同のテキスト案文は、私の立場を十分考慮したものとなっていた。評議会の任務についての最終テキストの文言は、単に双方が経済・財政・通貨政策についての「議論」を「可能な限り幅広い調整を目的として」行う、となっていた。評議会の目的に関する文言では、評議会に参加する大臣の所管領域にかかわるテーマについて、単に「取り決めるよう努力する」と書かれていた。これによって、将来ありうる取り決めは、連邦政府から独立したドイツ連銀の政策には触れないことも明確にされていた。

従って連銀理事会や連邦議会から出て来た最初の反応は、私にとっては驚きであった。私から見れば明らかにテキスト案文で示されているにもかかわらず、連銀や連邦議会では、共同の金融経済評議会の作業によって連銀の独立性が脅かされる可能性は排除できない、と判断されたからである。テキストそのものが理由となって疑念が持たれたわけでは必ずしもなかった。不安が生じた主要な理由は（この点では連邦大蔵省にとっても驚きであった）、公式署名の数日前に、もともと交換公文として提出されていたテキストが、エリゼ宮と連邦首相府との間の新しい合意を根拠に、一九六〇年代から存在する独仏友好条約を補足するための、議会による批准を必要とする追加協定へと変わっていったことにある。政治協議の最後において、フランス側は明らかに、独仏防衛・安全保障評議会と同等の扱いを形式上重視したのである。

この後に行われた連邦議会での審議においては、専門家への意見聴取も実施された結果、連銀やドイツの世論の一部にわだかまっていた疑念は排除された。この疑念は、独仏の金融経済評議会によるその後の活動によっても明確に解かれた（私は一〇年以上それぞれの部会に様々な立場で参加していた）。初めは排除することができなかったフランスの最初の意図、つまり独立したドイツ連銀を、当時はまだ政治的な独立にまで達していなかったフランス中央銀行とともに政治的な合意に縛りつけるという意図は、追加協定による文言によって、また実際に合意を実施する際に明確に阻止することができた。

新設された金融経済評議会はその後、独仏の経済通貨政策の協調にとって利益をもたらした。もっともドイツの金融政策にフランスが影響を与えるようなことは、私の経験によれば、この評議会では起きなかった。中立的な立場にある識者の一致した意見でも、新しい評議会の役割は、ドイツの金融政策にフランスが何らかの影響を及ぼすという意味では、フランスにとって何の打開策にもならなかった。ドイツ連銀は、その後も邪魔されることなくその安定路線を進めていくことができた。ドイツ・マルクは実際上EMS内における基軸通貨の役割を引き続き担ったのである。

一九八六年と八七年の活動や議論で明確になったことは、ＥＭＳ内での「一層の対称性」を求める要求は、主にドイツ連銀の自由を縛ろうとするものであり、ドイツ・マルクの国内的安定ではなくＥＣＵ相場と関連した安定政策をより強力に推進しようとする限り、壁に突き当たる、ということである。「対称性」はＥＭＳ内での安定政策上平均的な施策を志向するものであり、最良の安定を求めることにはならない。まさにこのテーマを巡っては、欧州の通貨システムで最初から議論があったのである。こうした対称性への要求から身を守ることはドイツ連銀にとって必要であり、かつ長期的な目標である経済通貨同盟のためにも重要な判断であった。

一層の対称性は長期的には、各国の政策を持続的に同じ安定した方向に導くことによって、あるいは政策の所管を、安定を優先する目的を持った共同体レベルの独立した機関に移し変えることによってのみ達成される。フランスの関心が一層の対称性である以上、達成された成果を逆戻りさせる意図がないことは理解されるにしても、優先的に緊急に解決されなければならないことは、経済通貨同盟の最終目的とそこに至る道の解明であった。介入と調整プロセスの間の弱い通貨と強い通貨の非対称性こそ、ドイツ・マルクがアンカーとして、ＥＭＳの中で物価安定のために活動できる前提であった。ＥＭＳの発展が次第に明らかとなるに及んで、この機能の持つ意味はドロール・グループの報告の中でも特に強調されている。

第4章
通貨統合実現への青写真

欧州理事会とドロール委員長（1988年3月，ブリュッセル）

第1節

ハノーバー欧州理事会を前にした新しいシグナル

欧州中央銀行に初めて言及したミッテラン・フランス大統領（一九八七年）

外からのより強力な圧力でドイツの金融政策を縛ることに対して、ドイツ側では全身で防衛を固めていた。そこでフランスの政界でも、欧州金融政策の中での「より一層の対称性」は、最終的には、共通の通貨圏において多くの決定権限を超国家的な中央銀行に移行させることによってしか達成されない、とする見解が大きくなった。フランスの政治家はそれまでは主として各国の金融政策を欧州内で調整すること、また欧州通貨協力基金による金融支援拡大を主張していたが、ここに来て慎重にではあるが、将来的にはありうるＥＣＢの可能性について語り始めた。バラデュール大臣は一九八七年夏に、現存する欧州通貨協力基金がＥＣＢの萌芽となる可能性に言及した。また一九八七年一〇月二二日、ミッテラン大統領は記者会見において、初めてＥＣＢの目的について語った。

これまでの努力の成果に満足していなかったバラデュール大臣は、一九八七年秋に大蔵省に対して、通貨政策における協力の発展についての具体的提案を準備するよう指示を出した。この準備作業を基礎として、彼は一九八八年一月八日、五月に予定されているフランス大統領選挙を目前にして、メモランダムを提出した。このメモランダムは、ＥＭＳの発展に関する具体的提案と並んで、目標となる単一通貨とＥＣＢの役割のための目標を明らかにした。バラデュールは記者会見において、ＥＣＢは二〇〇〇年になって初めて想定できる機関である、そこでは「一定の自律性」を保持しても良い、と語った。この発言は、ミッテラン大統領がドイツの新聞との会見でバラデュール・メモランダムを積極的に評価したこともあり、ドイツ側から見れば興味のあるものであった。

バラデュールは、ドイツ連銀の独立性がもたらすドイツの政策面での問題点を指摘しつつ、フランス中央銀行に対してはより広い独立を認めることに躊躇していた。バラデュールの躊躇はあったが、私たちはこういったパリでの発言の中に、これまでフランスの政治において支配的であった、超国家的な中央銀行システムに対する拒否的態度に一定の変化が認められることを感じ取っていた。

当時イタリアの大蔵大臣であったジュリアーノ・アマトは、一九八八年二月二三日、ECの大蔵大臣全てに対して、EMSの将来の発展に関する提案を示しつつ詳細な見解を明らかにし、その中でESCBに向けた展開にも言及した。

それから間もない二月二六日、ハンス・ディートリッヒ・ゲンシャー・ドイツ外務大臣は、「個人の責任」でメモランダムを提出してドイツと欧州の人々を驚かせた。このメモランダムは、連邦政府とも連銀理事会とも議論されておらず、ましてや調整もされていなかった。しかしゲンシャー外相はこの個人的なイニシアティブを提出することによって、ドイツが一九八八年前半の半年間に欧州理事会議長職を務めることを利用して、経済通貨同盟に向けた新しい推進力を得たかったのである。一月には既に、彼は伝統となっている欧州議会での議長国就任演説において、極めて一般的ではあるが、このテーマに触れていた。おそらくゲンシャー外相とローラン・デューマ・フランス外相との間で調整があったと考えられるが、通貨問題を所管する連邦大蔵省の中でも、また連銀幹部でも、この個人的イニシアティブには初め少なからず注目が集まった。ゲンシャー提案は内容的には、通貨分野とECBに対しては、あらかたこれまでドイツ側が主張してきた見解の繰り返しであった。しかし、これまで各国の経済財政政策が安定政策上持っていた収斂の意味と、欧州における一般的な政治統合の発展との関連は、ボンやフランクフルトで考えられていたことと比較すれば、明らかに低い評価が与えられていた。

この新しいアクセントの置き方をみて、主務官庁の大臣であったシュトルテンベルグ蔵相は一九八八年三月一五日、大臣自身のメモランダムを発表し、連銀幹部はこれを全面的に支持した。シュトルテンベルグ・メモランダムは伝統的なドイツの立場に沿って、インフレ対策と財政赤字の削減との観点から、ECにおける将来の大幅な収斂をまず進めることを求めた。収斂については、単一市場プログラムでも同様に目標とされているように、資本移動が実際に自由化された状態でまずその真価を試すことが必要であり、この試験期間に十分な効果を得て初めて、経済通貨同盟への移行に自信を持って着手することができる、と指摘した。そして最後に、経済通貨同盟には、独立したECBと並んで共同体の政治的・制度的発展がさらに必要になる、と結んだ。

コール首相もその公式の声明で、どちらかといえばシュトルテンベルグ・メモランダムの慎重な立場を支持していたが、詳細に及ぶ発言をしたわけではなかった。彼は当時、安定の基盤は放棄することができないとした後で、欧州における通貨統合と政治統合の関係を十分強調し、ECBの中心的な意味に言及して、「遠い将来のための懸案」であるとは理解していない、と述べた（一九八八年五月一一日、バーゼルにおける記者会見）。つまり彼は、これまで常に賛成してきた経済通貨同盟の長期的目標を実現させるためのイニシアティブとして、一九八八年前半の欧州理事会議長職を利用したかったのである。これについては明らかにゲンシャー外相との間で合意があった。

シュトルテンベルグ蔵相としては、まず資本市場の自由化で大胆な進歩を達成することが重要であった。当時はまだいくつかの国において、資本市場の自由化は極めて不十分であった。そこで彼は一九八八年五月一三―一四日、非公式な経済相・蔵相会議をシュレースヴィヒ・ホルシュタイン州のトラヴァミュンデで開き、ＥＣ委員会と各国大臣に対して、資本移動の迅速で完全な自由化が極めて重要であることを説いた。実質上も法律上も資本移動が自由化されることで共同市場政策の収斂は市場の試練に耐えうるのであり、またそのような試練だけが、実際にも永続する通貨同盟への道の基礎を作り出す、と彼は考えていた。シュトルテンベルグ蔵相は、ＥＣ委員長であるドロールの支持を得て、このトラヴァミュンデ会合で、各国大臣からも、また各国中央銀行総裁からも、彼の見解に対する支持を取り付けた。これはドイツ側にとって極めて重要であった。それは、これによってフランスもまた、自由化コンセプトに同意を与えることになったからである。トラヴァミュンデ会合を基礎として、一九八八年六月二四日のブリュッセル欧州理事会では、前々から懸案となっていた資本移動の自由化のためのガイドラインを採択することができた。これによって一九九〇年一月一日から、それまで存在していた、共同体の中で資本移動に対して課せられていた国家による制限は、撤廃されなければならないこととなる。その後明らかになったように、この時間的圧力は、加盟各国による経済通貨同盟の条約上の基礎を迅速に作り上げる上で、大きな役割を果たした。

欧州通貨同盟を理論的に支えたドロール・グループの結成(一九八九年)

一九八八年五月、フランスでは新たに政権交代が行われたが、ミッテラン大統領は再選された。議会における多数派の交代に基づいてシラク首相とバラデュール蔵相は退任し、新たにロカール首相とベレゴボア蔵相が就任した。同時に、ミッテラン大統領は欧州統合を大統領の新任期における最大の任務とした。たまたまコール首相は六月二日のエヴィアンにおける独仏首脳会議の場で、来るハノーバーの欧州理事会では経済通貨同盟のための段階的プランを議題に取り上げることを明らかにした。そこで大統領はこの提案を支持した。コール首相はそれに先立って、ドロールEC委員長ともこの問題で会談しており、私の知りうる限りでは、むしろ委員長の方が、ハノーバーの決定に関する具体的な手続きについて影響力を行使した、と理解している。委員長はコール首相をルードヴィヒスハーフェンの私邸に訪問し、実際的で実現可能な段階的プランは、まず各国政府から独立した専門家委員会を組織することであり、それも、できれば全ての国の中央銀行総裁が個人的に参加する場合のみ成功するだろう、と説明した。また委員長は、ゲンシャー外相が提案した五—六名による独立した専門家のグループについては、問題が中央銀行にとってはあまりに機微にわたるものであることもあり実際にはほとんど前進しないだろう、と述べた。

一九八八年六月二七—二八日のハノーバー欧州理事会では、コール首相がこの提案を取り上げ、さらに三人の専門家（元スペイン大蔵大臣のミゲル・ボイエル、国際決済銀行総裁アレキサンダー・ラムファルシー、およびデンマークのニールス・トゥゲセン教授の三名）を委員に追加し、ドロールEC委員長を専門家委員会委員長とすることを提案した。この委員会は、一九六九―七〇年のヴェルナー・グループに類似して、目的とする経済通貨同盟の実現のための段階を検討し、一九八九年夏のスペイン欧州理事会の前の適当な時期までに、可能な限り具体的な提案を提出することとなっていた。EC首脳はこの提案を支持した。それを受けたペール・ドイツ連銀総裁には、後の決定次第では連銀の独立性が阻害される可能性があるという立場から、始めは一抹の躊躇があった。しかしこの問題も、ペール総裁自身が個人として委員に指名されたこと、他の中央銀行総裁も個人資格で指名されたことによって解決された。このペール総裁の指名受け入れには、オランダのドイゼンベルグ中央銀行総裁との電話会談も明らかに一役買っていた。

一般にドロール・グループといわれるようになった委員会の設立に関するハノーバー決議によって、欧州における通貨政策面の統合努力は明らかに新しい手掛りを得ることになった。これからは、ただ単に加盟各国による通貨問題での協力の改善や、EMSの今後の中身に限ることなく、経済通貨同盟に向けた共同体の段階的発展全体が新たに検証されることとなるのである。このテーマは、一九七〇―七一年のヴェルナー・プラン実施がフランスによってブロックされて以来、一九七〇年代および八〇年代には、各国の政策のための一般的な協調行動の要請、つまり為替協力と相互の金融支援に縮小されていた。その期間に共同体が六か国から一二か国に拡大し、金融市場の国際化が一層進んだことによって、新しい条件や挑戦が生まれていた。特に英国では、またデンマークでも、経済通貨同盟というテーマは、しばしば原則的な政治的抵抗に遭った。これらの諸国では国家の主権が大きく狭められることについての危惧があった。この危惧は今も変わらず広く存在している。こういった留保にもかかわらず、英国、デンマークも、ハノーバーにおいてドロール・グループに対する委任に承認を与えたのである。

第2節 ドロール・グループとドロール報告書（一九八九年）

ドロール・グループに集まった人たち

一九八八年夏、ハノーバー欧州理事会の決定を受けてすぐさま、ドロール・グループは作業に入った。ＥＣの中央銀行総裁評議会はバーゼルの国際決済銀行で定期的に行われていたので、ドロール委員長と新たに選出された三名の委員は、グループの討議をバーゼルで定期的に行うことで合意した。参加者全員はまず、それぞれの考え方と提案を文書で提出することになった。作業をより効率的にするために、二名の専任の報告者を備えた事務局が設立された。バーゼルの国際決済銀行に勤務しているドイツ人ギュンター・B・ベアーと、ブリュッセルでドロール委員長のもとで活躍していたイタリア人パドア・スキオッパである。

討議そのものも、そして各報告書の原案ももちろん秘匿された。議論は当然であるが各委員の個人的な責任のもとに展開され、私を含め、この委員会に属していなかった人は委員会の作業の詳細を知ることはできなかった。しかしそれぞれの国では時々委員と各国政府との接触があり、各国政府間でも同じような状況にあった。さらに各国中央銀行総裁のスタッフもそれぞれ時には極めて緊密に協力した。最も重要な討議はグループの会合の場で行われた。各委員の独立性に配慮した結果である。

作業スタイルや、各委員の立場、あるいはドロール・グループによる討議の推移を興味深く示すものとして、この作業に直接、間接にかかわった人たちによってその後に公表されたいくつかの出版物がある。これらの出版物から明らかになることは、ドロール委員長と並んで、ドイツ連銀総裁のカール・オットー・ペールとフランス銀行総裁のジャック・ド・ラロジェールが中心的な役割を果たしていたことである。ドロール委員長は、この二人の中央銀行総裁の承認なくしては重要で実現可能な案を提出することはできないことを理解していた。報告書の最終的な編集作業において特に重要であった点として、ドロールが押し切った原則全会一致主義が指摘されるだろう。

この原則には実際には一点だけ例外があった。欧州準備基金（ERF）の適切な創設時期についての意見がそれであり、何人かの委員は、将来のESCBのために、前段階としてこの基金を導入するのが良い、とした。他の委員は、これは適当ではないとした。この異なる見解とそれについての委員各自の提案は、報告書の付属文書として提出された説明文書でそのまま公表された。もちろん、全会一致主義が持つ効果は一般的には二律背反的である。全会一致で採択された政策の実施に関する結論は、異なる意見の羅列と比べれば、極めて重要である。他方、妥協に至るまでの圧力の結果として、しばしば不明確で意味の掴みにくい見解になったり、あるいは対立するテーマを省略することになったりする。しかし、ドロールはドロール委員会の委員長として、一方あるいは他方に対する妥協によって大局的な共同の意見に到達できること、またそうすることで、大きな政治的決定のために重要な基盤ができること、を良く理解していた。一二名のEC加盟国中央銀行総裁全員の共通の意見は、彼らが個人的な責任において報告書作成にかかわっていたとはいえ、政治的に責任を負う立場にある人たちの今後の決定のために極めて重要であった。彼らの意見は、ドロール報告書においても、またそこで取り扱われた欧州通貨同盟に至る道というテーマにおいても、この分野における各国中央銀行職員の専門能力ゆえに、特別の重みがあった。このように、ドロール・グループに参集した各委員は全員、初めから特別の責任を背負っていた。

経済通貨同盟のアウトライン

一九八九年春に予定どおり提出されたドロール・グループの最終報告書は、独自の提案書の出発点として、一九七〇年のヴェルナー報告書に戻り、それ以後の共同体の経済通貨統合の展開を分析している。次に委員会委員の視点から、目的とする経済通貨同盟（ＥＭＵ）が必要とする最終段階を記述している。先ず、経済通貨同盟は「全体を構成する不可欠の二つの部分」から成り、それゆえ「相互に平行して実現されなければならない」（ドロール報告書第21項）。そのために新しい条約が作成され、加盟各国の決定権限を共同体レベルに移行する必要性に合意し、その段階的実現が決定されなければならない、としている。次に、実際に創設される経済通貨同盟は、基本的に欧州の経済統合の最終的結果として成立するが、その実現後も、「共同体は引き続き、異なる経済的、社会的、文化的、政治的特長を持った個々の国民から構成される。この多元性によって、またこれを維持するため、加盟各国には経済的決定において一定の自律性が残され、加盟各国と共同体の権限の間に均衡が保たれなければならない」としている（同第17項）。

ドロール・グループはこの基本的方向性を打ち出すことにより、一九七〇年のヴェルナー・グループによって既に作成されていた、経済通貨同盟と一層の政治統合との関連に言及している。ドロール・グループはこの関係と、一九七〇年のヴェルナー報告書にある共同の連邦国家モデルとを区別している。もっとも、ドロール報告書で暗示された「全く新しい、共同体独自の萌芽」についてはそれ以上の説明はないが、報告書は、「通貨同盟の創設に至る道は、経済的な収斂が高度に達成された場合のみ想定される」ことを強調している（同第21項）。

ドロール報告書で特に目を引く点は、次に述べる役割分担と、通貨同盟のための制度上の規則に関する説明である。人的構成からみて各国中央銀行総裁が多数を占めるドロール・グループをみれば、これはもっともなことであろう。統一的な金融政策の権限は、新設される超国家的な「ＥＳＣＢ」に委ねられ、このシステムは「物価安定という目標のための」優先的義務を負い、「各国の政府と共同体組織の指示から独立」していなければならない、とされている（同第32項）。その前提として、「資本移動の完全な自由化」と「銀行およびその他の金融市場が完全に統合されていること」（同第22項）、さらに「通貨同盟への移行を不可逆的」にするための目標であり証明であるとして、「単一通貨の導入」が特に強調されている（同第23項）。

これらに比べれば、経済同盟に関する報告書は若干明確さを欠いている。「賃金がフレキシブルであること、労働力の移動可能性が存在していること」を含めて域内市場を一層深化させることや（同第24項）、競争政策と並んで「資源配分を改善するための共同の政策」、加盟各国の財政赤字の実効性のある上限を定めて「財政政策の規則を義務化し（同第27項）、マクロ経済政策で協調すること」、「中央銀行からの信用供与やその他の金融ファイナンスへのアクセス」を排除すること（同第30項）、などが提案されている。他方、加盟各国レベルと超国家的なレベルの間で、将来の権限の配分をさらに明確化することは放棄されている。非金融的政策分野のための「新しい機構」は、「特に必要ではない」と明示されているが、「現存する共同体の諸機構を改組し、一部を機構改革すること」が必要となる可能性はありうる、としている（同第31項）。

ドイツ連銀がモデル

ドロール・グループによって作業された経済通貨同盟のための案では、金融政策が明確に超国家的なレベルに移管されている。他方いくつかの共通の規則による支配を受けることとなる経済財政政策は、大幅に各国の権限に残された。これに関してドイツではこの案を批判する人からは、「跛行的な構成」と指摘されたが、こういった批判は多くの場合散発的であった。ドロール・グループの最終報告書はほとんどの場合、ドイツ側が長く主張してきた考え方の大部分を採用しており、多くの人はこの事実に支持を表明した。特にＥＳＣＢの制度的構造についてそれがいえる。

ドロールと多数の委員会委員は、通貨同盟においては政治的な影響から独立した、そして明らかに安定志向を持って創設されたＥＳＣＢが必要不可欠であることを確信していた。カール・オットー・ペールとともに、ジャック・ド・ラロジェールがこの解決策を支持したことも重要である。

彼はそのために少なくとも初めはパリの政治家や大蔵省によって、批判を受けることとなった。これは後で彼から直接聞いた話である。フランスにおける長い経験とIMF専務理事としての長いキャリアによって、ド・ラロジェールは、安定政策が中央銀行に明確に委任されていること、そして中央銀行の政治的独立性が法的に保障されていることが、市場の判断にとって極めて重要であったし、現在もそうである、という確信に到達していた。彼はその後、通貨同盟への移行過程でも、フランス銀行が早期にこの地位を獲得することが肝要であることを主張するようになっており、最後にはそれに成功した。

欧州中央銀行設立を準備するための新しい機構

目標とすべき経済通貨同盟の最終段階については、ドロール・グループの中ではしばらくして大方の合意が成立した。しかし中間段階の中身、およびそのために必要となる時間をどのように評価するかについては、合意はまだなかった。最後まで論点として残ったのは、「欧州準備基金（ERF）」をESCBに至る中間的機関として創設すべきかどうか、という点であった。ジャック・ド・ラロジェールによって展開された見解は、グループの報告書の付属文書で公表された論文で明らかとなっているように、一九七〇年代からフランスが主張していた要求に立ち返っていた。委員会の一部はこの立場を支持したが、他の委員は、この立場と一体となっている金融政策上の権限の一部委譲にはっきりと反対した。エリック・ホーフマイヤーが書いているように、その中でも特にペール総裁は「金融政策の不可分性」を守って、最終討議に至るまでこの立場を維持していた。このため最終報告書ではこの異なる見解が、「幾人かの委員は」と「他の委員は」という形で識別された(同第53、第54項)。

委員の全員は報告書で、ＥＳＣＢは第二段階において、つまり最終段階に入る前に創設されるべきである、という点で意見の一致を見ていた。この局面では、ＥＳＣＢは、基本的にはこれまでに存在している機構(欧州通貨協力基金、および各国中央銀行に所属する様々な委員会)の業務を引き受け、「独立した各国の金融政策の協調」から「最終段階で予定されている共通の金融政策を作成し、実施する」ための橋渡しを行う、となっていた。もっとも「橋渡しのための詳細なモデル」に関する提案について、ドロール・グループは意見の一致を見ていなかった(同第57項)。この不明瞭な点が、マーストリヒト条約に関する後々の交渉を難しくすることとなった。最終的には、第二段階に限られた欧州通貨機関(ＥＭＩ)の創設で合意し、ＥＳＣＢに先駆ける機関となるのである(第4章第5節参照)。

ドロール・グループは、共通の通貨の前身としてのＥＣＵの役割に関しては広く意見の一致を見ていた。そして比較的早い段階で、欧州通貨同盟において有効であるＥＣＵに関する規則は、過渡期においては可能な限り変更しないことで合意したのである。最終段階への移行と、パリティを決定してその後は変更しないというこの二点を以って、ＥＣＵは欧州通貨の通貨バスケットとして、共通の通貨へと発展する「ポテンシャル」を持つこととなった（同第46項）。後日に英国から公式に提案された並行通貨戦略の利点については、グループは明確に「推薦する価値はない」とし、その理由として、このような並行通貨は追加的な貨幣創造の源となり、通貨同盟の前段階においてEC各国の通貨政策を協調させるという困難な任務をより難しくする、と記述している（同第47項）。また通貨バスケットとしてのECUを「民間利用」する上で想定される行政的な障害は、除去されるべきである、とも書いている（同第49項）。

経済通貨同盟に至る道筋

経済通貨同盟の最終段階に移行するまでの時間をどのように考えるか、意見は最後まで一致しなかった。最終報告書は異なる見解について具体的に記述していないが、最初の段階は遅くとも一九九〇年七月一日に始まるが、第二段階、第三段階と進む過程に対して明確な期日を確定することは「賢明」とはいえない、と明確に述べている（同第43項）。特にペール連銀総裁はこの意見を支持した。彼は報告書が発表された後、経済通貨同盟が完全に実現されるまでにはなお長い道のりがあることを、何回も強調している。

ドロール・グループは、EC加盟各国の中で具体的にどの国が最終段階に参加するのかは事前には決定できない、ということで一致していた。一九七一年に加盟六か国によって決議された、共同体の最終目標と、様々な機構から構成される一つのシステム、というこの二つのコンセンサスは一般的に「維持され」、各国の参加時期と各国の参加条件については各国に一定の柔軟性が認められるべきである、としている（同第44項）。この表現もあって、英国中央銀行総裁のロビン・レイペムバートンは最後に報告書全体を認めることとなった。もっとも英国政府関係者は、英国中央銀行総裁が報告書を承認しないように勧め、その後も明確にこれを批判した。

ドロール・グループの報告書に示された各結果をまとめれば、次のような全体像が浮かび上がってくる。金融関係についての報告では、ヴェルナー・グループ以来ドイツとオランダによって代表されているコンセプトである「金融政策上の責任の不可分性」が、委員会全員によって支持された結論として採用された。このコンセプトによって、政治的に独立し、かつ明確に安定義務を持ったESCBに金融政策上の主権を移転することは、最終的に通貨同盟に移行するという状況においてのみ実現されることとなった。その他の意見もこの報告書では言及されているが、明らかにドロール・グループ全体によって支持されてはいなかった。

いわゆるマクロ経済上の経済財政政策については、ヴェルナー・グループと異なり、ドロール委員会全員の意見として、最終段階においても各国の権限は残ることとなった。もっとも協調への努力は迅速にかつ持続的に増大していくことが期待されていた。財政については、各国の財政赤字に対する有効な上限、中央銀行の信用供与を用いたファイナンスの禁止、共同体以外の通貨での借款の受け入れ制限のそれぞれについて、義務的規則の設定の必要性が謳われている。またヴェルナー・グループによって一九七〇年に強調された政治同盟との関係は、ドロール・グループでも明確には放棄されていないが、明らかに弱い表現となっている。その限りではドロール・グループの結果は、これまでのドイツとフランスの考え方の妥協であると評価できよう。

ＩＭＦやＧ７ないしＧ８、あるいは一〇か国グループや最近の二〇か国グループなどの協力グループにおいて、通貨同盟の対外的代表としての権限をどのように配分するか、この問題は全くオープンのまま残された。この問題は、各国において政府と中央銀行の間で権限の配分が異なっていること、各国の主権への介入と関連した問題が存在することもあって、意識的に除外され、その解決は今後の条約交渉のために各国政府に委ねられた。マーストリヒト条約でも、後述するようにこのテーマは明確には解決されなかった。

第3節

東欧諸国の解放（一九八九—一九九〇年）と欧州の転換点

ドロール報告書に対する各国の反応（一九八九年）

　ドロール・グループによる報告書は一九八九年四月一七日に発表され、すぐさま世論の大きな注目を集めた。大多数のＥＣ加盟諸国でも、欧州レベルでも多くの支持が得られたが、それぞれの国における反応には様々なものがあった。フランスでは明らかに賛成論が支配していたが、物価安定、中央銀行システムの独立性、過渡期の機構としての欧州準備基金に対する様々な評価などを盛り込んだ報告書は、あまりにもドイツの立場を反映している、という懸念が表明された。

ドイツでは逆に、多くの賛成論と並んで、金融と経済の間での共通事項を並行して進めていくことが、このような形で十分確保されるのか疑問である、とする声が大きくなった。ドイツの経済学者においてなお支配的な考え方は、いわゆる戴冠式理論、つまり「締めくくりとしての通貨同盟」であり、一九八九年一月二一日に連邦経済省に所属する専門家委員会が示した所見においても、この考えは再度現れていた。他方連邦政府と連銀では、報告書全体に対して肯定的な判断が支配的であった。もっとも連邦大蔵省と経済省は、経済同盟の制度的構成について、また政治同盟の発展との関連について、説明が放棄されており残念である、と指摘したが、その一方で、通貨同盟、特にその安定志向と制度上の内容や、各国の財政政策に対して拘束力のある規則を補足として採用する、という説明は、両省から重要な突破口であると評価された。

英国では、世論の反応はほとんど否定的であった。特に英国政府がそうであった。ローソン大蔵大臣はドロール・グループのコンセプトについて、それが発表される前に「全く受け入れられない」(wholly unacceptable) と表明していた。大臣は特に、通貨の分野で各国の主権を委譲するという提案を拒否した。他方でローソン大臣が長い間勧めていた英国ポンドのEMSへの加盟は、サッチャー首相によってこの時期でもなお拒否されていた。サッチャー首相は在任期間を振り返って、首相として、ドロール報告書は少なくとも、幾人かのドロール・グループの見解に従って、経済通貨同盟は単一市場の完成のためには全く必要ではない、とする意見を取り入れることを希望していた、と記述している。これについて、オランダのルッバース首相とチェッカースで会談した際、サッチャー首相はドロール報告書を「社会主義的な陰謀」と表現したといわれている。

経済通貨同盟を目指した最初の予備交渉

ＥＣレベルでの最初の政治討議では、ドロール・グループによるコンセプトに原則的に反対するとした英国は、孤立していることが明らかになった。ＥＣの経済相と蔵相は（ドイツからはシュトルテンベルグ蔵相の後任としてテオ・ヴァイゲル蔵相が参加していた）、一九八九年五月二〇日にスペインのサガーロで行われた非公式会合の場で、英国の異議によって、ドロール報告の無条件支持に合意することができなかった。そこで各国大臣は、ドロール報告書は価値のあるものであり今後の作業のための基礎をなす、と一致して述べ、報告書に則って、英国にとっても受容可能な経済通貨同盟の第一段階を一九九〇年七月一日に始めることで合意した。また第二段階および第三段階のための手続きは、必要となる条約交渉を目的とした政府間会議の召集が決定される前に、この問題を所管する各国政府と中央銀行の専門委員会によって再度検討されることとなった。

この英国のローソン蔵相によって押し切られた手続きにかかわる提案に対して、ドロール委員長の失望は大きかった。彼が期待していたのは、各国の経済相と蔵相が、一九八九年六月のマドリッド欧州理事会に参加するEC首脳に対して、可能な限り早期に、第一段階への移行を越えて各段階のための法的な基礎を検討する政府間会議の開催を早期に提案することであった。

マドリッド会合を前に、サガーロの大臣会合の後でも一連の会合が行なわれた。これらの会合では、各国政府の多数は、経済通貨同盟に至る段階的プロセス全体に対して可能な限り明確な表現と拘束力を求めていることが、明らかとなった。またドイツとフランスには特別の貢献が求められていた。そこでドイツは、専門家委員会による作業を一層前進させ、より進んだ政治同盟のための展望をさらに解明することを求めた。他方フランスは、経済通貨同盟は共同体の一層の政治的発展のための前提である、と考えていた。その結果、経済通貨同盟のために必要な条約の変更を目的として、政府間会議を早期に開催することを目指すが、一般的な政治統合をさらに進めることはさほど緊急ではない、ということで両国は決着することとなり、コール首相とミッテラン大統領はマドリッド首脳会議の数日前に、ようやく今後の方向について合意にたどりついた。その内容は、独仏両国は他の参加各国に対して、専門家委員会の準備作業に直ちにとりかかり、一九九〇年七月一日に公式に第一段階を開始し、その後可能な限り早く条約交渉のために政府間会議を招集する、というものであった。一九七〇年代初期のヴェルナー報告書の発表後とは違って、フランスは今や通貨の分野で必要な制度上の変更と権限の委譲について、その後のESCBの創設を含め、明白にそれを受け入れる用意があったのである。

マドリッド欧州理事会を目前に控えて、多くの加盟各国はこのような対応に支持を与えるシグナルを送った。他方英国はますます孤立を深くしていった。そこでオランダのルッバース首相はチェッカースにおける英国との二国間協議の後、ベルギーとルクセンブルグを交えて妥協の道を探る試みを行った。しかしフランスとドイツが、イタリアの支持を得て二国間で合意したラインに固執したため、一九八九年六月二六―二七日に開かれた欧州理事会は、議長国スペインが提出した今後の進め方に関する最終結論で合意した。それは自由な資本の移動を完成させることをもって、一九九〇年七月一日に経済通貨同盟の第一段階が始まる、第二段階および第三段階への移行はしかし、その前に条約の変更が行われることを必要とする、このために必要な政府間会議は第一段階開始後早急に召集されるが、その前に必要かつ十分な準備が行われる、というものであった。これで政治的な意思は明確になった。プロセスは第一段階をもって終了するとか、その後については未定である、といった状況ではなくなったのである。必要な準備ができれば、第二段階と最終段階のための条約の基礎はすぐさま作り上げられ、一九九〇年には条約交渉が着手される状況が整ったのである。

こういった状況の中で、サッチャー首相はマドリッドで、他の欧州理事会出席者とロンドンの政治家が驚く中、最後には最終結論に支持を表明した。彼女は後日、「我々は完全に何も譲歩しなかった」と主張しているが、ロンドンの閣僚のほとんども、この最終結論に対する彼女の解釈は不可解である、としている。私も個人的な会合で何回も同じことを聞いた。少なからず関係者は今日でも、マドリッドでのこの立ち居振る舞いは彼女の政治的終焉の始まりであった、と評価している。英国はサッチャー首相が政府を率いている間は、内容面では通貨同盟に関係する条約のあらゆる変更に抵抗する姿勢をとった。

英国大蔵省は一九八九年秋に欧州通貨同盟をさらに進めるための提案を行ったが、ローソン蔵相（彼は一九八九年一〇月二六日、サッチャー首相との間の越えがたい見解の相違を理由に閣外へ去った）の影響を受けて作られたプランは、一年後にサッチャー首相の後任となったメージャー首相によって提出された提案と同様、ほとんど採択のチャンスはなかった。メージャーの提案は、欧州における各国通貨と並ぶ共通の並行通貨として、新しい「ハード化されたECU」を創設することであった。このような並行通貨のコンセプトは、既にドロール報告書の中で勧奨する価値がないとされていた。このように英国は大枠では否定的な、そして重要な細部については不明確な態度によって、マドリッド会合以降の第二段階、第三段階の具体的な準備と内容に関係するプロセスで、ほとんど影響力を行使できなかった。その後の二年間、英国は常に交渉の場に出席したが、ロンドンの政府の反対、あるいは矛盾した対応もあって、決定に事実上の影響を与えるという意味では、力は比較的弱いものであった。英国ポンドのEMSへの参加も、状況を変えることにはならなかった。

独仏蔵相の信頼関係

新しい条約に関する交渉のための政府間会議を目的とした具体的な準備は、一九八九年春から始まっていたが、二つの本質的な事柄に支配されていた。第一に、フランスは一九八九年後半の欧州理事会議長国として、これまでの通貨協力の発展を、できるだけ早く経済通貨同盟の完全な実現につなげたいとの意図を持っていた。過去二〇年に理解できたことは、必要な制度的刷新を持った新しい条約なくしてはそれは達成されない、ということであった。二番目に、そしてそれ以上に重要なことは、一九八九年の後半にドイツと欧州において、世界を驚かす突発的な政治的大変革が生じたことであり、その速さとその効果の持続性は誰も予測することはできなかった。中・東欧の国境の開放、ベルリンの壁の崩壊、ドイツ統一に向けた政治的展開、これらの歴史的な事件は欧州レベルでも政治環境を劇的に変革したのである。

将来の条約交渉を準備するための討議は、まずEC蔵相と中央銀行総裁で、また所管する専門委員会で始まったが、これらの会議に先立って、独仏の金融経済評議会は八月二四—二五日、ヴァイゲル蔵相の招待を受けてテーゲルン湖畔のロートアッハで行われた。そしてまだ就任間もないヴァイゲル蔵相と、既に長くその職にあるベレゴボア・フランス蔵相との個人的な会合が、その後の協議に少なからぬ影響を与えることとなった。しかしこの時期にはまだ、両者ともその後認めているように、経済通貨同盟への道を条約上決定する時期は十分熟しているのか、両国は目標地点について十分歩み寄っているのか、両者に確信はなかった。

ヴァイゲル蔵相は、以前から堅実な欧州統合の推進を強く推していた。しかし共同体内での経済政策に関する格差は未だに大きく、経済通貨同盟の目的についてのフランスの発言の多くは、ヴァイゲル蔵相を慎重にさせていた。他方ベレゴボア蔵相は、欧州統合については基本的にはポジティブであったが、ドイツの安定志向と、特に政治的に独立した中央銀行に対しては、態度を留保していた。こうした中、バイエルンという好環境で、両者がテーゲルン湖にボートを漕ぎ出しながら色々な角度から深い会談を続けたことは、目標設定について様々に変化してきた両国の立場を改善し、個人的レベルでの相互信頼関係の醸成に効果があった。これ以降始まった困難な交渉において、テーゲルン湖での集中的で親密な会談は物事を進める上で意味があったのである。

この効果は、二週間後に南フランスのアンテブで開催された、中央銀行総裁も参加するEC経済相・蔵相非公式会合（年二回開催）で現れることとなった。フランス側はドイツ側と同じように、英国のローソン蔵相が口頭で説明した、経済通貨同盟における共通通貨の発展に代わる案としての並行通貨の導入案を退けた。ベレゴボアは後になってしばしば、英国案は中間プランとして意味があるといった素振りを見せていたが、明らかに英国案はドロール計画に含まれていた長期的想定とは違っていた。ドロール・グループの判断によれば、並行通貨の導入は、これと関連して生じる追加的な貨幣創造により物価の安定を危険に晒し、ただでさえ困難な各国の金融政策の協調努力をますます難しくするものであった。そこでフランスとドイツはアンテブにおいて、マドリッド欧州理事会で原則的な決定を見た条約交渉に向けて、入念で専門的な準備を支持することを一致して訴えた。この意見は他の国の蔵相や中央銀行総裁によっても支持された。ドイツとフランスはさらに、条約に関する今後の準備と交渉は、中央銀行総裁との緊密な協力を得つつ徹底して各国蔵相によって進められるべきである、とも主張した。

独仏蔵相によるこの共同の提案は、その後より重要度を増すこととなった。ゲンシャー独外相との合意を得たデューマ・フランス外相のイニシアティブによって、ECレベルで作業グループが創設されたからである(議長は当時フランス大統領の補佐官であったギュイッグ夫人)。この作業グループは、交渉の責任は一義的には外務大臣のもとに集中されることを目的としていた。その任務は、条約において規則化されるべき中心的なテーマを特定することである。このグループには各国大蔵省の代表者も参加していたが、外務省がグループを一義的に所管していた。そこで同等のランクで専門能力を有する代表者を送り出すことによって、大蔵省はギュイッグ・グループの作業に影響を与えることができるようにした。数週間を経て、それ以後の交渉のベースとなる包括的なテーマと質問リストが出来上がった。一九八九年一〇月三〇日には最終報告書が提出されたが、ストラースブールにおける一二月初旬の欧州理事会には十分な時間であった。こうしてミッテラン大統領は主催者として、また欧州理事会議長として、政府間会議を可能な限り早く公式に召集するための道を確保することを目指していた。

東欧諸国の突然の解放とベルリンの壁崩壊が交渉に与えた影響（一九八九年）

一九八九年夏以来、ドイツの政治にとって国内政治環境はますます大きく変化し始めていた。ハンガリーとオーストリアの間で、六月末にそれまで両国を分断していた有刺鉄線が世論に訴えかける形で撤去されて以来、この夏にはますます多くの東ドイツの市民がブダペストのドイツ大使館へと逃避し、ドイツへの出国の可能性を求めていた。九月には同じようなことがプラハやワルシャワのドイツ大使館でも発生し、東ドイツでも抵抗運動は激化していった。一〇月には、特に社会主義国家建国四〇周年記念の後では、市民による大規模な反体制デモや、ほぼ完全に閉ざされ、地雷による分断で維持されている自由な移動の制限に反対するデモが増大した。ホーネッカーからクレンツへと変わる東ドイツの政治指導部の交代も、この体制を救済することはできなかった。一九八九年一一月九日にはベルリンの壁が崩壊し、東ドイツの状況は一変した。体制の修復が不可能となったのである。これまで封鎖されていた両ドイツの境界は即座にどこでも通行可能となり、東ドイツの政治体制は日々に崩壊の速度を早めた。そして、戦争終了以来分断されていた二つのドイツを平和的に統一する鐘が打たれることになったのである。

両ドイツ間の、また東西関係の展開は、当然のことながら欧州統合のその後の議論にかかわる環境と展望を大きく変えた。メディアだけでなく、いくつかの西側諸国の政治の世界でも、しばらくして全体主義体制の排除を支持することと並んで、可能性としてはありうるドイツの統一に対して、留保する態度が明確になった。明らかに、大きすぎるドイツは将来、戦後に発展した西欧の均衡に支障を来し、ただでさえ強いドイツ・マルクによってしばしば支配されていると感じられたECにおけるドイツの立場をより強化する可能性がある、という懸念が生まれた。そして一九八九年一一月二八日、コール首相がフランスとも、また他のパートナーとも協議することなく、連邦議会において「ドイツ統一のための一〇項目プログラム」を発表するに及んで、欧州各国の政府からは明確な留保の声が大きくなった。特にパリでは、このように重要な発表を事前に伝えなかったことは甚だ遺憾である、と多くの人が感じた。この発表の中で、内容的にはオーデル・ナイセ国境を明示的に承認することに言及がない点にも、批判が集中した。ローマやデンハーグ、そしてとりわけロンドンで批判が巻き起こった。サッチャー首相は世論を前に、コール首相の一〇項目プログラムに対してはっきりとした批判を展開し、コール首相によって提案された統一を明確に拒否した。

経済通貨同盟の今後の討議を控えて、政治的な雰囲気は、一二月八—九日に予定されているストラースブールの欧州理事会を前に良好であるとはいえなかった。そこでコール首相はイニシアティブを取り、フランス大統領に対して個人的書簡を送って、経済通貨同盟の今後の共同体レベルでの計画を想定して、工程表を示した。その中でストラースブール欧州理事会のために、共同体レベルの今後の制度改革について最初の考え方を披瀝した。フランスの議長によって開催されることとなっている、経済通貨同盟の条約原案策定を目的とした政府間会議（政府間会議第一部）については、

「専門家が所管する委員会の報告を基礎に、それまでの経験を考慮して」、一九九〇年一二月にローマで決定し、さらにその場で追加的に設置される政府間会議によって、「今後の制度的な改革計画」（政府間会議第二部）を決定する、というのがその内容である。この提案は、ドイツ政府が、現下の問題であるドイツの統一という政治的文脈の中で、欧州統合の一層の進展のための目標を今後とも維持し、欧州統合の目標を経済通貨同盟に限定してはいない、ということを明確に示すことを目指していた。ドイツの統一と欧州統合の進展との関連について、コール首相はこの関係を後日、一枚の「硬貨の表と裏」にたとえている。ドイツの統一は欧州の統合の進展と連結されなければならない、というのが彼の考えであった。

ドイツのイニシアティブは、ストラースブール欧州理事会では肯定的な評価は得られなかった。多くの国家・政府首脳にとっては、ドイツの統一と関連する政治的な懸念が第一にあったからである。コール首相は後日、「欧州理事会をこのように凍りつめた環境の中で経験したことはなかった」と述べ、「ほとんど法廷における審問」に立たされたような思いであった、と振り返っている。経済通貨同盟に関する今後の作業のための彼の提案は、最後にミッテラン大統領によって取り上げられたが、始めはその一部しか議論されなかった。ミッテラン大統領は討議終了前、一九九〇年末には、経済通貨同盟に向けた条約交渉を目的として、政府間会議を召集するために「必要とされる多数」が集まっていることを確認した（サッチャー首相はこの招集に賛成しなかった）。もっともコール首相によって同時に提案された、制度上の改革計画のための政府間会議は、延期されることとなった。

ミッテラン大統領は多分、経済通貨同盟に向けた条約交渉が、政治同盟にかかわる対立で負担を強いられることを好まなかったのであろう。彼は単に、「求められるべき国家連合への展望」について述べるにとどめた。

その後、コール首相とミッテラン大統領による多くの二者会談を経て、一九九〇年六月二五—二六日の欧州理事会に向けて、政府間協議第二部のための仏独共同の提案が出来上がった。この提案は他の加盟各国によっても支持された。この提案によってドイツ側から見れば、少なくとも形式的には、経済通貨同盟にかかわる交渉と、共同体の政治的・制度的発展にかかわる交渉の間での、いわゆる平行性は保障された。しかし内容に関しては、この平行性はこの時点では大方未決定であった。交渉は問題別に平行して行われるので、各国政府の間では所管はそれぞれ異なることとなる。経済通貨問題のための主たる責任は大蔵大臣が担当し、外務大臣は主に政治的・制度的発展に対して責任があった。後者については、その後に続く様々な努力にもかかわらず、限定的な進歩しか認められなかった。そのことは一九九七年のアムステルダムにおける欧州理事会、二〇〇〇年のニースにおける欧州理事会の結果にも現れている。残念ながら批准プロセスにある欧州憲法条約についても同様のことがいえる。

第4節 経済通貨同盟に関する条約の基本原則

出発点はストラースブール欧州理事会

ストラースブール欧州理事会は、経済通貨同盟の第一段階を一九九〇年七月一日から始めること、および第二段階、最終段階のための条約の追加と変更を目的とした政府間会議（政府間会議第一部）の召集を「一九九〇年末までに」行うことを特定多数決で決定し、今後の計画の集中化と具体化のために明確なシグナルを出した。ギュイッグ・グループの報告書では、既に包括的な質問リストが作成されていたが、これに対応する回答を用意するために、担当の専門家による委員会の場での詳細な討議が必要であった。さらにこの詳細な作業と並んでいくつかの基本的な問題が残っていた。欧州理事会はストラースブールで、「会議を開催するまでに残されている時間を利用して、会議を最も良いと考えられるように準備する」という付託を各国に与えたにすぎなかったからである。

ドイツの世論は、ストラースブールで決定された基本原則に対して、初めは特別の反応を示さなかった。ドイツでは一九八九年末から九〇年にかけて、国民の関心は両ドイツにかかわるテーマや、四〇年以上分裂していた二つのドイツの間の経済的な、また可能性としては考えられる政治的な統一について、その展望に集中していたからである。そこで一九九〇年一月一六日、ペール連銀総裁は公開の席で、ストラースブールにおいて発表された欧州に関する条約交渉によって、広い範囲の影響力を有する決定が行われた、と強調したが、これは全く正しい発言であった。彼は初めは、「経済通貨同盟の第一段階において数年間経験を積む」ことを優先していたが、最終的には、「我々が直面する課題とは、転轍器を正しく敷設し、欧州という鉄道を、我々が共同して求めている目標に到達させることである」ことを確認している。この正しい転轍器の敷設のために、多くの作業が必要であった。

一九九〇年、この作業の専門的な部分は主にEC委員会の当該部局において、また通貨評議会、中央銀行総裁評議会、あるいは彼らの代理による会議で議論された。これらの専門的な討議には、私も個人的に連銀を代表して直接参加した。一九九〇年冒頭、私は連銀理事に異動発令を受けたことによって、ブリュッセルでの通貨評議会における私の任務は変化し、これまでの連邦大蔵省のためではなく、連銀のために職務に励むことになっていた。それ以降、私はバーゼルの中央銀行総裁評議会にペール総裁の代理として出席し、作業と討議にも参加した。もっとも、一九九〇年四月と五月には、私は東ドイツ政府および東ドイツ国立銀行との間の両独通貨統一交渉のために連銀理事の任を離れることとなり、ブリュッセルやバーゼルでの作業に直接参加することはできなかった。

様々なレベルでの協議——目標はマーストリヒト交渉

将来の政府間交渉のために専門的な準備作業が行われたが、その主要な部分は、ブリュッセルの通貨評議会が受け持った。ホルスト・ケーラーと私はこの場で緊密に協力し、また公式会合の前にはしばしばフランス大蔵省のジャン・クロード・トリシェ（現ECB総裁）やフランス中央銀行のフィリップ・ラガエートと内容を確認するための会議を持った。一九九〇年一月と二月には、通貨評議会において集中論議が進められた。通貨評議会は三月には中間報告を提出し、その一週間後にアイルランドのアッシュフォード城で開催された非公式のEC蔵相・中央銀行総裁会議で、この報告書は承認を受けた。未解決であった問題や対立する事項は、欧州理事会の四か月後に提出されたこの報告書では驚くほど掘り下げられていて、合意が得られていた。もちろんいくつかの重要な問題はなお残っていた。しかしそうした問題も、その解決の可能性が既に姿を見せていた。

通貨評議会における討議と平行して、バーゼルでも、最初は特に中央銀行総裁代理会議で、ECBの定款と、ESCBの定款起草作業が始まった。各国の経済相と蔵相は、中央銀行総裁評議会に対してこのような定款のための具体的な案文起草作業を要請していたからである。この案文起草作業は総裁代理のレベルでも、また総裁のレベルでも、その年の夏と初秋にバーゼルで集中的に進められた。そして一九九〇年一一月二七日、当時中央銀行総裁評議会の議長を務めていたペール総裁は、各国蔵相に対して細部まで議論された案文を提出した。一九九一年春には、なお未解決として残されていた詳細部分についての補足事項も提出された。

通貨評議会での討議や、大臣レベルでのその後の政治決定では、特にEC委員会の見解も重要な役割を果たした。合計三つの案文と報告書において、委員会は一九九〇年三月、五月、八月に重要なテーマである定款の内容、政策協調を確保するための方途、制度の創設とその関連で第二段階、最終段階の時期とその内容を取り上げ、その解決策を提案している。これらの委員会の提案は議論を盛り上げることにはなったが、専門家のレベルでは、またそれに続くEC各国の政治レベルでの討議においても、部分的な支持しか得られなかった。各国の経験や政策的優先度が異なっていたことから、これは当然のことであった。二国間の議論でも専門家会議でも、詳細にわたる様々な内容が議論され、その一部では激しい対立があった。しかしマドリッドとストラースブールの欧州理事会が基本方針を決定していたことから、専門委員会での討議はもはや是非の問題ではなく、最終段階とそこに至る道への具体的な方法を追求することであった。

専門家による協議の場で、英国は何回も並行通貨に関する提案（いわゆるＥＣＵのハード化）を議題に載せることを試みていた。そしてＥＣＵのハード化という基本アイデアについて、英国は特にフランスとスペインから部分的な支持を得た。フランスとスペインは、「ハード化されたＥＣＵ」を通貨同盟への過程で通貨バスケットとして想定することはできるが、独立した通貨として、あるいは創出に向けて努力を重ねている共同の中央銀行が発行する共通通貨を永続的に代替する通貨としては考えられない、という意見であった。それ以外のほとんどの代表は、英国の並行通貨案を経済通貨同盟の代替とすることを拒否したので、「ハード化されたＥＣＵ」への支持を求める英国の意図は、それ以後の議論の中で実を結ぶことはなかった。私は個人的な提案を行って、ＥＣＵの再調整が必要となる場合には、切り上げられる通貨のＥＣＵにおける割合を拡大することでＥＣＵを強化することを提案したが、英国、フランス、スペインのいずれからも支持を得ることはできなかった。ドイツ・マルクの割合が拡大することが想定され、それによってＥＣＵを強化することは、他の政府には魅力的とは映らなかったのである。最終的な条約文書では、ＥＣＵ通貨バスケットの構成はこの条約の発効をもってそれ以降は変更されない、と規定された（一九九七年のアムステルダム条約第118条）。

欧州中央銀行、欧州中央銀行システムとその機能

各協議会における専門家の討議の中心を占めたのは、協議の前および協議中においても左記の項目についてであった。

—ECB並びにESCBの任務、地位、構成。

—加盟各国による、通貨とは無関係な経済政策とその監視のための基準の設定、とりわけ必要となる財政規律を長期的に確保すること。

—経済通貨同盟の第二段階の役割とその構成。

ESCBの任務、地位、構成については、ドロール報告書が中心的な視点を明示していた。第一義的な基本方針として物価の安定を目標とすること、財政システムの安定を確実にするために協調行動をとること、政治的独立性の確立（時間的に十分と思われる役員の在任期間によって確保され、説明責任を伴う）、連邦制に似た構成（ESCB執行役員会と政策委員会があり、政策委員会には各国中央銀行総裁も含まれる）の四点である。この基本的にドイツ連銀とドイツ各州中央銀行をモデルとして作られた主要な論点は、仔細に検討すれば未解決な、また対立する細部を残していた。そこで委員会は例えば一九九〇年三月二〇日のワーキングペーパーにおいて、「高度な」あるいは「十分な」ESCBの独立性と、「民主的な説明義務」について特に言及し、合わせてなお解明が必要となってい

た対外為替政策の所管（第三国に対する為替相場と介入政策）についても指摘した。また通貨評議会でホルスト・ケーラーと私は、特にテーマとなっているＥＳＣＢの独立性の明確な解明を強く求めた。明確な独立性を持ったＥＣＢを創設するだけでは十分ではなく、各国の中央銀行も、保障された独立性というステータスを得る必要があったからである。

私たちの提案に基づいて、一九九〇年三月の通貨評議会の最初の中間報告は、ＥＣＢのためにも、またこのシステムに参加する各国中央銀行に対しても、必要な政治的独立性を色々な角度（制度的、実務的、人事的、財政的な角度）から保障することを提案していた。数か国で問題となっていたＥＳＣＢの民主的正当性について、通貨評議会は、条約の批准、および将来のＥＣＢ／ＥＳＣＢの報告において、あるいは想定される各国議会での審議において金融政策の決定に対する理由を明らかにすることによって、民主的な合法性を得るための法的基礎が築かれていることを説明した。

こういった解明プロセスは、フランスにおいて特にこの時期、将来のＥＳＣＢの独立性が行き過ぎではないかという危惧もあり、重要であった。フランス銀行幹部の考えと大きく異なり、ベレゴボア蔵相の考えの中にはこの時期にもなお、ＥＣＢの政治的な独立性に対して一定の留保があったのである。彼はヴァイゲル蔵相との会談で何度も、独立性が過度に認められないよう求めていた。一九九〇年秋にも、ベレゴボア蔵相はパリの講演において世論に向けて再度、「ドイツ連銀をモデルとした」独立性を持つＥＣＢは受け入れられない、と表明したが、彼は最後にはこの立場を維持することができなかった。

ブリュッセルの通貨評議会においても、対外為替政策のための権限の配分をめぐっては対立が残っていた。この点についてドロール・グループは明確に記述していなかった。そのためフランスは通貨評議会において、このテーマは第一義的に政府の、あるいはEC閣僚会議の所管として残しておくべきであると主張した。ドイツにおいても一九八〇年代には潜在的な対立点が明確に存在していたので、問題の早期解決はなおさら困難になっていた。すなわち可能性としてありうる介入義務に関して、少なくとも実質上は連銀がその所管となっており、これについては既に第3章第1節で述べたように一九七八年のエミンガー書簡でも確認されていた。しかし中心相場の変更、あるいは変動幅の決定は、ドイツにおいても公式には連邦政府の決定事項であった。

フランス政府内にはしばらくの間、将来のＥＣＢの資本は各国の中央銀行によってではなく、通貨同盟に参加する各国政府によって引き受けられ、管理されるべきという意見があった。連銀にとっては受け入れがたい要求であったが、交渉が経過するとともに、他の諸国の反対と、多分にフランス銀行自身の影響もあって、この案はフランス側から放棄された。対外為替政策の所管の配分については、結局マーストリヒトにおける最終交渉まで対立した。

これに対し、バーゼルにおける討議では、各国中央銀行間でＥＳＣＢのための定款の大部分が固められた。この問題点については既に記述したが、中央銀行総裁評議会は早い段階で詳細を検討し終え、案文を提出していた。この案文はそのほぼ全文が、バーゼルの会議で行われた中央銀行総裁代理によって作業されたものであり、私はフランス中央銀行のフィリップ・ラガエートとオランダ中央銀行のアンドレ・スザスと緊密に協力した。ついでに述べれば、中央銀行総裁の代理のほとんどは、通貨評議会の委員として直接ブリュッセルの討議にも参加するという有利な立場にあった。これらの二役を担うことで、定款の案文作成を平行して行うことが容易であった。

通貨評議会と総裁代理評議会において問題となるケースは極めて限られており、その場合には中央銀行総裁が具体的な提案のための決定を行った。その中の一つが将来のECB政策委員会における投票権配分問題であった。このテーマは、将来のユーロ地域参加国の拡大との関係でも重要な問題となるであろう。EC委員会は一九九〇年五月一六日のいわゆる内部メモにおいて、ユーロフェド（当時は米国準備制度理事会を真似てESCBをこのように呼んでいた）における政策委員会の票決権を、閣僚理事会における票決権に対応して決定することを提案した。この提案はブリュッセルの通貨評議会においても、バーゼルにおける中央銀行総裁評議会においても明確な抵抗に遭遇した。特に各国中央銀行総裁は、既にドイツ連銀モデルに従って「一人一票」に決定しており、とりわけ金融政策に関する決定についてこの原則を適用するよう主張した。

この原則はその後の条約テキストにおいても維持され、その意味でドイツ連銀の機構はESCBの定款のための洗礼立会人の役割を果たした。これに関係した人々には初めから明確であったことであるが、共同体の通貨政策は長期的には、ECB政策委員会の意思決定機構と並んで、各国中央銀行と超国家的なECBの間の権限の配分が明確に示されている場合にのみ機能しうるのである。つまり通貨政策上の決定権限は全て通貨同盟側に移管され、独立したECB政策委員会によって行使されなければならない。もっともフランスの希望によって、私たちは業務の配分については定款において基本原則を決定することに合意し、ＥＣＢはＥＳＣＢの業務を実施する際に「補完性の原則※」を念頭において、「それが可能で内容的にもふさわしいと見られる限り」各国の中央銀行の参加を求めるべきである、とした（定款第12条の1）。この極めて一般的な表現の中に盛られた、具体的な権限配分を巡る係争点は、関係者には十分理解されていた。

各国の財政規律はどのようにして確保できるか

ＥＳＣＢの定款のための準備は、初めその細部の多くで係争点を含んでいたが、より困難であったのは、通貨政策以外の政策のための、正しく有効な運営基準と協力手続きを定めることであった。一九七〇年のヴェルナー報告は、通貨政策を除いたマクロ経済操作のために、経済同盟の中で超国家的な決定機関を創設することを意図していたが、ドロール報告はヴェルナー報告の提案を再度取り上げることはしていない。ドロール報告は、各国の責任に帰属している経済政策を共同体として監視すること、各国の財政赤字について上限を含んだ拘束力のある規則を作り、中央銀行の貸付けによる財政の直接的ファイナンスを排除すること、第三国通貨の借款受け入れを制限すること、の三点を勧告していた（ドロール報告書第30項）。しかしそのために機関を作るべきなのか、ドロール・

グループは報告書において具体的に示唆しておらず、ましてや提案は行っていない。各国の財政のために、中央によってマクロ経済的に政策をコントロールすることは明らかに必要でもなく、適当でもない、と考えていたからである。一九七〇年代に導入され、その後広く受け入れられたパラダイムは、幅広く総需要に影響を与える財政政策上の誘導から離れて、長期的な信頼醸成を育む財政規律と広範な規制緩和によって供給条件を優先的に改善するという方向に向かっていった。この政策変化はわかりやすく、その基本ラインは正しかった。

ドロール報告書においても重要な問題は残っていた。それは次の三点である。

―財政の規律を確保するために、拘束力のある規則を作成すべきなのか、そしてそれは可能なのか。

―具体的にそれを監視できるのか。

―各国レベルでこのような規則を実現させる場合、実際に長期的にそれを維持することができるのか。

※政策はできるだけ国民に近いレベルの行政機関が担うべきであり、それが困難あるいは非効率な場合のみ、上位のレベルに委譲すべきという原則。一国においては外交・国防は国が担当する一方、教育や警察などは州あるいは市町村に委ねられる。現在ＥＵ（ユーロ地域）で金融政策は欧州中央銀行に一元化される一方、財政政策は基本的に加盟国に委ねられているのも、この原則の現れである。

この問題に対する解答を探す努力は、通貨評議会の、あるいはその後の閣僚レベルや政府間会議だけの中心的な作業ではなかった。EC委員会もこの問題を様々な角度から検討したが、確信のある解決策を提出するには至らなかった。委員会提案は初め、一般的な経済政策にかかわるガイドラインと協調のための勧告に集中し、限界値の定義を含んだ具体的な財政基準の策定については、長い間懐疑的な態度を取った。またEC委員会は早い段階で、ドロール・グループと同じように、拡大され統一された通貨圏において賃金と物価が十分な柔軟性を持つことには重要な意味があることを指摘していたが、このテーマは、その後の交渉においては次第に背後に押しやられていった。もっとも委員会は初めから、発展途上の、あるいは構造改革の対象となっている地域のために追加的に地域支援措置を強化することを強く求めており、そのために結束基金のための具体的な提案を行ったりしている。

通貨評議会では、議論はしばらくして加盟各国の十分な財政規律を長期的に確保するために、具体的表現をどのように決定するか、に集中していった。通貨評議会とドロール・グループとが初めから完全に一致をみた見解は、加盟各国における過度の財政赤字と公的負債は、求められている共通通貨の安定を危険な状況に置き、参加国の間に紛争を惹き起こす可能性がある、という点であった。このため通貨評議会は、条約で拘束力のある規則と負債の上限を規定する、という点で一致していたが、具体的にはこれをどのように表現し、その維持を確保するのか、という問題が残っていた。そこでドロール・グループのいくつかの提案を参考に、通貨評議会は、最初の報告書で財政規律の確保のための手掛りを提案した。様々な金融政策手段を用いた公的な財政のファイナンスを条約上禁止すること、共同体あるいは加盟国による当該国の負債引受けを禁止すること（いわゆる救済の禁止）、過剰な赤字を避ける義務、の三点である。

対立が長く続いた部分は、この過剰な赤字を避けるための義務をどのように具体化するか、という点であった。財政赤字に対して一般的に効果のある上限を決定することができるのか、厳格な監視と想定される制裁の実施は可能なのか、については最初通貨評議会において明確な意見の相違が見られた。考えられる多くの手掛りが詳細に議論された。景気変動調整後の構造的な財政赤字に対する上限の設定、いわゆる黄金律の導入（投資的な支出に対してのみ借入れることができる）、中期財政計画のための拘束力のある指標の設定、外国からの借入れによる財政赤字のファイナンスの一般的禁止、などである。そしてこういった指標や手掛りは、意味のある情報として、またある意味で制約として有益でありうることが次第に理解されてきた。しかし正確な定義・区分がないことによって統計的に不正確であること、またそのために時間が経過すれば操作が行われる可能性があること、信憑性あるいは信頼性において限定的であることなどから、これらは、加盟各国の財政規律を十分かつ持続的に維持するための説明材料としては、十分ではないと考えられた。例えば、景気循環的な理由による財政収入の減少、あるいは増加は、複数年にわたる通常の財政動向とどのように区分されうるか、経験によれば景気循環的な影響は簡単に構造的な型に組み込まれやすい、といった問題がある。

投資的な公的財政支出がそれぞれの局面において消費的な支出と区分されうるのか、といった問題もある。例えば社会的・教育的システムのための公的支出のほとんどは、消費的支出でもあり投資的支出の性格も持っている。また中期的な財政計画は多くの国で単に指標的なものであり、従って義務的な性格を持っていない。このように不明確な点や批判に直面して、通貨評議会では、過剰な財政赤字の回避を、各国の経済財政政策を共同して監視する際の中核とするという勧告だけが一致成立した。そして基準や制裁権限の整理を含む監視手続きの具体化は、未解決のまま残された。

欧州中央銀行の前身としての欧州通貨機関（一九九〇年）

この局面で、経済通貨同盟に向かう過渡期にある三段階プロセスの中の第二段階の意味と具体的な内容について、極めて厳しい議論が生まれた。ドロール・グループでは、明確な見解の相違があったために、ごく一般的に表記された文言でしか合意ができていなかった。金融政策に対する責任をこの移行段階においてもなお各国の機関に残すことについては、合意があった。そして新しい制度的な枠組みでは「一歩一歩」、「運用上の機能」を引き受ける必要がある、とされていた。そこで同グループの最終報告書では、第二段階は「過渡期の段階」、「学習プロセス」であると考えられており、「正確な進め方は、一般的な経済条件に照らして、かつ第一段階で得た経験を基として発展させていかなければならない」とされていた（ドロール報告書第55項）。もっともドロール報告書の別の箇所では、この問題についての主要なメルクマールとして、「ＥＳＣＢが創設されることとなるかもしれない」と強調されている（同第57項）。他方ドロール・グループのメンバーの幾人かは、少なくとも一時期、明らかに別の理解であった。例えばペール総裁は、一九九〇年五月一五日の欧州議会の経済・通貨・産業政策委員会の場で、個人的には第二段階について具体的な考えはない、発券銀行システムは「段階的に」創設されるものではない、と発言していた。

これに対し、フランス中央銀行のド・ラロジエール総裁とイタリア中央銀行のチャンピ総裁は、第二段階で既にＥＳＣＢを創設するという、ドロール委員会報告書第57項の表現を押し通した。この表現は、単にその後の共通金融政策のための技術的な準備を問題としている限りにおいては、ある意味で第三段階の前で制度化しても比較的問題が少ない、と思われた。しかしドイツは、第二段階が進むに従って発展していくとするＥＳＣＢ――フランスとイタリアが求めるような進め方――は受け入れることができなかった。フランスとイタリアの考えは、経済通貨同盟創設以前に各国の金融政策の独自性を骨抜きにするだけではなく、移行プロセスを事情によっては第二段階で中断させ、第三段階への移行と連結している、超国家レベルのための金融政策の主権の完全な委譲を放棄させるという誘惑を惹起しかねない、とドイツは考えた。この仏伊両国の考えこそ、ドイツの金融政策を幅広く縛るものであって、欧州のいくつかの国は前からこのことを要求していた。ドイツとしては、金融政策の権限を独立したＥＣＢに明確に委譲しないのであれば、その考えは安定政策の立場から受け入れることができなかった。そしてフランス野党の間で共同体通貨と独立したESCBに反対し、留保する考えが支配的になるに及んで、ドイツの懸念は一層大きくなっていった。一九九〇年四月初め、当時の野党の指導者であったジャック・シラクはフランスのテレビで、「ドロール・プランの第三段階」と、「欧州統一通貨の導入」に反対することを明言した。元大蔵大臣のバラデュールは一九九〇年五月二五日に論文を出し、「夢を見るのはやめよう、誰も自国の通貨を放棄しない」と述べた。これを背景に、第三段階の内容とそこに至る道を解明することの必要性が認識されるに至った。ドイツにとって、通貨同盟への道は、条約締結国が最終段階への移行に政治的な意思を示し、経済的にも能力がある場合にのみ選択できるものであった。第二段階で各国の金融政策が次第に制限を受け、通貨同盟への最終段階がことによっては放棄されるかもしれないとすれば、これは連銀にとっては無意味であり、容認できないものであった。

ペール総裁と私はフランクフルトの連銀理事会で、条約交渉を前に再度噴出した対立点を報告した。総裁は、予定されている条約交渉を前に連銀の見解を総括して提示することが必要であると述べた。そこで私の案文をベースとして、連銀理事会は一九九〇年九月一九日、仔細にわたる討議を経て、欧州の経済通貨同盟創設に関する詳細な見解を全会一致で採択した。この文書には通貨同盟が持つ意味や、そのために作られるべき経済的、制度的、政治的条件も明確に書かれていた。この見解は連邦政府とドイツ世論に向けて作成されたものであったが、欧州の各国でも特別の注目を浴びることとなった。連邦政府は連銀の公式の見解を無視することはできない、と理解されたからである。この文書は、これまでドイツ側が取り続けた基本的立場をまとめたものであるだけに、内容的に重要なものであった。経済通貨同盟の進展には賛成するが、条約においては長期に安定する共通の通貨のための条件が始めに明確に、かつ拘束力を有する形で決定されなければならない、というこれまでの見解の集大成である。

様々な専門家会議での集中討議を終え、一九九〇年秋には政治的問題を担当する閣僚レベルで討議が始まった。一九九〇年九月七―八日のローマにおけるこの非公式会合では、ＥＣの経済相と蔵相は専門家会議がこれまで作業を行ってきた内容を確認し、承認したが、ＥＣ委員会が提案した一九九三年始めの第二段階への移行については、未解決の問題があることを理由に時期尚早であることで合意した。まず第二段階の内容と、最終段階に移行するために必要な選択と決定のプロセスを特に解明する必要があるからである。このような状況下で欧州理事会議長国であるイタリアは、一九九〇年一〇月二七―二八日に各国首脳のための特別会議を招請することを決定した。イタリアは一二月に予定されている具体的な条約交渉のための公式の政府間会議を、絶対に危機に陥れたくなかったからである。グィド・カルリ・イタリア蔵相は、この会議のために各国蔵相と中央銀行総裁の協議の現状を中間報告の形で総括した（いわゆるカルリ報告）。この報告は以下の三つの点を明記していた。

「第一に並行通貨に関する提案をなお維持する英国を除いて、残りの一一か国の間には超国家的な通貨同盟における共通の通貨の目的について包括的な合意がある。第二に、金融政策の幅広い共同体化は第一義的に物価の安定という目的を志向し、また独立した中央銀行によって決定されなければならないという合意、最後に国家財政の赤字の各国中央銀行によるファイナンスや、他の参加国あるいは共同体による保証の引き受けを禁止するという財政秩序について、参加各国の長期にわたる遵守義務があることについても同様に包括的な合意がある。」

為替政策に関してそれを誰が所管するか、および通貨同盟に参加する国の具体的な選択基準と監視、第二段階の開始とその具体的な内容等については、対応はなお明確に異なっていた。

欧州理事会は未解決な問題を残していたが、英国の一般的な留保も考慮した上で、一〇月の特別会議（ローマ会議I）において、一九九〇年一二月に予定されている二つの政府間会議への招聘を確認した。さらに経済相・蔵相提案として、第二段階は委員会の提案と異なり、一九九三年初頭に代えて一九九四年に開始することを決定した。また第二段階開始後少なくとも三年を経て、従って一九九六年一二月末までに、第三段階への移行を準備するための収斂状況をまとめた報告を提出することも決定された。最後に欧州理事会は、第二段階の開始に際しては通貨の問題を所管するために「新しい機関」がつくられることを発表した。この文面はあらためて議論されることなく、イタリア側から最終文書に盛られたものであって、このローマにおける特別会議終了後には直ちに質問と対立を巻き起こした。最終文書は「ＥＣＢ」という文言こそ使用されていなかったが、議長国であるイタリアは一連の各国政府と共同して、当該文言をまさにこの意味に理解したのである。早急にESCBを創設し、それによって通貨同盟が最終段階に移行する前にも、既に一定の影響を他の国の金融政策に与えることが明らかに求められていた。そしてこの点こそドイツ連銀とオランダ中央銀行にとっては受け入れられないものであった。

ローマのニュアンスを色濃く残す声明を修正するために、その後の交渉では多大な努力を必要としたが、「欧州通貨機関（EMI）」をもってやっと全加盟国が受容できる中間的解決を見つけることができた。マーストリヒト条約により一九九四年に創設されるこの機関は、各国中央銀行の協力を強化し、金融政策について定期的に協議するが、各国の金融政策の主権は、第三段階への移行前はこれによっては干渉されない。つまり金融政策上の決定権限は、第二段階では明確に各国中央銀行に残ることとなる。そしてEMIは一義的には第三段階への準備のための暫定機関であるとされ、通貨同盟が最終段階に移行することが決定されてから、ECBとESCBによって発展解消することとなるのである。

第5節 最後のコーナーを回った困難なマーストリヒトへの道

政府間会議を控えた独仏の立場

将来の公式の条約交渉のために必要な二つの政府間会議を祝福するオープニングセレモニーは、ローマにおける欧州理事会（ローマ会議Ⅱ）と関連して、一九九〇年一二月一五日に始まった。この経済通貨同盟のための政府間会議では、議長はそれぞれの欧州理事会議長国の蔵相、正確には一九九一年前半の欧州理事会議長国ルクセンブルグの蔵相と、後半の議長国であるオランダの蔵相がそれぞれ務めるように組織されていた。ちなみに毎月開催されている蔵相会議以外にも、各大臣の代理が各省部局と中央銀行の専門家とともに会議を重ねていて、ヴァイゲル大臣は代理としてホルスト・ケーラー次官を任命していた。彼のフランス側のパートナーはジャン・クロード・トリシェであった。両者はこのローマ会議Ⅱが成功裏に終結するのに多くの貢献をなした。各国の中央銀行は、この最終ラウンドでは通貨評議会と二国間協議における間接的な参加にとどまった。

経済通貨同盟のための政府間会議を始めるに先立って、様々なテキスト案文が提出された。一九九〇年秋、既述のとおり、各国中央銀行総裁評議会はＥＳＣＢとＥＣＢの定款案文を、各国政府とＥＣ委員会に提出した。委員会はこの定款案文のほとんどを受け入れ、一九九〇年一二月一〇日には条約変更のために包括的な案文を提示していた。また一九九一年一月および二月には、フランスとドイツの政府はそれぞれ、新条約を目的とした経済通貨同盟のための該当案文を提出した。英国はその前に、「ハード化されたＥＣＵ」に関する提案を再び提出してきた。既に内容は周知され、そのほとんどが拒否されていたが、今回は法律案文の形を取っていた。英国の提案は、おそらくは戦術的な理由からか一時期スペインの支持を得ていた。それを除いては提出された案文は細部においては差異もあったものの、多くの点で最初の案と共通するものがあった。

一九九〇年に様々な独仏協議が行われていたが、それにもかかわらずフランスとドイツの案文には差があった。ドイツ連邦大蔵省の主導のもとで各省が集結して作成した案文は、周知のドイツの立場を反映しており、連銀によっても内容的に完全に支持されていた。フランスの案文は、ドイツから見れば多くの不明確さを有していた上、特に第二段階の内容や対外為替政策を誰が所管するか、EMSに対するもう一つの核としての共同体による経済政府の創設などの点で、周知となっているドイツの立場とは異なっていた。フランスはまた政府間会議が始まる前から、可能な限り加盟一二か国で経済通貨同盟を創設することを基本的に支持していた。いかなる国も始めからこの計画から排除されてはならないこと、いかなる国も経済通貨同盟の発展をブロックしてはならないこと、フランスは協議に当たってこの点を表明した。明らかに英国の合意を得たかったのである。

独仏が意図したもの

経済通貨同盟のための政府間会議では、仕事は多岐にわたった。もっとも交渉そのものは各国政府の専任事項であり、各国中央銀行の任務ではない。そこでドイツの代表団には、連銀からは専門家一名のみが参加することとなった。この公式の交渉と並んで、通貨評議会は事前の準備会議や補足会議を実施しており、独仏秘密会議もあった。独仏二国間交渉には、ホルスト・ケーラー次官の要請によって私も何回か同席した。交渉はブリュッセルやパリ、ボン、ベルリンでの通貨評議会の開催に合わせて行われた。従ってこれらの後で開かれた政府間会議は、あらかじめ一連の秘密会議において準備されていたものであった。

この中でも私は特に、いわゆる収斂基準の決定に関する激しい議論を良く記憶している。私たちとフランス側とは通貨同盟への参加についてはほとんど合意があり、第二段階の終了時点で、その国の経済状況と政策目標が十分安定的な収斂を示し、かつ安定目標を長期にわたって維持する意思と能力を有することを保障している国だけが、第三段階への参加を許されることとなっていた。経済通貨同盟では通貨政策は超国家的に決定されるが、経済政策と財政政策はそうではない。そこで経済通貨同盟にとっては、参加国の選択と、そのために適用される基準と手続きを決定することが極めて重要である。通貨評議会でも、二国間協議においても、独仏はかなり早い段階で重要な基準について合意していた。それは以下の四点である。


—実際に達成された物価の安定について、それを相当の確実性をもって証明できること。

—公的部門の財政状況を長期に支えることが可能であるよう保障できること。

—十分な期間、EMSの為替相場メカニズムに問題なく参加していること。

—長期金利水準について達成された収斂値を長期にわたって維持できること。


これらの基準について一般的に合意することは容易であった。より困難な点は、それを具体化する際に可能な限り客観的に、かつ操作されないように指標化すること、また最終的に選択された解決策に対してその理由を明らかにすることであり、具体的には、公的部門の財政状況を永続的に支える明示的基準を定義することであった。最初の議論の局面と同じように(第4章第4節の財政規律参照)、特定の指標に対する甲論乙駁の議論が展開された。景気循環的な財政赤字のマクロ経済的な意味、いわゆる構造的な財政赤字の特定とその説明、消費的支出と投資的支出の赤字のファイナンスによって生じる異なった効果、経済全体における国家の支出割合と国民租税負担率の意味、公共部門の負債残高の意味、などが議論の対象であった。議論は何度も独仏双方で原点に舞い戻った。そして到達した結論とは、通貨同盟において財政規律を維持するために争う余地なく把握できる手段、そして同時に十分コントロールできる手段は、それぞれ市場価格で計った国内総生産と比較した全体的な財政赤字と政府債務残高である、というものであった。

そこでこの内容を数字によって具体化する段になって、私の記憶ではフランス側は、当時フランスで国家目標とされていた数字を引き合いに出し、後に条約や議事録に採用されることとなるGDPの三パーセントを指標とすることを提案してきた。また政府債務残高の水準として、対GDP比較で六〇パーセントを指標とすることが妥当であるとされた。これらの数字は、当時共同体において見られた政府債務残高のほぼ平均に対応するものである。これらの数字が採用される際には議論が形式的に平準化されたり、条件が異なる場合の柔軟性に欠けていることもあって、意識的に比較的曖昧なまま採用されたため、この具体的な数字については、正確な理論的説明はなかったし、現在も存在しない。しかしこれらの二つの数字の間の大まかな関連を想定することはできるし、実際にも議論の場で何回も引用された。例えば六〇パーセントという政府債務残高の対GDP割合は、GDP成長率が平均して名目で五パーセント、金利も同様に五パーセントの場合、毎年の財政赤字が対GDP比三パーセントの場合には増えることはない。それはともかく、財政赤字と政府債務残高を可能な限り正確に確定する数字を選択する際に重要となった点は、通貨同盟への参加の際、およびその後の共同の監視の際に、十分な財政規律を証明するための適用可能な、かつ具体的にコントロール可能な基準が必要とされたことである。なぜなら、各国相互に比較考量できる、具体的で把握可能な指標によってのみ、財政規律の状況が比較できるからである。

このようにして正確な指標と基準値についてあらゆる角度から議論した結果、幅広く支持しうるものとして上記の数字が合意として生まれた。各国の経済財政政策の中でほとんど各国の自律性に任されていた財政について最低限の規律を課すというこの合意は、通貨同盟の中で、安定を求める各国をネガティブな経済財政政策の波及効果（spillover effect）から守り、また想定される各国の政策の非安定的影響からESCBの政治的自律性を守るために、必要不可欠のものであった。なぜなら、通貨同盟においては、共同体各国相互の間のそれまでの市場の規律維持手段、すなわち各国通貨の為替相場が、その時点ではなくなるからである。また民間機関による各国の信用格付けでは、為替相場がなくなることによるデメリットを補完することはできない。また市場による評価のためにも、通貨同盟の連帯共同体という特徴は経験的に重要であった。

これと比べれば、その他の参加条件についての独仏間の合意は比較的容易であった。少なくとも二年間EMSの為替相場メカニズムに参加していたこと、その間自国通貨を切り下げていないこと、この二条件が満たされれば、決定された中心相場は当該国の競争状況を正しく反映しており、金融市場においてもそのように評価されているとみなすことができると考えられた。通貨同盟に参加する前には、金融市場の判断も長期金利の観点から考慮されることとなるが、最低水準の三か国からの乖離が二パーセント以内であれば、許容しうるとみなされた。もっともこの金利基準は、後になって有効な選択基準としては限定的なものであることがわかった。参加候補国は、政治的な理由から通貨同盟に初めから参加できるということを、事前に金融市場に納得させることに成功したからである。この期待があったので、参加を希望する各国の長期金利は、通貨同盟に参加する前に、その他の国の参加希望各国の平均金利水準にどこまでも接近していった。イタリアがそうである。他方選定基準として選ばれた為替相場は、参加を求める各国に承認を与える際に重要な役割を果たすこととなった。

経済通貨部分に関するマーストリヒト条約案文の配布（一九九一年一〇月）

通貨評議会で十分議論が尽くされ、政府間会議において推薦を受けた選定基準は、一九九一年九月二〇―二一日、オランダのアッペンドルンでの非公式経済相・蔵相会議で各国大臣と中央銀行総裁によって承認された。それに続く大臣会合の政治協議では、条約に書き込むべき第三段階への移行手続きに議論が集中した。政府間会議において議長国を務めたルクセンブルグは、一九九一年六月に既にある種の基本ラインを提示していたが、この提案は通貨同盟に参加しない国に対して拒否権行使条項を認めていた。この点については当時のオランダ蔵相のヴィム・コックが議長国オランダの名において、フランスが以前に提出したことのある提案に立ち返って妥協案を提示した結果、この妥協案がその後の協議のベースとして承認された。これについては後日ホルスト・ケーラーから聞いたものであるが、以下の内容である。

―いかなる国も最終段階への参加を強制されない。

―いかなる国も、条約上の条件を満たしている場合、最終段階への参加を阻止されない。

―いかなる国も、経済通貨同盟の実現において他の国を阻止してはならない。

この仏蘭妥協案をベースに、しばらくして政治協議では、通貨同盟への将来の参加手続きが合意された。これと時期を同じくして、参加各国の収斂プログラムと、共同体の機関による収斂プログラムの定期的な監視に関するドイツの提案についても、合意が成立した。フランスの提案であった、担当大臣による「共同の経済政府」構想は、ドイツを含めて支持を得ることができなかった。しかしこのテーマは安定・成長協定との関連で再度議論されることとなる（第5章第4節参照）。また比較的貧しい国は、ちょうど一九七〇年代にEMSを準備したときと同じように、将来の通貨同盟のために経済社会の一体性の強化を目的として、共同体による財政支援を再度要求してきた。これらの諸国は、「団結を確実にするために」というタイトルのもとに多額の財政支援を求めたのである。EC委員会とその委員長であったドロールは、もともとECの予算システムを改変し拡大させる意図を有していたので、この要請を検討するのにやぶさかではなかった。その後しばらく委員会の考えは考慮されることはなかったが、一九九三年末までに結束基金が設立され、この基金をもとに、環境と欧州を横断する交通体系の計画に対して資金援助することが可能となった。

一九九一年一二月にマーストリヒトで実施予定の最終首脳会合に間に合わせるため、一〇月になって欧州理事会議長国であったオランダは、予定されている新条約の中の経済通貨部分全体の案文を提示した。この案文には政府間会議第二部において外務大臣の責任によって取り扱われていた、「政治同盟」と題した条約部分も含まれていた(第一部については第4章第4節参照)。もっともこの政治同盟交渉の内容は、一般的な基本原則の表明、EUと連合市民という名前の公式な導入、共同体の権限の拡大、そして共通の外交安全保障政策に係わるものであり、これ以外に共同体の深化のための特別な進展は見られなかった。特に制度上の枠組みに変化はなかった。

これに対し、欧州通貨同盟の部分では大きな変化が見られた。ここでは通貨分野での権限と機構の著しい変化が想定されていた。この部分はほとんどの点でドイツの考え方と同じものであったが、それ以外にいくつかの問題点も明らかにされていた。その問題とは、通貨同盟の第三段階のために、また長期的な財政規律の適用の際に必要な制裁のための最終的決定を行うことであったが、それと並んで連銀にとって重要な点が二つあったことを指摘しておく必要がある。それは一九九四年以降第二段階のために予定されているEMIの役割とその運営、および第三段階における対外為替政策(為替相場の決定と介入政策)のための権限配分、の二つであった。この件については後日公式見解が発表されているが、連銀理事会は連邦政府に対して、過渡期間、とりわけその最終段階における金融政策の重要性を指摘している。この二点に関しては、一九九一年一二月初めにマーストリヒトにおける欧州理事会直前に開催された閣僚理事会の席で、出席した各国の経済大臣と大蔵大臣により、連銀にも受け入れることのできる解決策が打ち出された。第二段階で設立されることとなるＥＭＩは、第三段階のためにＥＳＣＢを準備する、そして基本的に第二段階において各国の外貨準備を管理する可能性を獲得する、の二点に合意したからである。もっとも後者については、各国が「自由意志で」第三段階に移行する前にその外貨準備の一部を管理換えしたい場合に限る、という但し書き付であった。予想どおり、いかなる国も実際そのようなことを行う意思はなかった。

次に重要となった点として、ＥＭＩは外から招かれる総裁を持つことになるが、いくつかの政府はこの点を重視していたことが挙げられる。この点について、各国の大臣は、総裁の任命は各国中央銀行総裁の推薦によって決定されるということで合意したが、このことによって、総裁は始めから各国中央銀行の信頼を得ておくべきことが確実となった。これはドイツ連銀の関心に沿うものでもあった。

対外為替政策のための権限配分に関しては、第三段階における対外的な為替相場の決定の権限は、最終的には閣僚理事会に、従って各国政府に委ねられることとなった。この点についても、ドイツでこれまで政府と連銀の間で役割分担されていた形態と同じである（第1章第3節参照）。もっとも公式の為替相場制度が存在しない場合には、閣僚理事会は為替政策のために「一般的なオリエンテーション」を出す権利を得ることとなった。この文言は、ヴァイゲル大臣がシュレジンガー連銀総裁（一九九〇年にはペール総裁の後任となっていた）の指摘を受けて、そのようなオリエンテーションが「ＥＳＣＢの最大の目的である物価安定の確保を阻害しない」ことを条件とさせたことによって、連銀にも受入れ可能となった（マーストリヒト条約第111条第２項）。

マーストリヒト欧州理事会（一九九一年一二月）

一九九一年一二月九―一〇日に行われたマーストリヒト欧州理事会で、争点となっていたテキストについて各国大臣が合意した後は、英国のための特別規定について決定すること、第三段階への具体的な移行手続きを決定するための日程について合意することが議題として残った。各国の政府首脳はしばらくしてサッチャー首相の後任であるメージャー首相との間で、マーストリヒト条約の議定書において英国のために作成された一方的な不参加条項（opting-out clause）を書き込むことで合意した。これに比べれば、いわゆる拒否権不行使原則（no-veto-principle）の採用はより困難であったが、最終的にはこの点でもマーストリヒトで解決を見るに至った。その合意とは、第三段階への移行は最初の収斂状況審査において（一九九六年一二月三一日まで）、参加国の多数が必要な条件を満たしていることが、特定多数決で確認される場合にのみ可能となる、仮にこの前提が一九九六年において存在しない場合には、二年後にあらためて決定される、というものである。しかしこの段階でも、第三段階への移行期日は、なお未決着として残っていた。

この点は、マーストリヒト欧州理事会を前にミッテラン大統領によっても、またイタリアのアンドレオッチ首相やコール首相によっても懸念されていたことであった。マーストリヒト欧州理事会直前、そして理事会期間中も行われた政治協議については、今や様々な新聞報道や憶測が横行している。私自身はこの協議には参加しておらず、マーストリヒトにも同行していないので、この点について事実関係を語れる状況にはない。但し、これだけのことは確実に言える。ミッテラン大統領とコール首相は相当以前から意見をともにしていた。経済通貨同盟への道は入念に準備され、経済通貨同盟それ自身は堅実に構成されていなければならない、しかし、最終段階への移行は、制度上の内容と定められた選定規準に従って選定手続きが条約上の決定を経た後は、無期限に延期されるべきではない、という考えである。この考えがあったので、両者は通貨同盟の開始のための日程を決定したかったのであり、どの国が、またどの程度の国が実際に参加することができるか、ということとは無関係であった。その結果マーストリヒトでは、経済通貨同盟の第三段階への移行に関する議定書の中で、第三段階への移行の最終期日として一九九九年一月一日が拘束力を持つことが謳われることとなった。さらに共通の金融政策を十分に準備するために、ＥＣＢは遅くとも六か月前に、すなわち一九九八年七月一日には創設されることとなった。もっともそれは第三段階に参加する各国が決定されてから、ということであった。

この期日に関する仮定や可能性については、憶測が示すとおりであり、イタリアのアンドレオッチ首相のイニシアティブが一定の役割を果たしたかどうか、私は知る由もない。ともかく、このマーストリヒト首脳会談に関係したほとんどの人を驚かせた第三段階への最終的な移行日の決定によって、欧州の通貨統合への更なる前進にとって決定的な里程標が打ち立てられた。これによって方向性が決まっただけではない。欧州における経済的、政治的な統合を目指した、全く新しい内容を持った最終的な移行のために、拘束力を有する期日を持った旅程表が提示されたのである。

私はマーストリヒトのホルスト・ケーラーから電話を受けて、専門家会議ではそれまでは議論されていなかった期日の決定を知った。私は驚くと同時に若干の懸念を持った。通貨同盟への道は引き返すことができないが、そのことに懸念を持ったからではない。私は、通貨同盟の利便性、そしてそれ以上に、永続する安定した同盟に至る道の必要性を、二五年以上このテーマと対峙してきて得た結論として強く確信していた。私は、責任を有する政治家の意思として、条約で確定された条件と前提を実際に実施に移すために、期日を確定することで必要な政治的圧力を行使したいとする希望があったことは理解できる。私の懸念は、この条約によって決定され、完全に確定された期日に通貨同盟に着地することとなる一方通行の道が、簡単に悪意に解釈され、最終的な参加許可決定の際に故意に濫用されることになるのではないか、というものであった。なぜなら、これまで安定を十分には追求してこなかった各国にとってみれば、まさに通貨同盟は可及的速やかに実現したい魅力的な目標であったからである。従って期日を確定することのリスクは、「期日は基準充足より大切」とのモットーのもとで、必要な準備がもはや誠実には行われなくなることであった。私は電話を受けて、これから先は、基準と手続きを正確に遵守することがこれまで以上に重要である、と思った。通貨同盟は政治的にも経済的にも永続的に成功を収めなければならないがゆえに、経済通貨同盟を前にして、条約全体を正確に実施することが必要不可欠だったのである。

これからなすべきこと

経済通貨同盟に関するマーストリヒト決定を入念に検討した結果として、ドイツ連銀は一九九二年初めに提出した見解において、前節で述べたことと類似した評価を発表している。条約において予定されている最終段階での制度の内容や過渡期間の規則は、連銀の思想と勧告にほぼ一致している。しかし、最終段階への移行期日が設定されたので、各国の安定政策と共同体レベルで具体的に採られなければならない決定について、高度な内容が求められていた。参加のための基準や収斂条件を満たすことが、期日を設定したことによって緩められてはいけないのである。同時に連銀理事会は、求められている政治同盟の将来の内容についての合意がまだ形成されていない、として、政治同盟の分野でさらに進展を図ることが通貨同盟の永続的な成功のために極めて重要である、と指摘している。これは連銀がこれまで何度も指摘してきた持論（Ceterum censeo）であった。

欧州における政治的な発展との関係で議論される基本的な問題と並んで、マーストリヒト条約は、経済通貨同盟それ自体が解決しなければならない実務的な問題を残していた。一九九四年に創設が予定されているＥＭＩとその後に設立されるＥＣＢは何処に設置されるか、という問題である。また、ＥＣＵはこれまでの通貨バスケットとしての使命を終え、それ自体が通貨となるが、新たに生まれる通貨の具体的な名称も問題となる。さらに、ＥＣＢ総裁人事の問題は、当面は取り上げられないこととなっていたが、将来決定されなければならない。このように解決しなければならない問題はなお残ったが、新しい条約に関して合意が成立したことで、二一世紀を前に完成されなければならない通貨同盟への道に対して、最も重要な政治的決断が下された。マーストリヒトの数日は、明らかに欧州の歴史において最も重要な一章を書き記したのである。

第5章
経済通貨同盟の産みの苦しみ

マーストリヒト条約調印（1992 年 2 月 7 日）

一九九二年に起こった通貨の激震

第1節

ドイツで起こったマーストリヒト条約賛否論

一九九一年一二月の決定を法的に整理して編集された合意文書は、一九九二年二月七日、マーストリヒトでの晴れやかな儀式が進行する中で調印された。このマーストリヒト条約は当時まだ効力を有するローマ条約第236条の規定により、全ての加盟国により「各国憲法の規定に従い批准される」のを待って効力を得ることとなった。そしてこの批准プロセスがいくつかの国では極めて困難な問題を生じさせた。EC加盟一二か国の多数は国会の承認で十分であったが、デンマーク、フランス、アイルランドの三か国では国民による直接投票が義務づけられているか、あるいは政治的な理由からそれが必要であったからである。その他の国においてもしばらくして、マーストリヒト以後集中的な、一部では対立する政治的議論が生じた。

特に批判的な対立と論争はドイツで巻き起こった。それにはいくつかの理由がある。戦後導入されたドイツ・マルクに対してドイツ市民が持つ特別の感情には、抜き差しならぬものがあった。ドイツ・マルクは一般的にドイツ復興の象徴であり、ドイツの経済的な強さと安定を体現していた。ドイツ連銀はその保証人と見られていたのである。また、マーストリヒト条約採択のこの時期、ドイツの政治的関心は東西ドイツの統合とそれに関連したテーマに集中していた。このため例えばフランスとも、また特にマーストリヒトの決定以前に既に世論において政治的な確執が始まっていた英国とも異なり、一九九〇年と九一年の経済通貨同盟を巡るドイツの議論は、専門的で政治的に関心のある人たちに限定されていた。一般的には、これまでの経験によって、経済通貨同盟は遠い将来において初めて現実のものとなるだろうという期待が、この時期には明らかに支配的であった。この期待は、連邦政府が長い間、経済通貨同盟と政治同盟との間には特別な関係があることを常に強調してきたことによっても裏打ちされていた。

ほとんどの加盟国では、一九九〇年代の初めにおいては、共同体を政治同盟に向けて本質的に発展させていくという心構えは、全くといっていいほど存在していなかった。デンマークのエリック・ホーフマイヤー中央銀行総裁はマーストリヒト条約直前の交渉の評価を顧みながら、ドイツの代表団は政治同盟について、何を望んでいるのかほとんど明確な思想を持っていなかったように思えた、と指摘しているが、これは全くそのとおりである。欧州統合の目的を追求する中で、共同体加盟国がその間に拡大されたこともあって、ドイツでは政治的な世論形成が多様化していったことも関係している。

しかしマーストリヒト条約の批准を巡って、特に最終段階への移行期日がスケジュールに従って決定されたことによって、これまでのドイツの世論も急激に変化した。経済通貨同盟は急に主要なテーマとなったのである。マーストリヒト会議直前に大衆日刊紙ビルト紙は、大見出しで将来ドイツ・マルクが消滅することを批判し、ドイツの豊かさのシンボルとなり、ドイツの統一を支援し促進してきた通貨が、しばらくすれば「欧州の祭壇の前で生贄となる」と報道した。そしてマーストリヒト会議後にはその他の新聞やテレビ報道の多くも、欧州の通貨に関する問題を大きく全面に押し出してきた。

一九九二年六月には、六〇名のドイツの経済学者がメモランダムを発表し、重要な問題としてマーストリヒト条約で規定された欧州経済通貨同盟への道に反対する論陣を張って、「性急な欧州通貨同盟の導入」に対して警告を発した。それから数日して、ドイツ三大銀行のチーフエコノミストは、このメモランダムで提示されたいくつかの論点から距離を保つことを明らかにした。一九九二年七月初めには、欧州の経済学者グループもこのメモランダムと対立する批判的見解を発表し、通貨同盟と連結しているリスクは「計測可能である」と述べた。もっともこの経済学者の議論の背後にはそれぞれ異なる立場と理論が隠れており、出発点で予測しうる収斂や柔軟性の欠如から始まって、通貨同盟でその欠如が十分補強されていないこと、将来のESCBの中に経済制度的側面から帰結される欠陥があること、政治同盟の将来構造が様々に想定されていることに至るまで、多岐にわたる指摘がなされていた。

国際的にも激しい専門的議論が行われたが、これは今でも終結していない。マーチン・フェルドシュタインやミルトン・フリードマンのような米国の経済学者は、懐疑的な見解を何度も表明した。その議論は詰まるところ、欧州が永続的に「最適通貨圏」となるのか、またどの程度なりうるのか、という点である。この議論は一九六〇年代にロバート・マンデルやロナルド・マッキノン、ピーター・ケネンなどによって展開された。第1章第3節で言及したように、特にマンデルは労働力が十分移動可能であること、賃金に十分弾力性があることが、いわゆる非対称性ショックを吸収できる能力として重要である、としてこれを彼の定義の中心点に置いたが、この理論はその後相対化されていった。

欧州通貨制度内での再調整の予兆

マーストリヒト条約の批准プロセスは長く続くこととなるが、最も長い時間を要したのがドイツである。即ちドイツ連邦憲法裁判所の判決を経て初めて条約は批准され、一九九三年一一月一日に条約は効力を得た。そこに至るまでに欧州は様々な通貨の震動を経験することとなった。この震動の一部は極めて大きく、欧州や世界の関係者は、一九九二年や九三年には欧州通貨同盟というプロジェクト全体が失敗した、と考えるに至った。

為替相場で再び不安定が発生する可能性があるという予兆は、既に一九九一年一二月末には現れていた。新たにドイツに統合された各州においては過度の信用拡大と強い物価上昇の恐れが生じた。そこで連銀は公定歩合とロンバート・レートをそれぞれ〇・五パーセント引き上げてそれぞれ八パーセント、九・七パーセントとすることを余儀なくされた。逆に米連邦準備制度理事会は、米国内の成長が当時弱かったこともあり、一九九一年が進むにつれて金融政策を経済拡大コースに設定し、国内金利水準を大幅に引き下げたので、このように方向を異にする二通貨の金利の動向はしばらくしてドイツ・マルクの為替相場に反映されることとなった。まず始めにドイツ・マルクの対ドル相場が直接の影響を受けた。欧州においては、少なくとも為替市場は依然比較的静かであったが、最後の為替調整が行われた一九八七年以降、欧州各国の通貨は時間の経過とともに物価水準で格差が生じていた。そこでコール首相は一九八九年秋にミッテラン大統領に宛てた書簡で、ＥＭＳの今後の機能について、物価水準の格差から来るリスクを指摘した。しかしマーストリヒト会議直前の交渉や、一九九一年一二月における条約合意によって為替市場に広がった固定相場維持への期待もあり、一九九二年には相場調整はドイツの期待どおりには働かなかった。

状況の変化は、デンマークにおいて条約を受け入れるために行われた国民投票が、一九九二年六月二日に僅差ではあったが否決されたときに起こった。これによって突然、為替市場では、ＥＭＳ内で決められたこれまでの中心相場の体系を維持することに対する疑念が巻き起こった。そこで一日置いてコール首相とミッテラン大統領は共同発表を行い、国民投票が否決されたにもかかわらず、マーストリヒト条約を誠実に、迷うことなく実現させ、他方デンマークに対しては参加への扉を開放しておく、という決意を強調した。二週間後にはアイルランドにおける国民投票と、またその直後のルクセンブルグにおける国会審議が、明確な賛成を表明した。しかしこれだけでは巻き起こった疑念を払拭することはできなかった。一方、ミッテラン大統領はフランス国内で紛糾した議論を前にして、一九九二年九月二〇日に国民投票を実施することを決定していたが、その結果は不安定なものとなると予想された。投票予想はいずれにせよ明確な支持を出していなかったのである。それに加えて英国の景気が弱いこと、ドイツと比較して当時はイタリアとフランスの経済成長が低かったことを見て、市場は、為替相場の動きに対応した金利変更の裁量範囲は次第に狭められて来ている、と判断した。英、伊、仏の三国で責任を有する政治家は、次第に緊張が高まっていることを認識していたが、そのために必要な決断をとること、あるいは金融政策上の対抗策を用いて、為替相場を力強く防衛するための十分な裁量を各国の中央銀行に与えることを拒否したからである。

メージャー首相はその代わりに、コール首相を通じてドイツ連銀に対してドイツの金利を大幅に下げるよう、圧力を行使した（メージャー首相は、サッチャー前首相が長く躊躇した後、一九九〇年一〇月に大蔵大臣として英国ポンドをEMSの為替相場メカニズムに参加させ、同年一一月二八日首相に就任していた）。しかしコール首相は動かなかった。ヴァイゲル蔵相も一九九二年六月一七日に連銀を訪れた際、性急さや興奮を諌め、連銀は「この段階で英国の支配に屈してはいけない」と強い発言を行った。そして後に歴史的と評価された一九九二年七月一六日の連銀理事会会議で、仔細に討議し、かつあらゆる角度からリスクに対して検討を加えた結果として、多数決で公定歩合を連銀の歴史で最高の八・七五パーセントに引き上げることを決定した。一九九一年末に引き上げられて以来九・七五パーセントであったロンバード・レートは、私の要請もあって引き上げられなかった。

このような金利の引き上げに対しては常に甲論乙駁があったし、今もそうである。当時の連銀での多数決は、ドイツ・マルクにとって必要な安定を考慮しただけではなく、同時に欧州の将来の安定に対する責任から決定されたものである。このときの会議の進行を私は今でも良く覚えている。同様なことはシュレジンガー総裁に対しても言える。彼はあのときの決定が行われた直後に、特に英国のプレスや政治家のメモワールの中で厳しい攻撃を受けた。これに対し、イングランド銀行の判断はよりバランスの取れたものであった。イングランド銀行のチーフエコノミストでその後総裁となったメルヴィン・キングは、欧州の金融政策を理由にドイツと連銀を批判するのは間違っている、と述べていた。

いくつかの隣国の政治家は連銀を口頭で攻撃したが、夏の間は、市場は比較的平穏であった。八月に入ってドルは対ドイツ・マルクで初めて一・四〇マルクを切り、また欧州通貨は一部対ドイツ・マルクで変動幅ギリギリのところまで来ていた。しかし劇的な緊張は一九九二年八月にはまだ起こっていなかった。

こういった状況の中で、新しくフランスの大蔵大臣となったミッシェル・サパン（前任のベレゴボアは首相となっていた）は、八月二四日、英、独、伊の各国蔵相を、中央銀行総裁と蔵相代理とともに秘密会議のためにパリのベルシーに招待した。この会談は、もともと九月に開催予定のワシントンにおけるG７の準備会談として用意されていたもので、私はシュレジンガー総裁の代わりに出席した。会談のことは今でも良く記憶しているが、残念ながらポジティブなものではなかった。初めに英国のラモント蔵相が、最近行ったブレディ米国財務長官との会談について報告した。ラモント蔵相はブレディー長官から得た印象として、米連邦準備制度理事会が金利の引き下げ政策をこれからも続けることに予断を与えなかったとして、次のように主張した。

為替市場においてこれ以上の緊張を制限するため、欧州のパートナーは欧州で金利を引き下げるために協調し、この合意を外部に示す必要がある。特に連銀が公式に声明を出し、連銀は「抑制的な」金利政策を続けるのではなく、この政策を速やかに修正することを示すことが重要である。またいわゆるバーゼル・ニューボー協定において合意した、追加的な介入のためのファイナンスの可能性を活用すれば、中心相場を変更することなく欧州通貨相互の緊張を取り除くことができよう。

フランスとイタリアも、それほど明確ではなかったが、ドイツの金利政策の変更を求めた。ヴァイゲル蔵相は、連銀の任務は安定第一であり、弱い通貨を持つ国があれば、その金利を引き上げる可能性を考慮すべきであると発言した。それを受けて私は、関係者が納得する長期的な解決策は、既に発生している欧州内の物価格差を修正するために、通貨の中心相場を再調整することによってのみ達成されよう、と述べた。そして、そのためにはちょうどこの八月は有利である、連銀の立場からは（このときにはまだ連邦政府との調整は終わっていなかった）、EMS参加国通貨の全て、あるいはその一部に対するドイツ・マルクの単独切り上げも排除しない、と付け加えた。この非公式の私の発言にヴァイゲル蔵相は異を唱えなかったが、残念ながら他の三国の蔵相はこれを即座に否定した。彼らは自国通貨の切り下げをとにかく回避したかったのである。後になって判ったことであるが、英国でもイタリアでも、この会談の直前に中心相場の修正は検討されていたが、最終的にはこれを拒否する立場を維持することを決定していた。

フランスは、ドイツ・マルクに対するこれ以上のフランの中心相場変更を断固受け入れなかったので、他の二国も、少なからず政治的な威信から同意できなかった。リラに関しては最近の数年、明らかに安定水準から乖離していることが認められたし、同様のことは英国ポンドに対しても明確に認識されるようになっていた（英国ポンドは一九九〇年、連銀の助言に反して明らかに高い中心レートを設定してＥＭＳの為替相場メカニズムに参加していた）。それにもかかわらず英国とイタリアがポンドとリラの切り下げを拒否し、フランスはドイツ・マルクが切り上げられることに反対したため、ベルシーにおける秘密会談では、適切な時期にドラマチックな形を取らないで中心レートを修正する、という機会は利用されずに終わった。ベルシーに集まったドイツのパートナーは、共同してドイツ連銀に圧力をかけて大幅な金利の引き下げを達成し、それによって問題を避けて通れると考えていた。こうして一九九二年八月の夕刻、大きなチャンスは失われた。このチャンスを利用していれば、それに続く問題や緊張は回避された可能性があった、と私は考えている。

イタリア・リラの調整と英国ポンドの為替相場メカニズムからの離脱（一九九二年）

それから数日して、連銀にいた私たちはコール首相から電話を受け、新しい書簡が一通メージャー首相から届いたこと、イタリアのアマト首相からも書簡をもって連銀が金利を大幅に引き下げることを希望してきたことを知った。書簡に対する回答を用意するため、コール首相は大蔵大臣や連銀幹部と討議することを希望し、そのために一九九二年九月二日早朝、ボンの首相府にヴァイゲル蔵相、シュレジンガー連銀総裁、ケーラー次官、そして私が集まった。シュレジンガー総裁と私は、連銀による金利の引き下げはこのような状況では安定政策の面から適切ではなく、またEMSの中の緊張に対する解決策ともなりえない、と説明した。ヴァイゲル大臣もこの立場を支持したので、コール首相も納得し、英国とイタリアの首相に対してこの内容で返信すると述べた。そしてこの問題で欧州の世論は対立状況にあり、特にフランスでは近く国民投票が実施されることもあるので、発言には注意するように、と言った。翌日の連銀の定例理事会においても金利の引き下げは適当でないとされ、不安定なEMSの状況はドイツが一方的に金利を下げることでは解決されず、EMS内で納得できる中心レートの修正が適当である、と判断された。

それから二日後、海水浴場で有名な英国のバースで、各国中央銀行総裁も参加した非公式のEC経済相・蔵相会合が開催された(九月四—五日)。英国もイタリアもこの対応策には理解を示さず、議長を務めたラモント蔵相は、他のいくつかの国と共同してシュレジンガー総裁に圧力をかけ、ドイツが金利を引き下げることを公式に発表するように迫った。この会議の進行は劇的なもので、ラモント蔵相が一方的に交渉をリードしたが、これについては世界のプレスが様々に、かつ批判的に報道している。メージャー首相やラモント蔵相のメモワールにも、これに関した記述がある。例えばメージャー首相は、バースでの会合が終わった直後にある通訳者から聞いたとして、ラモント蔵相の会議進行は最悪で(very bad)、議論をただ煽るだけだった、と書いている。週末に行われたバースでの会議ほど一方的な協議はこれまで経験したこともない、というある中央銀行の高官のコメントを私は何回も聞いた。

この週末の会議の結果を受け、それに関する多くの報道もあり、市場の状況は引き続き不安定に推移した。私は週明けのこの時期、バーゼルにおけるいくつかの会合に出席し、その後ＯＥＣＤの第三作業部会（通貨財政問題）で議長を務めていたこともあり、パリにいた。討議題目はワシントンにおけるＩＭＦ年次総会の準備であったが、議論はすぐさまＥＭＳの中で起こっている現下の問題に集中した。各国の大臣代理や中央銀行総裁代理のレベルでは本件は解決できなかった。いかなる政府も抜本的な通貨調整には応じる用意はなかったからである。

その週の後半になって、為替市場における緊張はにわかに高まってきた。イタリア・リラに対するドイツ・マルクの義務的介入がその週には毎日数十億マルクに達し、金曜日には八五億マルクにまで膨らんでいった。シュレジンガー総裁はドイツ政府にこの状況を報告した。これを受けて、コール首相は、その日の夕方にフランクフルトでヴァイゲル蔵相と大蔵省高官を含めた会議を提案した。連銀のゲストハウスで行われたこの秘密会議で、連邦政府は公式に、ドイツ・マルクの大幅切り上げを行う用意があることを決定した。そこでシュレジンガー総裁と私は、週末に中心レートを再調整した後、連銀理事会に対し、来週月曜日には特別手続きを経て、ドイツの金利を一定程度引き下げることを要請する、という対応を説明した。続いてケーラー次官と私は通貨評議会におけるドイツ代表としてパリとローマに赴き、二国間会談において再調整を行う用意があることを説明して回るよう命ぜられた。その週の日曜日には、通貨評議会において必要な決定について議論をし、

EMS参加各国と調整することを目指すためである。

このスケジュールに従い、九月一二日の土曜日には重要な事前決定が行われた。先ずケーラー次官と私は連邦軍用機を利用してパリに飛び、サパン大蔵大臣、トリシェ次官、フランス銀行のフィリップ・ラガエートと協議し、フランス側がなおフランス・フランの中心レートを変更することにこだわりを見せていることを確認した。サパン大臣は、仏政府としては次の週末に行われるフランスの国民投票（一九九二年九月二〇日）までは、少なくとも中心レートを据え置きたい、リラの切下げと、また英国がそれを受け入れるのであれば、英国ポンドの中心レートの一定範囲での切り下げには誰も反対しないだろう、と述べた。そして、フランスからは両国にそれを求めはしないが、重要なことは再調整に伴ったドイツの金利の引き下げである、と付け加えた。

この会談を終えて私たちはローマに飛び、バルーチ大臣、チャンピ・イタリア銀行総裁、そして通貨評議会に参加しているドラッギ（財務省）、デニ（イタリア銀行）と詳細な討論を行った。バルーチ大臣は会議休憩中にアマト首相と電話連絡を重ねていた。アマト首相はこの日ローマを離れていたからである。イタリア側は明らかに、リラとEMSが危機的な状況にあることを十分認識していて、チャンピ総裁は内々、私たちと同様EMS内での大規模な再調整が適当であることを明らかにした。彼は、リラの単独切り下げだけではシステム内で発生した問題を十分解決することができず、フランスの国民投票以前に大規模な再調整を行うことができないことも理解できるが、他方市場の状況は早急な解決を要求している、と述べた。

二国間協議の最後になって、イタリアはリラを即時切り下げる用意があることを表明したが、その条件としてイタリアは、ドイツとイタリアの共同提案による再調整であること、つまりドイツ・マルクの切り上げとリラの切り下げを同時にそれぞれ三・五パーセント実施し、再調整後は七パーセントの差が生じるようにすることを求めた。週明けに連銀が金利を引き下げることを期待する、とも表明した。私はシュレジンガー総裁と電話連絡し、連銀理事会メンバーの意見も含め、このような状況下では次の月曜日にも決定を採択することが適当である、とする総裁の考え方を確認したので、この解決策で独伊は合意した。そして独伊双方は、イタリア側が早い段階でロンドンに連絡し、再度英国ポンドが再調整に参加することを強く要請する、と申し合わせた。当時の通貨評議会議長であったトリシェに対しては、翌日にもブリュッセルに評議会を招集して協議と決定を行うよう、この状況を即刻伝えることとなった。ケーラー次官と私はそれを終えてすぐさまフランクフルトに飛んだ。着陸したときは零時を過ぎていた。

ローマを出る前に、私は連銀の担当職員に連絡して、ブリュッセルで開催があるかもしれない明日の日曜日の会議に向けた準備を依頼していた。日曜午前中、私は色々な電話を受けたが、期待していた電話による通貨評議会への案内は来なかった。そして日曜日の朝早くに行われたアマト首相とメージャー首相との間の電話会談で、英国側は、フランス・フランが切り下げられることなく英国ポンドの切り下げが行われることに反対したことを確認した。その他の政府も大幅な再調整交渉に警告を与えたようであった。これを受けて、トリシェは通貨評議会の各委員に確認の上、日曜日の評議会開催を断念した。トリシェは起こりうる新たな投機を避けるために、会議に代わって多くの通貨評議会委員と相談の上で、一九八〇年代にアイルランド・ポンドの切り下げのときに使った電話による調整手続きを採用した。その結果、この時点ではいかなる国も自国通貨を引き下げる用意はないことがわかった。

一九九二年九月一三日の夕刻、ブリュッセルでは再調整が実施される際に出される通常のコミュニケが発表され、ドイツとイタリアの申請によりリラの新しい中心レート（三・五パーセント切り下げ）と、EMSに参加するその他の通貨の新しい中心レート（三・五パーセント切り上げ）が決定されたことが通知された。リラ以外の通貨の同時切り上げは、ドイツの申請によるものであった。リラの一方的な切り下げとなったのである。連銀理事会は、特別会議で次の月曜日からドイツの金利を〇・五パーセント引き下げたが、市場は相変わらず緊張していた。特に英国ポンドは月曜日の朝から圧力を受け、翌日から加速化していった。イタリア中央銀行はリラの切り下げ後、義務的な介入を通じて特に英国ポンドを支えなければならなくなった。しかし市場は血の臭いを嗅ぎとっていた。

その日に続いて、英国の世論では一九九二年九月一六日の「Black Wednesday」としてしばしば引用される事件が生じることとなった。英国のプレスでは、そして残念ながら英国の政治議論においても、この事件に関しては一方的な判断や真実とは離れた、あるいは偏見を持った報道がなされているので、この問題全体をその内容に従って簡潔に示しておくべきであろう。シュレジンガー総裁は、九月一五日にドイツ日刊経済紙ハンデルスブラットのインタヴューを受けた。このことは一六日に連銀理事会で報告されている。このインタヴューは、明らかにハンデルスブラットとの合意に反してエンバーゴ（記事の解禁日時）が守られず、一部は曲解されて同じ日のうちに市場の知るところとなった。それに反応して、連銀が引き続き英国ポンドの切り下げを狙っているとの推測が浮上した。

シュレジンガー総裁の要請によって連銀報道局から出された、ハンデルスブラット紙の記事は正式なものではないとする回章では、市場に広く流布された期待を打ち消すことはもはやできなかった。特に九月一六日の英国の朝刊はシュレジンガー総裁の発言を大々的に報道し、広めさせた。市場では英国ポンドに対する投機の波が押し寄せ、その強さは私たちがこれまで経験したこともないような規模に達した。イングランド銀行は朝早くから毎時間、ＥＭＳ内での二・二五パーセントの変動幅を維持するために外貨準備を取り崩さざるを得なかった。ロンドンでは首相と大蔵大臣のイニシアティブにより短時間の会合が何回も続いたが、この間の事情はメージャー首相やラモント蔵相のメモワールに詳細に再現されている。関係者は、自国の金利を二パーセント引き上げることで市場の期待を修正できると考えていた。しかし外貨準備の損失は時間を追うごとに増大し続け、その規模が拡大の一途をたどったので、英国で責任のある立場にあった政治家の間に、英国ポンドをＥＭＳ内に維持することはもはや可能ではない、との判断が広がっていった。そして欧州の各国中央銀行総裁が電話による検討を重ねた後、英国政府はその日の夕刻、市場介入を停止することを決定したのである。ラモント蔵相は短い公式声明を出し、ＥＭＳが定める規則に従ってポンドの中心相場を変更するための申請を取ることなく、一方的にEMSの為替相場メカニズムへの参加を即座に解消することを明らかにした。

その日の夕刻遅くなってからEC通貨評議会の開催が提案されたが、英国は政府の決定を発表して欧州の為替相場メカニズムから脱退することを決定し、これを撤回しなかった。午前零時前に、トリシェ議長によってブリュッセルで通貨評議会が開催されたが、そのときには英国ポンドの道は決定されていた。英国大蔵省のナイジェル・ウイックスの報告は、この日一日の劇的な動きをもう一度再現している。この日、膨大な介入によって英国の外貨準備は、数時間のうちに二〇〇億ドル以上のプラスから巨額のマイナスに変化していった。イタリアとスペインの委員が報告したように、両国の通貨も英国ポンドの崩壊の影響に引き込まれ、不安定な状態にあった。多くの委員からは、適切な時期に大規模な再調整が行われなかったことに対して、遺憾の念が示され、最大のチャンスを逸した時期は、明らかに先週末のリラの引き下げと関係している、との感想が述べられた。

ここに至ってシステム全体を迫り来る崩壊から守るために、善後策の決定は不可避であった。イタリアの提案は、フランスの国民投票が終了するまで一時的に市場を閉鎖するというものであったが、いかなる支持も得られなかった。その提案によって世界中で市場の動揺がむしろ大きくなる、と反論されたからである。詳細な検討の結果、以下の合意だけが可能性として残されていることが判明した。それは、既に会議開催前に決定された英国の決定に追加して、イタリアも「為替市場における介入を一時停止する」というものであった。この文言をもって関係者は、EMSの為替相場メカニズムに参加することを長期的に停止する、という英国の決定から意識的に一線を引きたかったのである。スペインの申請を受けて、ペセタの中心相場が五パーセント切り下げられたが、この夜の会合において、通貨評議会の中ではこの決定で十分であるのか、疑問が呈されていた。

一九九二年九月一七日の早朝、私はブリュッセルからフランクフルトに飛び、午前の連銀理事会会議において直近の事情を報告した。この会議では、ブリュッセルの夜の決定は、発生した問題に対する必要でありかつ状況に対応した反応である、と評価された。しかし、市場はその後も平穏ではなかった。欧州のいくつかの通貨と並んで、フランス・フランも次第に圧力を受け始めた。これから始まるフランスの国民投票の結果に関する不安が特別の役割を果たしていたのは明らかであった。

危機に遭遇したフランス・フラン

二日後、シュレジンガー総裁と私は、ＩＭＦ総会とそれを機に行われるＧ７に出席するためニューヨークへ発った。当時は変動幅として±二・二五パーセントが設定されていた時代であり、フランス・フランはフランス銀行による変動幅以内での大幅なドイツ・マルク売りによってのみ維持されていた。従って、私たちがワシントンに到着すれば、ヴァイゲル蔵相やケーラー次官ととももにフランスとの二国間会談のためにフランス側から招待を受けることは、不思議なことではなかった。フランスにおける国民投票の直前であり、また為替市場が神経質になっていたこともあって、この会談では、ワシントンにいる数日は特に独仏が緊密に接触することで合意した。

九月二〇日(日曜日)、時差の関係で昼食時の時間に行われたEC通貨評議会の特別会議において、フランスの国民投票の結果についての最初の予測が到着した。この予測に続いて最終結果として五〇パーセントをわずかに上回る賛成が発表されたので、通貨評議会の提案により、ECの大蔵大臣は各国の中央銀行総裁と共同して声明を発表し、欧州の経済の安定と繁栄のためにあらためてEMSを共同で支持することを明らかにした。この声明は、相場が大変動して様々な不協和音が起こった後の信頼回復として確かに意味のあるものであったが、市場はそれだけでは平穏を取り戻さなかった。市場は再びシステムの安定性を試すこととなり、今度は主としてフランス・フランから始まった。

九月二一日(月曜日)の状況について欧州から市場レポートが届いた後、米国時間の昼食時にワシントンのフランス大使館において、情勢判断と今後の予想される行動について、独仏秘密会談が行われた。参加者はサパン蔵相、ヴァイゲル蔵相、ド・ラロジエール総裁、シュレジンガー総裁、蔵相を補佐する仏側のトリシエ、レベック、ドイツ側のケーラー、ハラー、そして私であった。とりうる行動の選択肢が自由に議論された。フランス側からは早速、国民投票の後も、フランス・フランの対ドイツ・マルクに対する中心相場を変更しないことが提示された。逆にシュレジンガー総裁と私は、先週月曜日にドイツの金利が引き下げられたので、ドイツの公定歩合をこれ以上引き下げることは、安定リスクとの関係から短期的にはできない状況にあることを明らかにした。

そこで議論は、すぐさまいわゆる変動幅以内での協調介入に移った。賛否を含めて詳細にわたる議論の結果、シュレジンガー総裁と私は、フランス中央銀行が金融コストを負担するなら、フランス中央銀行の要請により連銀としても、市場に見える形でフランス・フランのために介入を行う用意があることを伝えた。すなわちドイツ連銀は単に外から見えるように介入し、中身においてはフランス銀行が注文しコストを負担し、必要であれば連銀はフランス銀行に対して大幅なクレジットを供与する、というものである。この提案をフランスは受け入れた。関係者は、このような外からは連銀によって実施されたと見える介入によって、フランス・フランに有利となるような一定の信頼醸成効果を期待したのである。内部のファイナンス規則は、外には決して知られてはいけないものであった。

九月二二日（火曜日）の欧州の市場レポートは、まだ警戒が解ける状況を呈してはいなかった。むしろフランス・フランへの圧力は、連銀による介入にもかかわらず続いており、時間の経過とともに新たに緊張が増していった。サパン大臣とド・ラロジェール総裁が時期を早めてパリに戻ったのを受けて、トリシェ次官がワシントンのフランス代表団を率いていた。私たちは、トリシェ次官の要望により、ＩＭＦと世界銀行の年次総会の公式オープニングが終了した直後に再度会談することとし、年次総会会場であるシェラトンホテル内のドイツ代表団の一室に集まった。

私はそのときから一〇年以上過ぎた段階で振り返ってみて、困難な討議を経て最後に達成されたこの日の合意は、独仏通貨協力とその後に続く経済通貨同盟への道の先駆けとして特別の意味があった、と今でも評価している。討議の進行は劇的な点において他に比較すべくもないものであった。トリシェ次官は会議の途中でパリから直接何回も呼び出しを受け、彼はそのたびに私たちの討議内容を報告していた。コール首相はこのときミッテラン大統領を訪問してエリゼ宮にいたが、彼もパリからヴァイゲル蔵相とシュレジンガー総裁に電話をかけていた。前日の夕刻、彼は明らかにベレゴボア首相から書面による緊急の要請を受けており、フランス・フランの中心相場を守るためにドイツの支持を依頼されていたのである。コール首相はこのフランスの要請を入念に検討することを約束したが、同時に、決定は当然のことながらあくまで連銀の問題であることを明確にしていた。ワシントンでも、私たちは様々な角度から共同してあらゆる可能性を議論し、検討した。シュレジンガー総裁と私は介入のための信用供与枠を追加的に拡大することを提案し、フランス側はこれを多とした。連銀が公式の声明を発表し、ドイツ・マルクとフランス・フランの中心相場が適当であると明言するというフランスの要求については、議論が紛糾した。特にシュレジンガー総裁は長い間このことに躊躇していたが、それは他のケースにとって前例となることを特に懸念したからであった。しかし議論が進行するにつれ、彼はフランス・フランの置かれた特別な状況、そしてフランスの安定政策によって過去数年間収斂が明らかに成功していることを念頭において、フランスの意向に同意した。

シュレジンガー総裁は、この会議のためにオットマー・イッシング（その後ECB理事）を同行させていたが、彼も加えて私たちは共同発表文書を練ることとした。この共同発表は連銀においても受入れ可能であり、意味のあるものとなったが、最終的に合意したのは以下の文書である。

為替市場の展開に鑑み、フランスとドイツの政府並びに中央銀行は双方の国民経済の基本データを検討した。双方は、双方の通貨の間で適用されている中心レートは、その根底にある双方の国民経済の状況を正しく反映しており、従っていかなる中心レートの変更も正当化されない、という結論に達した。双方はEMSの規則に従って一致して行動する。

この共同発表に対する市場の反応は、最初は様子見の姿勢であった。おそらく市場はこの声明、特にドイツの同意があったことに驚いて、この内容を吟味することとしたのであろう。そしてフランス銀行が追加的に短期金融市場金利を引き上げた後は、フランス・フランに対する投機の波は、別の予測が横行していたにもかかわらず、次第に沈静化していった。両国の信頼に基づく共同発表は明らかに、困難な状況にあったフランス・フランを助けることとなった。もっとも市場におけるフランス・フランの地位は、長期的には安定したものではなかった。それに続く数週間、数か月間は、フランス・フランの軟化局面が現れることが幾度となくあった。投機の矛先は最初の二か月は特にスペイン・ペセタとポルトガル・エスクードに向かった。この二つの通貨は、初めにリラ、次にポンド、最後にフランス・フランという、九月における広範な投機の波を受けて、大きな圧力を受けていた。スペイン・ペセタは九月一六日のBlack Wednesdayには五パーセント切り下げられていたが、それに続く週にはこの修正は十分ではないことが次第に明らかになっていった。そこでスペイン政府は、一九九二年一一月二一—二二日の週末、今回はポルトガル政府と一緒にさらに六パーセントの切り下げを申請せざるを得なかった。ＥＭＳ参加各国との電話によるほぼ一〇時間の折衝の後、通貨評議会はブリュッセルで二二日（日曜日）の明け方、この申請について同意を与えることができた。アイルランドとデンマークの通貨はこの時点ではなお圧力に晒されていたが、両国は同時切り下げを拒否した。

為替相場の安定か、物価の安定か

一連の決定によって、ＥＭＳは三か月間にパリティ・グリッドの大幅な変更を見ることとなった。先ずリラが七パーセント切り下げられた。その二日後には英国ポンドの中心相場は全て取り消され、この決定を受けてイタリア政府は一時的にリラの中心相場を放棄した。リラとポンドはその後極めて低い相場で取引されることとなった。スペイン・ペセタは二段階にわたって計一一パーセントの切り下げ、ポルトガル・エスクードは六パーセントの切り下げとなった。フランス・フランは以前の中心相場を維持することができたが、これは外部からの大幅な金融支援と、公式声明による支援によるところが大きかった。欧州で通貨の枠組みがこのように変化したことにより、経済の実態に近づいたことは疑いない。決定プロセスにおいて様々な措置が採られたことに対しては、色々な場で世論の批判的な評価を受けた。英国のプレスと政治においては、様々な感情的批判と事実を一部しか反映していないという批判があり、これらは英国世論において長い間影響を残した。この関係で指摘しておきたいことは、英国下院の大蔵・公務員委員会はドイツ側に対していかなる意味でも批判をしていないことである。

ドイツ連銀の政策に対して時折示された強い批判以上に重大であったのは、マーストリヒト条約において求められている、通貨同盟への参加のための収斂基準を満たす能力に対して、市場において、また国際世論において疑念が生まれたことである。一九九二年秋の通貨の激震は、それまでに蓄積された格差をさらけ出しただけではなく、とりわけ安定政策を志向する政策の中に、なお各国で差異があることを明らかにした。

この差異は、この事件に続いて行われた通貨評議会で、システムに内在する問題とその改善策について協議された際にも明確になった。数か月間に取られた措置と手続きに関する批判についてはは広く合意が見られたが、内容そのものに関しては、なお等閑視できない意見の差異が見られた。その問題とは、実体経済において明らかになりつつある拡散を前にして、それを調整するための負担をどのように配分するか、という論点であった。ホルスト・ケーラーと私はオランダの代表の支持を得て、資本の逃避に見舞われている国で特に安定政策を採る義務があることを指摘したのに対して、他の多くの国の代表は、それでも負担を対称的に分担することを主張した。彼らの意見に従えば、最も安定的な通貨を有する国も、自国の安定政策の一部を撤回することでシステムの機能向上に貢献すべきである、ということになる。この点こそ私たちには受け入れることができなかった。統一通貨を持った、将来の経済通貨同盟の先駆けとしてのＥＭＳは、始めから非対称的に創設されていたのであり、それによって最も高い安定を要求すること、従って平均を志向しないことが仕組まれていたのである。この問題は八〇年代に既に激しく議論されたが、今またあらためて対立点が明らかとなった。そしてこの議論は通貨評議会においても終結を見ることはなかった。

この結果、最終的には国内的な物価安定か、為替相場の安定か、のいずれを優先するかという問題が残った。各国の中央銀行の間では、国内的な安定を優先することについて幅広い支持があったが、各国政府間においてはそうではなかった。もっともこの対立は、マーストリヒト条約では通貨同盟における金融政策に関して、将来のＥＣＢのための委任条項によって法的に決着しており、ＥＣＢの最大の目標は明確に規定されており、「物価の安定を保証する」となっている(同条約第105条)。しかし通貨同盟への途上にある各国の中央銀行の対応に関しては、特に各国政府の代表の間では未だに意見の相違があった。通貨市場の激震がこの相異なる優先順位を再び揺り動かしたのである。

一九九二年秋に鬱積した問題を解決する場で強い圧力があったにもかかわらず、方向性を間違えて対称的な方向に進まなかったことは、将来の通貨同盟にとって重要であった。他の通貨に対する為替相場に関して配慮を欠くようなものであってはならないが、今後とも通貨政策のために第一義的に重要なことは、特に通貨の国内での安定的発展である。通貨危機とその克服に際しての中心的な問題とはこのことであった。通貨評議会における内々の討議においても、通貨の国内での安定的発展について当時は残念ながら合意点は見つけられなかった。各国の中央銀行総裁の間では、それぞれの立場は接近していた。しかしそこでも、最終的に通貨同盟が成立していない間は、各国間でどのように負担を配分するかについて、意見の相違があった。ＥＣの経済相・蔵相会議に対する公式の討議報告では、通貨評議会と中央銀行総裁評議会は、一九九二年秋の危機の主要な原因は参加各国の間に経済実態上の収斂が十分でなかったことにある、という点で一致している。他方、収斂の不十分さは、適当な時期に中心相場を変更することで解消されるべきなのか否か、という問題については、少なくとも公式の文書で見る限り、後日になっても一致した意見はなかった。

第2節

一九九三年の激しい余震とゆっくりした回復

マーストリヒト条約批准手続きの終了(一九九三年)

一九九二年九月のフランスにおける国民投票は極めて拮抗したが、支持を受けることができたので、その後マーストリヒト条約の批准プロセスは大きく前進した。大多数の国では、最近為替市場での問題があったにもかかわらず、あるいは問題があったがために、各国の議会は支持を与えた。ドイツでも、連邦議会と連邦参議院は両院の委員会による入念な討議と公聴会を経て、一九九二年一二月に圧倒的多数で条約に賛成した。公聴会において、私は経済通貨同盟に関して連銀の見解を再度表明することができた。連邦議会と連邦参議院共同の決議文書において、両院は将来の共通通貨が安定したものであること、ECBとESCBが政治的に独立したものであること、参加国の選択と将来の政策においては安定基準を厳格に適用すること、経済通貨同盟と同じ歩調を保っている欧州統合の深化は、可能な限り速やかに政治同盟へと作りかえられなければならないこと、などの諸点が重要であることを強調した。ドイツの批准法令手続きが完了したのは一九九三年一〇月一五日であり、その数日前に連邦憲法裁判所は、詳細な理由を付して、マーストリヒト条約がドイツ基本法と合致していることを明らかにした。この連邦憲法裁判所の判決をもって、ドイツの批准は有効となった。こうしてマーストリヒト条約は一九九三年一一月一日発効した（これによりECはEUに改組）。

この時点より前に、英国とデンマークの二か国では障害が取り除かれる必要があった。英国は条約で、自国のために第三段階についていわゆる不参加条項（opting-out clause）を設けることに成功していたが、条約とその目的について、英国政界では具体的な議論が引き続き存在していた。一九九二年のBlack Wednesdayの後では、大陸欧州に反対する強い感情、特に通貨政策の面での協力と統合に反対する感情が力を得ていた。基本的には親欧的なメージャー首相のもとにあった英国政府ではあったが、一九九〇年秋に英国ポンドがEMSに参加したときの中心相場の決定と、一九九二年に適切なタイミングでの再調整を拒否したこと、この二つに関して、英国自身が判断を誤ったことを認めることは困難であった。英国は、主に英国自身がもたらし、先鋭化した問題を、もっぱら他の国に転嫁した。英国政府と英国の世論の大部分にとって、責任を担うべき人は「頑固な」ドイツ人であり、とりわけ連銀の人たちであった。英国は、事前に特別の交渉もなく高すぎる中心相場でEMSに参加し、中心相場を修正するタイミングを失したことについてその後も認めず、これがその後に続いた問題の原因となったことも受け入れなかった。

ドイツ統一後のドイツの拡張的な財政政策と、そのためにドイツの金融政策が請け負った過剰な負担は、欧州各国にとっても問題であった。事実を遡れば、他のいくつかの国と比較しても、一九九〇年代初頭はEMSにおいてポンドの中心相場が高いこと、各国の経済の発展が様々に変化していたことで、為替に関して極めて大きな問題があった。英国ポンドの中心相場が高すぎたことによって、一九九二年秋には為替市場で危機的状況が見られ、英国の自尊心をいたく傷つけた外貨準備の損失と、それに続く為替相場メカニズムからの離脱へと発展していったからである。この感情的な背景もあって、メージャー首相が英国のために特別の措置を認めさせたものの、マーストリヒト条約の批准は容易なものではなかった。それでも一九九三年前半には英国は批准にこぎつけたが、これを可能としたのは英国議員の多数の洞察によるところが大きかった。彼らは、英国が欧州における今後の協力に参加し、将来の決定に影響力を行使することの方が、最終的に統合プロセスを阻止するよりも重要である、と認識した。英国は、一九九二年後半にEC議長国を務めている間、一回目の国民投票否決を受けたデンマークのために、二回目の国民投票への道を見つけることに力を注いだ。その結果一九九二年一二月一一—一二日のエジンバラ欧州理事会では、事前に議長国である英国の巧みな準備もあり、条約を形式上変更することもなく解決策が発見された。デンマークに対しては、通貨同盟の第三段階に参加するかどうか、参加するとした場合いつ参加するか、を選択することが可能となった（いわゆる選択条項、opting-in clause）。エジンバラ決定はまた、デンマークの選挙民が一九九三年五月の二回目の国民投票において批准に合意する基礎を作った。これによってデンマークによる障害も排除されたのである。

余震を残した前年の通貨調整

一九九三年には、難航した批准プロセスにおいて条約発効のための法的な、また政治的な障害は克服された。しかしEMSを巡る状況は、英国ポンドとイタリア・リラが離脱し、スペイン・ペセタとポルトガル・エスクードが切り下げられた後も脆弱なものであった。特にデンマークにおける二回目の国民投票が支持を受けるに至るまで、デンマーク・クローネは軟弱な状況で推移した。アイルランド・ポンドは初め、英国がフロートに移行することによって生じるアイルランド・ポンドへの強い切り下げ圧力から、比較的うまく切り抜けることができた。しかし一九九三年一月末には、中心相場の一〇パーセント切り下げが避けられなくなっていった。スペインでの国会選挙が近づくにつれて実質的な金利引き下げが求められ、五月中旬にはスペイン・ペセタが八パーセント、ポルトガル・エスクードは六・五パーセント切り下げられた。

こういったことが生じた一方で、ドイツ連銀は二月初めには公定歩合およびロンバード・レートを〇・五パーセント引き下げ、三月中旬には再び公定歩合を引き下げることで、一九九二年秋に始まった金利の漸次引き下げを継続的に続けていた。連銀理事会においても当時、この政策をもっと強力に押し進めることができないのか、という議論はあった。しかし、ドイツ統一の結果として、膨張を続けるドイツの財政政策や社会・賃金政策を理由に国内的に安定を危険に晒す状況が続いているので、金利の引き下げはゆっくりとしたものとならざるをえない、というのが連銀理事会の多数意見であった。連邦政府とコール首相は内部での討議においても、ドイツ・マルクの国内的安定について強い懸念を表明していたが、この年の春が進むにつれて特に外国から、その中でも特にフランスの政界から、ドイツの金利引き下げ政策に対してより強い圧力が増加していった。一九九二年秋にはドイツ側から金融措置や公式声明という形でも、フランス・フランに対して支援が寄せられたが、フランス・フランは軟化を続けていた。そこでフランスでは、ドイツの金利を一層引き下げることによって状況を改善すべしとする要請が高まった。一九九二年のクリスマス直前には独仏の大蔵大臣と中央銀行総裁による二国間での特別会合が持たれ、このことが議論された。その後に続く数か月、このテーマは様々な二国間会談でも討論されたが、フランスにおける国民議会選挙を前にした当時の選挙運動もドイツに対する金利引き下げ要請に一役買うこととなった。

連銀は、ドイツの対内的安定促進に必要であるということを指針として、その決定を行うことができたし、またそうしなければならなかった。連銀は、一九九二年秋に始まり、翌年二月および三月までに継続された漸進的な金利の引き下げを、六月、七月にも慎重に進めていった。この政策は、少なくとも一時的にはＥＭＳの中の緊張を和らげることができた。この時期、緊張は一九九三年五月のスペイン・ペセタとポルトガル・エスクードの再調整の後、一時デンマーク・クローネとベルギーとルクセンブルグのフランにも及んでいた。しかしドイツ統一のために必要な公的財政需要が日増しに増大し、それと関連して賃金コストが急激に上昇した結果を見て、連銀はこれ以上の金利引き下げ政策については慎重でなければならなかった。連銀はドイツ・マルクの安定を危険に陥れてはならなかった。

一九九三年三月、フランス社会党は議会において多数票を失った。新しい政権が誕生し、バラデュール首相、アルファンデリー蔵相が就任した。バラデュール首相がいわゆる「強いフラン政策」を支持することを公言し、それまでの通貨同盟の最終段階に対する抵抗姿勢をはっきりした形で修正した後は、小刻みの金利引き下げ政策にもかかわらず、市場ではフランス・フランの評価は高まっていった。こうして五月末から六月初めにかけて、ドイツ・マルクは久方ぶりに、対フランス・フランやその他の欧州諸国の通貨に対して若干軟化する傾向を示した。欧州通貨の大部分は、事態が平常化に戻ったことを表していた。ＥＭＳの中で大幅に切り上げが行われた後で、投機的な資本の一部は再び引き揚げていったからである。この一時的なドイツ・マルクの軟化は（これを軟化と表現することは構わないであろう）、これまでの金利差が一時的に逆転することを可能にした。オランダにとどまらず、ベルギーやルクセンブルグ、そして初めてフランスでも短期金融市場金利は、ドイツのそれを若干下回ることとなった。

この展開は特にフランスの政界に、しばらくは極めて楽観的な議論を巻き起こした。ＥＭＳの中で将来の基軸通貨の役割に関して変更が生じ、その役目はむしろドイツ・マルクではなく、フランス・フランに移行するかもしれない、という憶測が広がることとなったからである。一時的なドイツ・マルクの軟化に関して、他人の不幸を喜ぶ感情が特にフランスにおいて強く、また英国においても存在した。ファイナンシャル・タイムス紙はこれについて、「ドイツ・マルクの退位」と題する記事を掲載した。しかしこの判断はすぐさま誤解である、あるいは少なくとも誇張であることが明らかとなった。国際金融市場では、しばらくして別の解釈が下されたからである。数日を経て、フランス銀行はフランス・フランを支えなければならなくなった。フランスの大蔵大臣が新任で実務に精通していなかったこともあり、大臣の発言が思慮を欠いていたため、七月三日にパリで行われることとなっていた独仏金融経済評議会がヴァイゲル大臣によって一方的に取り消されるに及んで、フランス・フランは一層の圧力に晒されることとなった。公定歩合やロンバード・レートを引き続き引き下げるとする七月一日の連銀理事会の決定でさえ、フランス・フランの立場を改善することはできなかった。フランスの金利引き下げ強行と、これに関して問題のあるいくつかのフランスの声明の他に、景気の動向についての見方が異なっていたことも、原因の一つとしてありえよう。ドイツの景気データは徐々に改善することを暗示していたが、フランスの直近の景気予測はまだ改善を示していなかった。

フランス・フランを巡る緊張

一九九三年七月が進むにつれ、状況は急激に緊張していった。七月二二日、フランス中央銀行がフランス・フランの防衛のために数時間の間に二〇〇億ドイツ・マルクを変動幅内で介入したのを受けて、フランス側は緊急に二国間協議を要請してきた。両国の蔵相と中央銀行総裁、彼らを補佐する専門家は同じ日の夕刻、ミュンヘン郊外のホテルで会合することとなった。シュレジンガー総裁は現地までたどり着けず、真夜中になって合流することとなったので、それまでは私が彼を代理した。ミュンヘンにおける会合では、フランス側は早急な共同行動が必要であるとして、数字を挙げて可能な限り対称的な金利措置（ドイツの金利を引き下げ、同時にフランスの金利を引き上げる）を実施することを要請してきた。また、引き続き為替介入のための追加融資も求めてきた。後者については すぐにも受け入れられたが、シュレジンガー総裁と私は、ドイツの金利政策に関して翌週連銀理事会で説明することとしていた連銀の独自の考え方を説明した。ミュンヘンにおける会合の冒頭で私が明確にし、シュレジンガー総裁も合流後それを支持した点とは、多くの参加国通貨の再調整を終えた後のＥＭＳ内での緊張を永続的に解決することは、介入義務の変動幅を大幅に拡大することによってのみ達成されるのではないか、という指摘である。このような措置を採ることによってのみ、市場の短期的な投機に有効に対処でき、自国の通貨政策に対する各国の責任を果たしうる。しかしこの解決策は、ミュンヘンではフランス側から明確に拒否された。実質的にドイツの金利をさらに引き下げることが執拗に求められていたからである。

週明けから始まった市場の静けさは四日しか続かなかった。木曜日の午後（一九九三年七月二九日）、連銀理事会はロンバード・レートを〇・五パーセント引き下げるが、公定歩合は据え置くと発表してから、フランス・フランは再び崩れ始めた。フランス中央銀行が変動幅内介入において一八〇億ドイツ・マルクを費やしたにもかかわらず、フランス・フランの軟化は止まらなかった。フランスはすぐさま、蔵相と中央銀行総裁による緊急会議を翌日パリで開くことを提案した。金曜日午前、パリのベルシーにあるフランス大蔵省において連続した会議が行われたが、私はこの一連の会議を忘れることはできない。大蔵大臣と中央銀行総裁相互の二国間秘密会談の雰囲気と進行は、これまでの慣れ親しんでいた友好的なスタイルとは、全くかけ離れていたのである。アルファンデリー蔵相はすぐさま本題に入った。ドイツ側に明らかに圧力を加えたかったのである。連銀が即座に金利を大幅に引き下げるか、あるいはフランス・フランの下落を放置し、その結果連銀が現在有効なＥＭＳの規則に従って際限なく義務的な介入を続け、最後にはドイツの流動性が膨れ上がることを強要されるか、の選択であった。もしドイツ側がこの結果を回避したいのであれば、ドイツ・

マルクは一時的に、ちょうど英国ポンドやイタリア・リラの場合のように、共同システムから離脱することもありえよう、と迫った。ドイツ側のいかなる反論も、アルファンデリー蔵相を別の方向へ導くことはできなかった。彼は、変動幅の拡大についても再度拒否した。会議の途中で次々と新しい情報が入り、フランス・フランの相場はさらに低下していることがわかった。しばらくして、相場は下方の限界点に到達し、従って連銀による義務的介入が始まった。明らかにアルファンデリー蔵相はドイツ側に圧力をかけるために、事前にこのようなシナリオを設定したのである。

ドイツ側は、その週末に通貨評議会による協議と、それに続く関係大臣と中央銀行総裁による協議をブリュッセルで行うことを「独仏共同」で申し入れ、中心相場を調整してはどうかと提案したが、フランス側はこれを支持しなかった。フランス側がフランス・フランの切り下げを可能な限り回避したいとする希望について、私たちは十分理解していたがゆえに、その意図についてはなおさら理解しがたかった。アルファンデリー蔵相は明らかに、この為替の緊張についてはドイツ側だけがその責任を有すると決め付け、必要であればドイツ・マルクを、少なくとも一時的に、システムから排除することを狙っていたようであった。

コール首相との電話による協議を終えて、ヴァイゲル蔵相はドイツによる一方的なイニシアティブで、土曜日に通貨評議会と大臣会合をブリュッセルで行うことを決定した。アルファンデリー蔵相はこの報告を聞いて、彼自身が日曜日にブリュッセルの大臣会合に出席することについて、態度を留保した。そこでフランス側との交渉を終えた日の午後（金曜日）、ヴァイゲル蔵相はオーストリアの休養先でコール首相と協議することとなった。ドイツ代表団は正午を少し回ってザルツブルグに向けて発ち、そこから車でフッスル城に赴いてしばらく滞在した後、さらに休養先であるヴォルフガング湖のほとりのサンクト・ギルゲンを目指した。フッスル城ではその夕刻、オーストリア、スイス、ドイツの大蔵大臣が定期的な意見交換を行うことが予定されていた。

コール首相は、ヴァイゲル大臣とシュレジンガー総裁の報告を驚くほどくつろいで受け止め、これまでのドイツの対応を受け入れた。その他のEMS参加諸国の反応について短い意見を述べた後、コール首相は、ブリュッセルで予定されている交渉では、特にシステム全体のために一時的に変動幅を拡大することを念頭に交渉するよう薦めた。そして緊急な場合には各通貨が一定期間フロートすることを受け入れても良いが、その場合、ドイツ・マルクだけ（例えばオランダ・ギルダーなしに）が単独フロートとなることは避けるように、と付け加えた。

この指示を得て（この指針は連銀における私たちの立場とも対応していた）、ゲルト・ヘラー次官（ホルスト・ケーラー次官の後任として連邦大蔵省次官となっていた）と私は翌土曜日、まず通貨評議会出席のためにブリュッセルに向かった。会議の席上、私は初めに、これまで連銀が危機を回避するために実施してきた多くの貢献を指摘した（金利を数回にわたり引き下げたこと、二国間で大量の金融支援を行ってきたこと、五五〇億マルク以上にわたる義務的介入を実施してきたこと等々）。そして個々の通貨が軟弱に推移している原因は、明らかに各国通貨の背後にある政策が市場において十分説得的でないからである、と述べた。そしてこの説得力不足は、より高く評価された通貨を持つ国に責任を押し付けるのではなく、圧力に晒されている通貨を有する国の政策をより信憑性のあるものとすることによってしか克服されない、と付け加えた。また、一時的に変動幅を±二・二五パーセントから±六パーセントまたはそれ以上に変動させれば、一方ではそれによって不確実性が増大することで市場での投機を困難にさせ、他方で責任の所在を各国の政策に任せる可能性を示すこととなろう、と述べた。

この議論は各国の同僚から多くの支持を得たが、フランスの通貨評議会出席者は、議論の一部について認めたものの、このようなやり方はあまりにもリスクが大きすぎるとしてこれを拒否した。フランスはそれに代わって強い通貨の国の金利を一層引き下げ、追加的な金融支援を相互に実施し合うことを主張し、一九八六年にバラデュール大臣が行った提案を再び持ち出してきた。ドイツ連銀は、フランス・フランを外貨準備に追加することでフランス・フランの強さを外部に対して示すことができる、という主張である。私は、一部の欧州通貨に特権を与えることとなるこの案は、通貨を同様に扱うとする原則に反すると主張したのに対し、フランスの反論は一日前のパリでの議論と同じであった。ドイツ・マルクと、事情によってはオランダ・ギルダーも為替相場メカニズムから一時的に脱退する以外に方法はない、という主張である。実際にも、日曜日の午前中の通貨評議会における集中的な議論の結論として、ＥＭＳの崩壊を回避する道はこの方法以外にはない、と思われた。

オランダ中央銀行は、討議が進むにつれて私たちを明確に支持し、ドイツ・マルクが一時的にフロートに移行した場合、有効に機能しているオランダ・ギルダーとドイツ・マルクの結合はそれによって影響を受けない、と述べた。一方ベルギーとルクセンブルグにとっては、両国のフランを取り込むことなく、オランダ・ギルダーをフロートさせるとする特別のルールこそ受け入れがたかった。

変動幅拡大で乗り切った欧州通貨制度の危機(一九九三年)

通貨評議会の議論がこのような状況であったので、翌日に開催が予定されていた大蔵大臣と中央銀行総裁による特別会合のために、解決策を作れるのか、あるいはどのような結論となるのか、予測することは困難であった。大臣会議の議長を務めたベルギーのメイシュタット大臣は、ドイツとの、またフランスとの通貨評議会参加者間との予備会談でも、ベルギーはベルギー・フランとオランダ・ギルダーの間に異なった規則を導入することは受け入れられない旨を明らかにしていた。協議においてはルクセンブルグのユンケル大蔵大臣がルクセンブルグ・フランのために同じ立場を主張した。それに続いて行われた各国の大蔵大臣と中央銀行総裁によるほぼ一〇時間の協議と、それを中断して行われた二国間・多国間協議では、通貨評議会での議論や提案が再三繰り返されたが、全ての国が支持する解決策は明らかに存在しないことが明確になった。ドイツ側が提案した変動幅の拡大は、相変わらずフランス側によって何回も拒否され、他方フランスから提案のあった、ドイツ・マルクとオランダ・ギルダーを一時的にEMSの為替相場メカニズムから離脱させるとする案は、ベルギー、ルクセンブルグ、そしてデンマークからも受け入れられなかった。この三か国は、自国通貨がドイツ・マルクとの連結を放棄することにより、市場でネガティブに判定されることを恐れたのである。

ベネルックス三国とデンマークの立場は、フランス代表団の立場を困難なものにした。ドイツ・マルクがEMSの為替相場メカニズムから一時的にせよ脱退することは、実際上二つの相場グループを作ることとなる。一つはフランス・フランを中心とした通貨グループ、他方はドイツ・マルクを中心とする新しい通貨グループである。もっともその際ベネルックスやデンマーク以外の通貨がドイツ・マルクのグループに結集するかどうかは、不透明であった。しかしこの二つの通貨グループを国際通貨市場がどのように判定するかについては、ブリュッセルに集まった協議参加者の間では意見は一致しており、ドイツ・マルクを中心としたグループが強いグループと判断される、と考えられていた。

その日の夕刻を過ぎて、大臣会議の議長であったメイシュタット大臣は全体会議の場で悲観的な最終報告を行い、個別的な議論を繰り返した後、共通の解決策、すなわちEMSを維持するための手立てはないと述べたそのとき、新しい事態が起こった。当時英国の蔵相を務めていたケネス・クラークは、英国がEMSから脱退して以来一年間実質的に交渉に参加していなかったが、システムの崩壊は許されないことを各国大臣に向けて力を込めて訴えたのである。心から欧州人であったクラーク大臣が介入したことによる驚きは、一連の討議と交渉を引き起こし、先ずドイツ・マルクとオランダ・ギルダーのグループが仮に成立した場合、どのように組織されるのか、またフランス・フランやその他の通貨に対してオープンであり続けるのか、という議論が展開された。そして真夜中をしばらく過ぎて、驚くような逆転が生じた。メイシュタット大臣が数時間すれば極東のマーケットが開かれることを指摘して、決定を急ぐ必要があることを呼びかけたのに対して、フランスが急に新しい提案を行った。明らかにパリのバラデュール首相と電話で打ち合わせた後、ド・ラロジェール総裁はドイツ代表団との二国間協議の後、全体会議の場で、現行の中心相場を維持しながら、EMSに参加している通貨の変動幅を現行の±二・二五パーセントないし±六パーセント（対スペイン、ポルトガル）から±一五パーセントに即座に広げることを提案したのである。この全く異なる状況について、ド・ラロジェール総裁は、ドイツの提案である±六パーセントへの拡大では市場の投機を納得させて鎮めるのには十分でない、と述べた。ヴァイゲル蔵相はシュレジンガー総裁と私の意見を得て、±一〇パーセントあるいはそれ以上に拡大することを受け入れることを示唆していたが、これはもはや重要な問題ではなかった。フランスはこれまで拒否し続けていた、しかし我々から見れば唯一意味のある大幅な変動幅の拡大という解決策を受け入れたのである。

この驚くべき逆転を経て、関係者全員はギリギリで（真夜中の二時前であった）共通の解決に行き着いたことに安堵した。EMSは救われたのである。それに続く記者会見で、ヴァイゲル蔵相は

「解放への決断」を口にした。しかしマーストリヒト条約を実現していく際に将来生ずるかもしれない誤解に考慮して、各国大臣と中央銀行総裁は最終コミュニケにおいて、再度「EU条約（マーストリヒト条約）を実施に移すための決意」と、「条約のために決定された手続きと、十分に達成された収斂基準を支持し、経済通貨同盟を実現する」ことを強調した。極めて困難な状況にあったフランスの立場が時には不明確で矛盾するものであった点について、私は後日、コアビタシオンのパートナーであったミッテラン大統領とバラデュール首相との間で、意見が分かれていたことを知った。EMSの崩壊に対する責任を誰も引き受けたくはなかったのである。

世論では、ブリュッセルの結論は初めそのようには受け取られていなかった。欧州大陸だけではなく、英国のプレスにおいても様々なコメントが出されたが、それらは押し並べてEMSの終焉を予測し、マーストリヒト条約で決定された経済通貨同盟への一層の進展を明らかに疑問視する報道となっていた。EMSの通常の為替変動幅を維持することができないのなら、収斂の基準を満たすことは本当にできるのか、という指摘である。散発的ではあったが、ドイツとフランスを中心とした小グループで通貨同盟の実現をまず達成する、という意見もあった。しかしドイツとフランスの間で時間的により永続する共通性が達成されなければならないこと、また特にマーストリヒト条約においてカレンダーが用意されており、各国が収斂条件を満たしている限り、EUの全ての加盟国に対して経済通貨同盟への参加への機会が与えられていることからして、このような考え方は、現実的なものではなかった。ドイツの世論においても、マーストリヒトで合意された条約の実現に対して強い疑念が支配していた。この計画に対して批判的であった人たちにとっては、経済通貨同盟の実現の見通しは早晩崩壊するか、あるいはほとんど現実的でない、と考えられていた。

私はこの悲観的な見方にこの時点で既に与してはいなかった。実際にはブリュッセルの決定によって幻想が排除されたのである。そしてＥＭＳに対する新しい現実的な基盤が作られることとなった。私の考えでは、市場における投機は困難になり、各国が行うべき努力に対する圧力は強力なものとなった。変動幅を拡大しても、それは参加国の通貨の間を固定している中心相場で成り立っているシステムを放棄することでもなく、各国の政策を収斂させる努力を断念することでもなかった。事実は逆であって、この変動幅の拡大は、単に経済政策上の収斂プロセスにおいて必要な前進のために、責任を各国に配分しなおすこととなった。中心相場を維持するために必要な収斂政策は、安定政策上軟弱とされている国の問題であることが明らかとなったのである。このような国は、不健全な局面に至ってもこれまでと違って、強い通貨を持つ国による義務的な為替介入を当てにすることはできなくなった。市場では各国の政策が毎日試されることとなった。弱い通貨を持つ国は、これから先信憑性のある政策を採用することによって、市場を納得させなければならなくなったのである。

各国の責任を明確に配分しなおし、明確にすることによって、今日から振り返ってみれば、その後驚くほど進展していった収斂プロセスのために重要な決定が下されたことになる。しばらくして市場もそれ以前に比し大いにリラックスした対応を示した。次第に短期の投機は少なくなっていき、市場においては、各国で実施されている安定政策の基本路線が、通貨を判断する際に一定の役割を果たすこととなった。各国は安定政策が求める収斂に向かって、信憑性のある政策と明確な前進のために、これまで以上に努力することが必要となった。特にフランスは、それ以降の金融政策により大きな自由を与えることで、収斂という要請に応えることとなった。さらに一九九三年末には、長い間の伝統的な政府の政策形成から離れて、フランス銀行は正式に政治からの独立という地位を得た。独仏両国が独自に安定政策をより強固に行うということは、連銀からみれば、フランス中央銀行はこれまでの慎重な金利引き下げ政策を、これからは外部の圧力を受けることなしに実施し、決定できるということである。一九九二年と九三年の危機を経験したことは、連銀を含む全ての関係者にとって、困難ではあったが同時に実りの多い学習プロセスであった。

第3節

一九九四年に始まった第二段階への移行

欧州通貨機関所在地と総裁の決定（一九九三年）

一九九三年一〇月一日、フランクフルト植物園であるパルメンガルテンにおいて、コール首相とヴァイゲル蔵相の出席も得て、私の連銀総裁就任式が執り行われた。ヘルムート・シュレジンガー前総裁には、ドイツと欧州の安定政策に対する功績に対して謝辞が述べられた。私は就任演説式において、これから私たちに求められている欧州レベルの任務として、以下の点に言及した。

マーストリヒト条約において目標とされた将来の欧州の通貨アーキテクチャーは、これからの数年、これを支える基礎を忍耐強く作り上げていくことを必要としている。そのためには、条約が求める基準に従って厳格な実施を進めていくこと、各国において特に制度的な、また政策手段を含む準備を進めること、そして長期的な安定政策の上に立つ基本的コンセンサスを発展させることが必要である。

条約が最終的に効力を得る前の一九九三年一〇月には、一九九四年一月一日から始まる第二段階の開始を控えて、欧州通貨機関（ＥＭＩ）の所在地の決定とそのための人事が様々な機会に準備されていた。まず新たに設置されるＥＭＩの本部であるが、その任務は、各国の中央銀行間の協力の強化と並んで、特に将来のＥＳＣＢの任務について組織的、制度的準備を進めることであった。本部所在地の選択に当たっては、それが将来ＥＣＢとなることについて始めから合意があったが、実際の選択に当たっては、競合する様々な候補地があった。マーストリヒトにおいて条約が華やかに調印されてからしばらくして、色々な国や都市が希望を表明し、一部では公式にもキャンペーンが組織されるまでになった。フランクフルトと並んでアムステルダム、ルクセンブルグ、パリ、ロンドン、そしてミラノ、バルセロナ、リヨンといった各都市が関心を表明した。各都市はそれぞれの国の政府から支持を取り付けていた。舞台裏ではしばらく対決もあった。いくつかの中央銀行総裁から中立的な都市として推薦のあったバーゼルは、定期的に各国中央銀行総裁が国際決済銀行の会合のために参集している場所ではあったが、スイスがＥＵに参加していないことを理由に早い段階で候補から脱落していった。ＥＵ各国の首脳は所在地の決定について、当然のことではあるが初めから態度を留保していた。

コール首相はマーストリヒト会合の終了直後、首相としてはフランクフルト以外の都市を受け入れることはできないことを内々に私に伝えていた。彼は、これまで常に安定政策を支持しながら通貨同盟のために心血を注いできた。従ってフランクフルトに決定されれば、今なお疑念を抱いているドイツ市民に対して、将来の統一通貨とドイツ・マルクの伝統である安定が最も良く結びついていることを明確にできる、と考えていた。連銀はコール首相のこの立場を始めから支持していた。フランクフルトを本部とする案を最終的に押し通した功績は、コール首相自身の行動によるところが大きい。ドイツにおいては一時、代替候補地としてボンやマインツの名が挙がったが、彼にとっては問題ではなかった。連銀にとっては、一九九三年一〇月二九日の欧州理事会での決定はもちろん喜びであった。各国首脳は多くのＥＵの機関の所在地を決定するパッケージ解決の一つとして、フランクフルトをＥＭＩと将来のＥＣＢの所在地に決定したのである。

ＥＭＩの運営を担う人事を決定するイニシアティブは中央銀行総裁会議自らが取った。マーストリヒト条約に従って、各国の中央銀行総裁はＥＭＩ総裁のために候補を推薦することとなっており、総裁は「通貨と銀行問題において定評があり経験豊かな人物の中から」選出される必要があった（マーストリヒト条約第117条）。最終的な決定は、欧州議会とＥＵ閣僚理事会の審議を経てＥＵ首脳自身の手によってなされることとなっていた。さらにこの決定は全会一致で行われることとなっていた。様々な非公式の討議を経て、私たちは各国中央銀行総裁評議会で、これまでバーゼルの国際決済銀行で専務理事を務めていたアレキサンダー・ラムファルシーを新しいＥＭＩの総裁として推薦することで合意に達した。バーゼルでの定期的な会合やドロール・グループの委員として、彼は各国の中央銀行総裁の中では十分知られており、その知識と経験は高く評価されていた。ハンガリー出身でベルギーの国籍を有しており、心からの欧州人である。欧州議会とＥＵ閣僚理事会においてはいかなる反論も出ず、これを受けてＥＵ首脳は、「通貨と銀行問題において定評があり経験豊かな」アレキサンダー・ラムファルシーを迷うことなく初代のＥＭＩ総裁に選出した。

その後、条約に従って設立されたＥＭＩ理事会は当時のアイルランド銀行総裁のモーリス・ドイルを副総裁に決定し、彼がアイルランド銀行総裁の職を辞した後は、一九九四年七月にスペイン中央銀行のルイス・アンジェロ・ロヨがＥＭＩ副総裁職に就任した。新しい機関の職員は、まずこれまで中央銀行総裁評議会を補佐した事務局と、各国中央銀行から主に任命された。このようにして新設されたＥＭＩは、これまでの各国中央銀行による準備作業を直接引き継ぐことができた。

ＥＭＩ理事会は一九九四年初頭には国際決済銀行の行内で開かれていたが、数か月の後には、新しいスタッフと理事会会議のほとんどは、新しく借用された高層ビルに入るためにフランクフルトに移動することとなっていた。フランクフルト市は当時、ＥＭＩと将来のＥＣＢの本部として、現在ではフランクフルト大学で使用されている昔のＩＧファルベンの社屋を推薦していたが、私は急いでこれを取り下げることを提案し、幸いにも市の提案は採用されなかった。この建物を選択した場合、新しい欧州の機関に反対するために、ややもすればこの建物がホロコーストの歴史との関連で感情的に悪用される恐れがあったからである。ＥＭＩ理事会は、しばらくして「ユーロ・タワー」と称されている高層ビルを選択した。建造物としてはあまり魅力のあるものではなかったが、攻撃を受ける理由の少ない解決策であった。

欧州中央銀行設立のための詳細かつ多岐にわたる準備

条約で定められた任務に従い、新しい通貨機関の仕事は、各国の中央銀行によって実施される当面の政策に関した協議から始まったが、しばらくして、将来生じる通貨同盟の最終段階への移行のための準備に集中した。ＥＭＩ理事会で毎月開催される会議では、ＥＵ内での収斂状況について説明もあった。しかしマーストリヒト条約は金融・通貨政策の決定と実施を、当然のことながら第二段階ではなお各国の権限内に置いていた。第二段階への移行後は各国中央銀行が国家あるいは公共の機関に貸付けを供与すること、およびこれらの機関が金融機関に優先的にアクセスすること、の二つが規則に従い禁止されただけであった（マーストリヒト条約第101条、102条）。この規則はドイツではそれまでも長い間施行されていた。ちなみにＥＭＩ成立後は、各国中央銀行の管轄分野に関係する、各国の、また地方自治体の法律のための全ての提案について、ＥＭＩは相談を受けた。

ＥＭＩがなすべき仕事で量的に増大していったのは、将来の通貨同盟と、ＥＣＢとＥＳＣＢの仕組みのための具体的準備を行うことであった。その際、各国の中央銀行によって実施される金融政策の戦略を発展させることや、統計情報と金融政策手段を標準化する必要性についての作業が極めて難しいことがわかってきた。各国の社会構造や優先順位、法制度、伝統といったものが歴史的に極めて異なって発展してきたためである。そこで、ＥＭＩ内で部会、小委員会、専門委員会を作って詳細な現状把握に努め、その後統計や政策手段、法律等のために必要な標準化を実施することとなった。この過程で連銀の多くの職員や理事が重要な責務を果たした。

ＥＭＩ理事会と総裁の任務は、優先順位を決定し、共同の解決に向かって方向性を指示することであった。各国の中央銀行は、一九九五年に予定されているオーストリア、スウェーデン、フィンランドのＥＵ加盟によって一五か国に増大することとなったが、決定は主に全会一致方式であったために、標準化への足並みは簡単ではなかった。特定のテーマについては、いくつかの代替案が作成されなければならなかった。そうした特定のテーマは、最終段階（第三段階）への移行に含まれる国が決定された後は、ＥＣＢ政策委員会で次第に多数決による決定が可能となっていった。組織上あるいは業務上のテーマについては、その決定を後日に回すことは事実上不可能であった。統計や報告、情報システム、決算報告、あるいは決済システムといったものを具体的に詰める場合には、準備の必要上速やかに統一的な、少なくとも互いに矛盾しない解決策を提示する必要があった。それらは多くの場合、将来のＥＳＣＢにおいて応用される金融政策上の手段のためにも必要であったが、こうした金融手段はまさに各国において歴史とともに様々に発展して来たものである。この点は専門家の作業を経て、ＥＭＩ理事会で最初の決定を行うことが当然必要であった。

こういった状況を前に、ＥＭＩと各国の中央銀行では、あらゆる分野において困難な作業が進められた。将来のＥＣＢの構成と、ＥＳＣＢにおけるＥＣＢと各国の中央銀行との協力の詳細なありかたについて、必要な解明と調整も実施されていった。主要な諸点はマーストリヒト条約によって合意された定款で決定されていたが、多くの詳細な規則はなお解明される必要があり、伝統を共有できる部分は一部に限られていた。金融政策の実施や、将来の新しい統一通貨導入といった技術的側面、さらに各国通貨を新しい統一通貨に交換することについても、それぞれの主要なポイントを解明し、決定する必要があった。この作業の実施と重要な取り敢えずの結果について、ドイツ連銀は定期的に、「欧州経済通貨同盟に関する情報レポート」と題する一連の特別報告書の中で記述している。金融政策に関する戦略の最終的な決定は、将来のＥＣＢとそれが結成される際に組織される政策委員会に留保されなければならないが、ＥＣＢの設立後すぐさま決定する必要があるので、事前の準備は進めておかなければならなかった。条約によれば、ＥＣＢに対しては、通貨同盟への移行に先立ち数か月間の準備期間が付与されているだけであった。

全体としてみれば、ＥＣＢやＥＳＣＢが共通の金融政策を行うためのＥＭＩの準備は、問題なく成功裏に推移していった。一九九九年の第三段階への移行も、全体としては特段の問題もなく実施された。この年以降始まったＥＳＣＢの実際の業務が明らかにしているように、コンセプトの面からも、また制度的な面からも、ドイツ連銀が行ってきた業務の成果が大いに役立つこととなった。この事実は安定政策上の観点から過小評価されるべきではない。現在のＥＣＢやＥＳＣＢの業務には、各国の中央銀行の多くの良い伝統が反映されているが、様々な所で生きている連銀の遺産もまた見逃すことはできない。

新しい通貨はユーロ

長期にわたる技術的、組織的準備の観点から特に重要であり、緊急であったことの一つは、通貨同盟の中で通貨を統一し、共通の移行シナリオを完成させるために、紙幣と硬貨を正しい時期に準備することであった。まず、将来の新しいＥＵ通貨について最終的に名前を決定する必要があった。マーストリヒトでは、この点に関する決定はコール首相の介入もあって未解決であり、単に技術的な術語としてＥＣＵ (European Currency Unit) という名称が決まっていただけである。ＥＣＵが省略形として持つ性格を明確にするために、ドイツ語による条約テキストでは意識的に大文字が使用されていた。他方フランス語のテキストでは ecu と小文字で書かれていた。そして後者が多くの関係者の間で誤解されて、フランス側とＥＵ委員会側から当時希望されていた名前である écu が事前に決定された、と判断されていた。écu という名称はフランスにとっては歴史的な意味があり、既に述べたように、フランスでは中世においてこの名前を付された誉れ高い通貨が存在していた。パリでも、ブリュッセルでも、多くの人は、新しいEUの通貨は通貨バスケットであるECUから派生していることを強調したかったのである。

この通貨バスケットは、ドイツから見れば人工的な創造物であった。加えてその中身が何度も新しく加重平均されなおした結果、第二段階に移行するまでにECUの構成は大きく変化しており、ECUは過去二〇年間に特にドイツ・マルクに対して大きく価値を失っていた。そこで連銀から見れば、ECUという名前は、将来の通貨の名前としては論外であった。通貨の未来との関連で、これまで欧州で最強であった多くの通貨の伝統と結びつくべきであると考えたからである。私はこの問題をコール首相に説明したが、彼は問題点に対して理解は示したものの、それ以上に彼を悩ましたのは、ドイツ人にとってその意味がほとんど理解されず、親近感の湧かない「エキュー」という発音であった。ヴァイゲル蔵相も最初からECUという名前には大きな留保をつけていた。両者ともに、これとは別の、もっと全欧州的により親近感を髣髴《ほうふつ》とさせ、全ての人にとって理解できる名前で合意するのが望ましいと考えていた。ドイツ側はマーストリヒト会合において既に、アルファベットのECU（ドイツ語では単に「欧州通貨単位」の略称）はテクニカルなラベルにすぎず、通貨の名称ではないと明言していたのである。

マーストリヒト会合以来、名称問題を解決すること以外にも多くの問題が政治議論の全面に出ていたが、将来の共通の銀行券と硬貨のための作業を準備し、また通貨同盟への移行シナリオを解明する状況になって、いよいよこの名称問題に決着をつける必要が生じた。各国の中央銀行総裁と多くの討議を重ねるうちに、私は、唯一ニュートラルであり、同時に単純明快な名前として「ユーロ」を選択することが、その他の国にとっても受け入れられるのではないか、と考えるようになった。

そこで私はまずヴァイゲル蔵相を訪ねた。驚いたことに、彼は多くの欧州の蔵相と議論し、出身地バイエルンの見方からは個人的には当然考えられるフランやクローネといった代替案を検討した結果として、同じ結論に到達したのである。彼は「ユーロ」という名称で十分であるといった。コール首相もこの名称を支持したので、ヴァイゲル蔵相はEU閣僚理事会において各国蔵相を納得させ、支持を得ることに成功した。彼は一時「ユーロ」という言葉に各国の通貨を付し、例えばユーロ・マルク、ユーロ・フラン、ユーロ・ギルダーといった考え方を示したが、支持は得られなかった。そのような合成語が新しい通貨の統一を十分に表しているかどうか、疑問が呈されたからである。各国の蔵相の合意が成立した後、一九九五年一二月一五―一六日のマドリッド欧州理事会で、各国首脳は今後公式に新しい通貨の名称を「ユーロ」とすることに合意した。これもまた、欧州における新たな連帯に向けた決定であった。ユーロという名称は今日、日常生活において市場でも市民の間でも、明らかに欧州のシンボルとなっている。

ユーロ紙幣のデザインは市民から募集

一九九五年末、各国首脳はマドリッドで、ＥＭＩが最終段階への移行のために作成した過渡期のシナリオに合意した。このシナリオは長い議論と協議のプロセスの結果であり、ＥＵ委員会も重要な役割を果たした。委員会は一九九五年春に独自の責任において、しかし独立した専門家委員会の報告（いわゆるマース報告）を基礎として、最終的に、最終段階への参加資格を得た各国の通貨から共同体の通貨に至る、数段階に分けられた「ビッグバン方式の移行」を目的としたグリーン・ペーパーを提出していた。このグリーン・ペーパーとマース報告は各国の中央銀行の専門家レベルで入念に検討され、その後ＥＭＩ理事会でも議論された。この理事会での議論の結果は、一九九五年秋のマドリッド欧州理事会で決議事項として提出されたが、ＥＭＩの提案は、ＥＵ委員会の提案と同じく「ビッグバン方式の移行」を参考としながらも、準備と実施を次の三つの時期に分けていた。

―第三段階が始まる前に、共通の金融政策の準備、ならびに紙幣の印刷と硬貨の鋳造準備に取りかかる。

―第三段階が始まるとともに、ユーロへ法的に移行する。ユーロと交換するためのパリティを決定し、また共通の通貨政策を実施する。

―遅くとも三年後には新旧通貨の紙幣と硬貨を交換する。

中央銀行総裁の幾人かは初め、私も含めて紙幣と硬貨の交換を三年後とすることは若干時間がかかり過ぎると考えていた。私は特に、東西ドイツ統一前の通貨同盟の前例を念頭に、ドイツでは通貨の交換のための準備はせいぜい数か月で良い、と思っていた。しかし各国の中央銀行やＥＭＩの専門家は、この期間が適当であると私たちを説得した。新しい紙幣と硬貨はそれぞれ異なる印刷所や鋳造所で、新しく、高度に安全面の要求を満たす通貨として作られることとなる。加えて通貨交換の実施はユーロ地域全てにおいて組織され、生じうる摩擦をできるだけ完全に回避する必要がある。これを確実なものとするためには、二年間という期間では十分ではないとされたので、私たちは専門家のこの意見を受け入れた。市民生活にとって極めて重要な銀行券や硬貨の交換に対して、不必要なリスクを取り込むようなことは行いたくなかったからである。「遅くとも」という言葉を入れることによって、この期間を短縮することもありうるとしたが、その後の経験によって、三年間を全て利用することが必要であることが明らかとなった。

マドリッド欧州首脳が新通貨の名称としてユーロで合意し、三つのプロセスから成る経過計画を採択した後では、紙幣と硬貨をデザインする具体的な作業が始まった。ユーロ硬貨の準備とデザインは、各国における権限分担に従い、初めから各国蔵相の権限内の問題であった。各国蔵相はユーロ硬貨のデザインを決定したが、この硬貨の一面は統一し、もう片方の面は各国で異なるデザインを採用した。ＥＭＩは各国蔵相に対して、それによって利用者に不安が生じたり、硬貨交換器を検査する際に技術的な問題が発生する可能性があることを指摘した。そこで専門家の間でヒアリングを行った結果、特段重要な問題であるとは考えられないという結論に達した。各国の蔵相は、少なくとも硬貨においては各国の特異性を完全には放棄したくなかったのである。

一方紙幣のデザインに責任を持っていたＥＭＩ理事会は、この問題を別に考えており、詳細に検討を加えた結果、各国の中央銀行総裁は一面を共同体の、他の面を各国のデザインとすることを受け入れなかった。私は、それぞれの面で異なるデザインを結びつければ、統一的な説明ができず、利用者に不必要な不安感を与え、その結果少なくとも高額紙幣の場合にはその受入れを難しくする可能性がある、と考えていた。おそらく偽造の可能性も少なくないとも考えた。

銀行紙幣の両面を統一的なデザインとすることで基本決定がなされた後、一九九六年二月にＥＭＩは新しい紙幣のためのデザインコンペを開催した。紙幣のデザインのテーマとして、私たちは「欧州における歴史的な局面と表現様式」を提示した。また、いくつかの中央銀行の要請を受け入れて、コンペには伝統に根ざしたテーマの他に、「抽象的なデザイン」で応募しても良いこととなった。一九九六年九月にコンペへの応募は締め切られ、四四の作品が集まった。二七は伝統的な、一七は抽象的なモチーフであった。それぞれ独立した学者やデザイナー、ＰＲ専門家からなる審査員によって予備審査が行われ、一九九六年一二月三日には数時間をかけた議論を経て、ＥＭＩ理事会は、その後市中に流布されることとなる紙幣のシリーズを決定した。私の考えは連銀の同僚とも一致していて、選択された「橋と門」、そして欧州の歴史的な発展をモチーフにした作品（威信の問題を惹き起こすような個別国への特定がない）はシンボリックな意味があると考え、初めから注目していた。

私は理事会でこの作品を支持し、了承を得た。

一九九六年一二月一三日、ラムファルシーＥＭＩ総裁はダブリンの欧州首脳の前でこの結果を明らかにし、これにより紙幣に対する偽造対策と、紙幣の印刷のための準備にとりかかることができた。その前に欧州の地図の中でフランスの全領土が表現されていないというクレームをシラク大統領から受けたので、紙幣の下部にＥＵに属する三つの国のそれぞれの海外領土の輪郭が挿入された。このようにして当該部分が少なくともシンボル的には明示されることとなったので、通貨同盟の領域は、小さな部分では欧州という地理的空間を越えて描かれることとなった。

欧州中央銀行は一九九九年一月一日から活動開始

技術的な準備と決定は進展していたが、一九九六年が進むにつれ、条約によって予定されていた可能性（第121条3項）、すなわち一九九六年末以前にも第三段階への移行についてポジティブな決定に至るというプロセスは、実際上その実現可能性が全くないことが次第に明らかとなった。この期限を満たすためのポジティブな決定を行うための条件は、期限内にＥＵ加盟国の多数が、「統一通貨を導入するために必要な条件を満たす」ことであった。ＥＭＩによる一九九六年一一月の収斂に関する報告は、賃金と物価圧力の緩和において、各国で進展があったことを強調していた。他方で、これまでの財政の健全化は十分でなく、いくつかの国で実施されている一回限りの財政改善策ではその効果は持続的でない、とも指摘していた。EU委員会も、これまでの財政健全化政策を全体としては内容のあるものであると判断していたが、EMI理事会と同じく、結論としては、「EU加盟国の多数は未だに持続的な収斂において十分な域に達していない」と指摘した。

この指摘を受けて、条約で決定された第三段階開始の最終期限である一九九九年年初より前に通貨同盟に移行することは、もはや議論の対象とはなりえないことが明白となった。第三段階への、従って最終段階への移行を目的とした、通貨同盟への参加国の決定（条約第121条4項）は、一九九八年前半までは行われないということである。条約で規定された最終期限の決定を延期せざるをえないことについては、一九九五年以来次第に明らかになってきたが、そのことが逆に欧州の一部では世論の期待を刺激することとなった。欧州の南部では、定められた期限を延長することが歓迎された。予定をほぼ二年越えるより長い時間を得て実際に収斂基準を満たすことに成功すれば、始めから経済通貨同盟への参加が認められる、というわけである。これに対してドイツとオランダからは、現在の期限で定められている経済通貨同盟への参加基準から離れることになり、また財政分野における収斂への努力は一旦参加が決定してしまうと萎えてしまう可能性がある、という懸念が表明された。このようにして厳格な基準の維持の是非について、各国で新たな議論が巻き起こった。

EMI理事会においても、この問題に関しては少なからぬ議論があった。特に、一九九三年八月二日から変動幅が±一五パーセントに拡大された後、いつ、どのようにして条約第121条1項で定められた参加基準（少なくとも二年間中心相場の切り下げを行わず、EMSの為替相場メカニズムが定める通常の変動幅を維持する）を援用していくのかが争われた。英国とスウェーデンの中央銀行総裁からは、この為替相場基準は変動幅が拡大された後も有効なのか、疑問が出された。一九九四年秋にEMI理事会は、一九九三年以降、為替相場の安定のための変動幅の拡大が好ましい結果をもたらしていることを指摘し、新しい変動幅の維持を支持することを明らかにしていた。しかしEMI理事会でも当時から議論のあった点は、EMSにおける為替相場メカニズムへの参加を、将来の通貨同盟への参加基準としてどのように評価するか、ということであった。この議論は克服することはできなかった。英国とスウェーデンの中央銀行総裁は、一九九三年の変動幅の拡大は実際上この基準を無意味なものとした、という見解を維持した。私たちは連銀においても、またその他のEUの中央銀行においても、この見解を受け入れることはできなかった。連銀の同僚も私もこの点に関しては同じ考えであり、ある国の収斂状況を判断するためには、事前に定義され発表された国の中心相場が、システムに参加しているその他の通貨との関係において大きな摩擦を起こすことなく、特に切り下げられることなく、二年間維持されていたかどうかが重要なのであった。

私は、この立場は正しく、重要でもあると今でも考えている。変動幅が拡大されたことによって、ある通貨に対する為替市場での短期の投機は難しくなり、同時に当該国の政策と市場での評価に対する責任が強調されることとなった。事前に決定された中心相場が、為替市場で大きく変動しておらず、問題なく維持されているということは、この相場が市場によって概ね正しく適当なものであると判断されていることを明らかにしている。このことは、通貨同盟への参加において正しい為替相場を決定する際に極めて重要である。その意味で、為替相場基準は、一九九八年春の通貨同盟への各国の参加を選択する際に重要な役割を果たした。この基準が採用されたので、イタリアはほぼ四年間の不在期間を経て、一九九六年一一月にＥＭＳの為替相場メカニズムに復帰することとなった。

第4節 安定・成長協定とユーロ・グループ

通貨同盟に必要不可欠な財政規律

ドイツ連銀はマーストリヒト条約交渉の前、一九九〇年に基本見解を発表し、共同体内で競争原理が整備され、共同市場では域内の移動に制限のない、機能的な経済同盟が存在すること、また安定政策のために共同体参加各国の間で十分かつ永続的な収斂が存在することが極めて重要である、と指摘した。この基本見解の中で、各国の財政政策との関連では次の指摘があった。

「経済通貨同盟においては財政政策上の決定は参加各国の手に委ねられている。従って、全ての加盟各国における有効な財政規律のために、特別な規則と制裁を含んだ共同体レベルでの条約上の措置が採択されなければならない。」

参加各国の永続的な安定政策上の収斂のために財政規律が特に強調された理由として、一九七〇年代、八〇年代のネガティブな経験の存在がある。この二〇年間に欧州では通貨政策だけでなく、財政政策の基本的方向性に関しても拡散が目立った。政策が拡散していった結果は、各国の財政赤字と公的負債に様々な形で反映されていただけではない。各国通貨の資本市場での金利水準も、大きく異なっていた。

経済全体における公的財政の比重は、国際比較で見れば欧州のほとんどの国で大きいことがわかる。福祉国家の拡大を理由に、最近では国庫のGDPに占める割合はほぼ半分、またはそれ以上になっている。公的財政の中身がこのような状況では、福祉国家にかかわる分野において失敗が生じれば、それは経済全体の安定と成長にネガティブな結果をもたらすことになる。過去、この失敗がしばしば為替相場の度重なる変更の重要な原因となっていた。通貨同盟では、参加各国の異なる発展を為替相場の調整によってバランスすることは最早できない。通貨政策で連帯共同体を形成しているので、参加各国で財政上の不健全化が生じても、各国の資本市場によってこれを制裁することは全くできないのである。なるほど資本市場金利は、経験によれば債権者の様々な信用度を反映している。しかし通貨同盟では、ある国の財政政策上の不健全路線が進展することに伴う通貨リスクは、最終的には全ての国によって共同して負担される必要がある。以前は、ある国のインフレーションや通貨切り下げから受けるリスクを補うために、債権者は上乗せ金利を求めたが、通貨同盟ではこのようなことはほぼありえない。従ってモラル・ハザードの問題は過小評価してはならない。歴史上現れた様々な欧州の通貨同盟は、多くの場合、加盟国の国家財政が拡散していったことによって、失敗に帰している。

今日では、GDPに占める国家の割合が高くなっているため、参加国に対する十分な財政規律は、通貨同盟の将来のために中心的な意味を持っている。各国財政の動向を永続的に調和させることができなければ、通貨同盟の中で参加各国が争い合うのは必定である。財政政策において、参加国の中でも特に大国の永続的な安定志向が認められない場合には、少なくとも中・長期的には、共通の金融政策に関して争いが起きることは否定できない。何故なら金融政策それだけでは、永続する経済成長と高い雇用水準のために重要な基礎となる通貨価値を長期に安定させることは、十分には確保されないからである。安定確保という使命を満たすためには、金融政策が国家財政の安定的発展によって支持されている、という点が重要である。

経済学の研究書は、長い間、安定や成長、あるいは雇用のための国家財政の役割を研究してきた。その際に、景気循環を越えて国家財政を均衡させるという概念は、指針として特別の意味を持っていた。ほぼ均衡する国家財政は、市民に対する財政的な枠組み条件が相対的に一定している可能性を示唆している。これは経済主体が将来を信頼するために重要なことであって、特に欧州のように国家財政の割合が高く、ほとんどのケースで財政赤字が大きい場合にはこのことがいえる。ここで指摘された赤字と並んで、多くの国では、分担金という形でファイナンスされている社会保障システムや社会福祉へのコミットメントの結果として、隠された巨額の公的負債と、将来それをファイナンスする際のリスクがあることを指摘したい。特に欧州のほとんどの社会における著しい人口変化は、大きなリスクである。

財政規律にかかわる指標の採用

マーストリヒト条約交渉を前に、参加国を選定する基準と関連して、財政規律を維持するための方途について集中的な議論があった（第4章第4節、5節参照）。この問題については初めから、参加国全てにおいて、国家の財政は「長期的に維持可能」でなければならない、とする幅広い合意があった。そのために財政赤字が景気循環に配慮した後でも一定内に維持されなければならないことも、同様にほぼ異論はなかった。しかし実際には、意味のある限界値とは何か、参加各国に対して一律な値で良いのか、限界値はそれぞれ公的負債残高を考慮することなく評価されて良いのか、という点が集中的に議論された。当時から、単年度の赤字と並んで各国の政府債務残高とその抑制が、財政政策を判断する上で極めて重要であることについて、次第に理解が深まっていた。

様々な指標についてその長所と短所が検討され評価された後、GDPに占める財政赤字と公的負債の割合も、参加の判断を下すための中心的な基準値として条約に採用された。私は、通貨同盟を批判する人たちからしばしば提案された国庫の割合（GDPに対する財政支出の割合）とその時系列的変化も、市場政策と成長政策を判断するために重要であると思っている。しかし、国家の影響が具体的にどの程度のものなのかについては各国の間で、またそれぞれの社会の間で伝統的に差があり、この指標は各国に共通する判断基準としては限定的である、と判断される。これだけでは、公的財政が直接資本市場に与える圧迫の度合いは測定できない。また世論で議論されたその他の指標、例えば消費的支出と投資的支出の割合や、景気変動調整後の、すなわち構造的な赤字も、結論的には情報の一部しか有しておらず、全ての国に共通しているものでもなければ、明確に規定されるものでもない。また時々提起されるものとして、各国ごとの赤字を基準とするのではなく、指標としてユーロ地域のために包括的な赤字目標を決定してはどうかという考え方があるが、これは、通貨同盟においては主として各国の財政責任の観点から問題を解決する、という視点を欠いている。

マーストリヒト欧州理事会を前に、交渉担当者は集中的な議論の結果、財政規律を維持するために、国家全体の赤字を主要な指標とすること、その際債務残高にも留意することに合意した。その際、最終的に重要なのはいわゆる構造的な、すなわち景気循環の影響を調整した後の赤字であることは明確であった。もっとも交渉担当者全員が、いわゆる構造的な赤字はそれぞれ状況が違うので正確に算定することはできない、という点でも一致していた。集中的に議論された、投資的支出のための借り入れ（いわゆる黄金律）の決定についても、同様のことがいえる。各国の財政管理部局で使用されている公的投資の定義がそれぞれ異なっているからである。公的支出は投資目的としても、また消費目的としても利用されているから、その分類は恣意的に操作できる。マーストリヒトにおける交渉では、通常の状況（すなわち景気循環を原因とする赤字額や巨額の累積赤字額を考慮する必要のない場合）においては、安定と成長の政策からみて適当な赤字は可能な限りゼロであるべきである、とする考え方に立って、最終的に許容しうる範囲として、GDPの三パーセントが指標として決定された。この指標はもともと特別の例外的状況のためにのみ援用することを想定していたが、比較的穏やかに線引きされたものであり、個々のケースを判断する場合に、柔軟性を持つために十分な裁量の余地が生まれるようになっていた。目標としての十分均衡した国家財政と、単年度で見た財政赤字としての三パーセントの間で、特別の状況が生じても柔軟性は十分残されていると考えられたのである。

単年度での財政赤字限度額を三パーセントとすることに合意した後、条約交渉終了前に政府債務残高基準としてGDPの六〇パーセントを二番目の指標とすることで合意が成立した。政府債務残高基準を満たすことについて、マーストリヒト条約においては単年度での赤字限度額の維持ほどには厳しく要請されていないとはいえ、この両者の基準には一定の関係がある。高い累積赤字を持つ国にとっては、引き続き財政規律を維持する意味で、国家財政において、赤字ではなく黒字を達成することが重要となる。単年度赤字の限度額としての三パーセント、そして政府債務残高の基準としてのGDPの六〇パーセントは、公式のプロトコールでは「長期に受容可能な公的機関の財政状況」(条約第121条)を判断するための指標として、また将来の「財政規律を維持する」ための指標(条約第104条)として条約化され、マーストリヒト条約の一部を構成している。この二つの指標は各国の通貨同盟への参加資格を選定するための基準となっているが、通貨同盟への参加以後もEU委員会と閣僚理事会による各国に対する定期的な監視のための重要な基準値となっている。

安定協定交渉の提案(一九九五年)

マーストリヒト条約第99条および104条では、経済政策および通貨政策のための協調と監視のための手続きが定められている。これらの条約は財政状況の監視のために特に複雑な、しかし時間的には具体的な指定のない七段階の手続きを含んでいる。条約交渉が進む中で連銀と私は、ヴァイゲル大臣と連邦大蔵省の同僚との会合において、この監視手続きに弱点があること、および監視の際に予見されるEU委員会と閣僚理事会の役割分担を明らかにする必要があることも指摘した。閣僚理事会における複雑な決定手続きでは限られた予防とコントロール効果しか期待できないだろうし、特に参加国の多くが同時に許容限度を維持できない、あるいは十分な修正措置を採用しないという場合が問題となろう、ということは、私たちには明らかであった。ほとんどの措置が閣僚理事会の特定多数決を前提としていたからである。しかし監視手続きを幅広く解明し、その効率性の改善を進めることを条約交渉の中で実現させることはできなかった。

条約の詳細が明らかになった後、ドイツの世論ではすぐにこのテーマについて批判的な議論が始まった。議論は通貨同盟参加後の監視手続きとその有効性に集中した。その結果、条約で定められたこの手続きと、最終判断として制裁の可能性が確保されることで、必要な財政規律が十分効果的にかつ持続的に維持されうるのか、疑問は次第に大きくなった。この批判的な議論を背景として、ヴァイゲル蔵相と連邦大蔵省は、連銀の強い支持のもとに一九九五年にこのテーマを再度取り上げた。この段階では多くのEU加盟諸国の財政政策において、安定政策は限定的な進捗を遂げたに過ぎなかった。

連邦大蔵省でこの問題を担当したユルゲン・シュタルク次官は、このドイツのイニシアティブと、彼自身が主に進めていた交渉（その後いわゆる安定・成長協定へと発展していった）について包括的な報告を発表した。選定基準を厳格に援用するとともに、通貨同盟参加後の監視手続きを具体化し、より有効なものとする必要がある、というのがその内容である。大蔵省における最初の考え方は、EU内で国境管理を廃止することを決めたいわゆるシェンゲン条約（この条約に対しても、初めはEU加盟国の中の特定のグループしか参加しなかった）をモデルとして、通貨同盟に実際に参加した国の間に適用される補足条約を想定していた。連銀はこの考え方を強く支持したが、その他の国の大蔵大臣や担当者との協議の結果、しばらくして、このような解決策では政治的には実現の可能性はないことが明らかとなった。マーストリヒト会議直前での困難な交渉と、その後に続いた批准問題を乗り越えた後では、多くの国は、「パンドラの箱」をもう一度開けようとは考えなかったのである。残念なことではあったが、シェンゲン条約をモデルとした新しい道は閉ざされた。そこで、ドイツ政府は完全に条約的性格を持ちえないとはいえ、少なくとも拘束力のある補足的合意を追及することにした。

一九九五年九月中旬、ヴァイゲル蔵相は閣僚理事会において、補足的な合意のための最初の内容説明を行った。それに対し初めはほとんどの国から、またEU委員会からも冷ややかな反応が示された。それから数日して、ヴァレンシアで行われたEU経済相・蔵相および各国中央銀行総裁による非公式会議において、初めて好意的な反応が現れた。そこで連邦大蔵省では、財政規律のための中期的な目標設定、早期警戒システムと制裁実施の際のメカニズムの設立、安定理事会の創設を目標としたコンセプトに向かって、集中的な作業が行われた。そして私たちも驚いたことであったが、このコンセプトは特に当時のアルテイー・フランス蔵相から強い支持を得た。同時にEU委員会もこのテーマを取り上げ、*Towards a Stability Pact* と名付けた独自の文書を作成した。委員会はこの文書の中で、財政赤字に対する三パーセント指標に追加して、初めて均衡財政に対してもこの指標を中期的な目標として設定することを支持した。一九九五年一二月に、マドリッドの欧州理事会が追加的に安定協定に対する基本的な支持を表明した後、具体的な準備作業が一九九六年にEUレベルで始まった。

交渉のほとんどは各国の大蔵省の間で進められた。各国の中央銀行総裁は、大蔵大臣と中央銀行総裁の非公式会合が開かれる際の協議の場にのみ出席した。この協議の場で私はヴァイゲル蔵相とともに、ほぼ均衡する財政を中期的な目標設定とするために、何度も強く働きかけた。この目標設定は、公的負債の残高が過度に大きい国は、黒字財政に向けて残高の削減に進むことで補完される、という意味も持っていた。連邦大蔵省はその後の交渉において、安定協定の中で中期的目標設定を、「均衡に近いかもしくは黒字の財政」と決定することに成功した。ただこの目標設定は、「中期的」という要件が具体的な時限を示してはおらず、実際に監視する場合には将来の目標が先送りされる可能性があるということを考慮すれば、残念ながら抽象的な目標となった。もっと正確に時限を定めることで、目標をより具体的な、従ってより重要な尺度とすることができたと思われる。

連邦大蔵省は、特にダブリンでの欧州理事会を控えてしばしば困難な交渉の末、財政監視手続きのために多くの具体的な手続きの改善を勝ち取った。その結果、マーストリヒト条約の議定書において明示された財政赤字のための三パーセント指標は、単年度の財政赤字の義務的上限値として明確に定義された。また早期に過度の赤字額を指摘して、それに対応した修正措置を実施するために、早期警戒システムについて合意を見た。協定の中で示された財政赤字に対する制裁発動手続きは、時間的手順を決定することで実施が促進され、例外的な構成要件を具体的に定義することで精緻化されることとなった。

決定事項のいくつかは、今日でも通貨同盟の批判者によって時々厳しすぎると評価されているかもしれない。そういった指摘はあるが、各国の財政政策にかかわる問題のように、各国の政治利害が強く絡む場合には、EU内で有効な規則に合意し、それを実施に移すことがいかに困難なものであるかを見逃してはならない。

各国蔵相による交渉の終了間際に、私はアイルランドにおける蔵相と中央銀行総裁による非公式の会合の場で、結果としては成功しなかったが、内容の変更を提案した。協定テキストを校閲する際に、私は、ある国を対象として制裁手続きを導くことを目的とした重要な決定を下すためには、EU委員会の決定に対して、多数決の賛成が必要である、という点を見つけたのである。私には、そのような状況には全くならないだろう、特に、多くの国に対して同じような制裁が導入されるような危険が生じた場合には、そのような事態が生じることはありえない、ということは初めからわかっていた。

そこで私は、少なくとも決定手続きを変更して、閣僚理事会の多数がそれに反対しない限り、監視機関としての委員会の決定に有効性を持たせるよう提案した。この提案によって、「立証責任は逆転する」こととなるが、それによって恐らく手続きは効率良く進み、監視がより厳しく行われることとなっていたであろう。何故なら、閣僚理事会の多数決による「有責の宣言」に代わって、委員会による決定の方が重要となるからである。少なくとも閣僚理事会の多数によって委員会の決定が無効とならない限り、委員会の決定が効力を持つ。このような規則があれば、ドイツとフランスの赤字に端を発した二〇〇三年の紛糾は防ぐことができたであろう。残念ながら私の提案は当時それ以上は議論されなかった。EU法務部と協議したが、サンテールEU委員長は、このような「立証責任の逆転」はマーストリヒト条約とは相容れない、として反対した。

安定・成長協定の成立とユーロ・グループの創設(一九九七年)

一九九六年一二月一二―一三日、マラソン会議となったダブリン欧州理事会において、安定協定の内容に関するEU蔵相の合意事項は採択された。そして最終ラウンドでは、タイトルの変更が合意され、特にフランスの要請により安定協定を変更して、安定・成長協定となった。同時にこの協定は、共同声明の形を取った政府間の単なる政治的な合意以上のものとなり、欧州首脳は、この文書と一緒に、詳細規則を含む二つのEU指令を採択することを決定した。この文書とそのガイドラインの正確な文言確定にはなお困難な交渉を必要としたが、ダブリンでの合意に従い、一九九七年七月一六―一七日のアムステルダム欧州理事会において、欧州首脳によって公式に採択された。

連邦政府にとっては、ダブリンとアムステルダム会議の全体結果は明らかに成功であった。今でも「手続きの構造的失敗」としてしばしば指摘されている弱点、例えば決定プロセスが自動的なものとなっていないこと、制裁を実施するのが遅いことなどは、当時から既に認識されていた。しかし一般的にいって、より厳格な規則や、より効果的な決定プロセスを採用することは、マーストリヒト条約以降はもはや不可能となっていた。

もっともフランスからしばしば議論のためとして提案のあった、安定・成長協定に加えて「経済政府」を設立するという提案は、未解決であった。この案によれば、「経済政府」は、経済通貨同盟に参加する国の経済相と蔵相で構成される。そして経済通貨同盟参加国のための共同の「経済政府」においては、定期的にその時々の経済政策上の問題とテーマが議論され、可能な限りそれに対する回答が提出される、というものである。フランスの政治家が公的な場でその根拠を解説しているが、それによれば、「経済政府」はＥＣＢに対する「対極」の役を担うこととなっていた。

このような議論に対しては、ドイツ側は始めから懐疑的であった。私自身に関してもこの点は同じである。独立した金融政策もまた政治的な環境を簡単には否定できないことを、私は重々理解している。しかし金融政策については、最終的には独立した中央銀行が、委任された範囲内で自ら決定する必要がある。さらに私は初めから、経済同盟に参加した各国の経済政策上の基本的方向性についてより効率良く協調することは、出発点として意味がある、とポジティブに捉えていた。しかしフランスの根拠は明らかに間違った方向を指し示しており、圧倒的に政府の指示を受けてきた中央銀行という長い伝統の中で、フランスの政治家の多くは、将来のＥＣＢが明確に独立した地位を持つことに、まだ難色を示していたのである。このフランスの提案に対する強い反対は、まだ通貨同盟に参加を表明していないEUの各国からも寄せられた。特に英国は、EU閣僚理事会の中で通貨同盟参加各国による独自の機構が創設されることに対して、いかなる意味でもこれを避けたいと考えていた。しかしフランスのストラス・カーン蔵相は安定・成長協定が採択された後、フランスの提案を再度議論の場に持ち出した。その理由は、フランスで新しく首班を構成したジョスパン首相が、直前の選挙で、このテーマを再度検討することを約束したからである。そこでストラス・カーン蔵相はドイツとの二国間会議において、共同体レベルでの経済政府の必要性について、ドイツ側を納得させようとしたのである。

これについては、一九九七年秋になって妥協案が見つかった。この妥協案は、私が学校に通っていた歴史的な町であるヴェストファーレン州ミュンスター市の市庁舎で成立したということもあり、私には特に印象が強い。一〇月一四日、独仏経済相・蔵相評議会は定期的な秋季会合を開催した。議論の終了を待って、ストラス・カーン蔵相とヴァイゲル蔵相は両国の中央銀行総裁とともに、経済相・蔵相によるEU閣僚会議と関連させて、将来定期的に非公式な「ユーロ・グループ」会合を開くことに向けて努力することで合意したのである。これによって、この非公式会合においてはユーロ加盟国の共通のテーマが議論されることとなった。またミュンスター市で合意された共同のイニシアティブは、他のユーロ・グループの大臣によっても受け入れられることとなった。

この合意に基づいて、通貨同盟への移行後は、ユーロ・グループの大臣は定期的に会合を持っている。ほとんどの場合ECB総裁も参加して、その時々の経済問題を討議し、必要と判断される場合には、共通の経済・通貨政策上のポジションを調整している。一六四八年に三〇年戦争の終了に当たってミュンスターの市庁舎で調印されたヴェストファリア条約とは違って、一九九七年にミュンスター市において二国間で合意され、その後全てのユーロ参加国によって支持されたユーロ・グループによる非公式な協力は、EUに加盟している国の全ての政府によって長期的に受け入れられた解決ではない。このような観点に立てば、新しい欧州憲法条約がユーロ・グループの役割をある意味で公式なものとし、さらに発展させることを予定しているが、それは当然のことである、と私は考えている。

安定・成長協定は、マーストリヒト条約において想定されていた各国の財政政策の共同監視を明確に具体化し、強化した。この協定によって、中期的な共通の目標設定や上限としての財政赤字限界値、あるいは「財政赤字の監視に関する手続き」の短縮や厳格化、例外規定の明確な定義、ほぼ自動的な制裁規定の発動要件などの措置が、全てのEU加盟国のために決定された。そして、共同の監視手続きは疑いもなく重要な重みを持つこととなった。それによって、通貨同盟のために長期にわたって財政を安定させることの意味について、国民一般の意識をある程度強化することにも副次的に役立ったと考えられる。こうして協定の採択は、重要な追加的決定となった。特にドイツの世論においては、当時この規則を援用する能力について疑問も呈されていたにもかかわらず、この協定の採択は将来の通貨同盟の安定を長く確保する、という目的から見ておおむねポジティブに評価された。

現在では、当時の決定については次第に疑念が高まってきている。ドイツ内外の議論では、財政赤字の上限値をGDPの三パーセントに設定したが、これは国家財政の景気循環的調整機能（いわゆる自動安定化機能）を十分考慮していない、とする批判がしばしば聞こえてくる。初めに経済学者によって議論され、次に問題となっている国において「関心を持つ」政治家が次第に提起し始めたこの議論は、多くの場合安定・成長協定において合意された全体的コンセプトを誤認している。「均衡に近いかもしくは黒字の財政」という中期的な目標を決定することによって、上限である三パーセントに達するまでの景気の変化に対しては、本来十分な柔軟性が付与されているからである。いわゆる特定の国に対する非対称的で異常なショックに対処する場合に、財政による修正措置のための十分な自由裁量の余地がない、という非難もしばしば提起されているが、これも実際には該当しない。マーストリヒト条約や安定・成長協定における各種の規定はあるが、理由を付された個々のケースに対しても、多様な対応が可能である。安定・成長協定は、その本質においては単に乱用の可能性を制限するためのものなのである。

安定・成長協定に反対する現実の政治議論の大部分は、通貨同盟への参加後最初の二年間における比較的力強い成長の時期において、ドイツやフランス、イタリアといった比較的大きな国が、赤字財政の構造的な部分を引き続き削減するために、これを十分に利用してこなかったことに真の原因があると考えられる。EU委員会が公表した数字は、景気の影響を正確に排除することは困難とはいえ、それでもこの事実を明確に示している。もし実際に「景気循環調整後」の赤字が十分かつ持続的に削減されていれば、景気の影響を受けて赤字となった部分は、その部分が真に景気循環的な性格を持つものである限り、最近の数年では、全てのEU加盟国において上限の三パーセント以内に収まっていたはずである。残念ながら多くの国においては、財政規律が十分かつ持続的に維持されてこなかった。これはまたECBの明確な判断でもある。通貨同盟以前の時代(一九九二—一九九七)の財政政策を、ECBは全体として成功であったと判断している。しかしそれ以降(一九九八—二〇〇三)、特にいくつかの経済通貨同盟参加国における力強い成長の時期に実施された財政健全化政策について、ECBは十分と見ていない。財政政策は主要な歳出を制限することに十分な意味を見出しておらず、かつ金利低下により余裕のできた資金を財政健全化のために十分利用しなかった、というのがECBの判断である。

第5節 一九九八年の収斂レポート

四点にわたる審査

一九七〇年代以降の欧州の議論においては、参加各国の経済が十分かつ持続的に収斂される場合にのみ通貨同盟は長期的に成功することができる、という考えが一般的な認識を勝ち得ていた。さらに当時のＥＣ委員会においても早くから、単一市場と通貨同盟においては、各国間の潜在的な緊張状態を緩和するために、とりわけ域内の財政移転の存在が必要である、という考え方があり、この立場はその後も繰り返し委員会によって主張された。委員会は、この関連で特に共同体からより多くの援助を期待した国によって支持されていた。しかしその後に続く経済政策論議の中では、通貨同盟において必要な収斂は大幅な公的財政移転システムによって達成されるわけでもなく、また確保されるわけでもない、という意見が次第に支配的になった。

一九七八—七九年に創設された新しいEMSに関する決定を前にして、当時の経済政策評議会の事前の作業を終えた後、各国の担当大臣の間では、収斂のための基準は、各国で同程度の生活水準、例えばほぼ同水準の一人当たりの実質GDPを意味するものではない、とすることで次第に合意が形成されていった。これまでの各国の通貨圏においても、当時は、色々な財政移転システムがあるにもかかわらず、長い間大きな経済格差が地域間でも、あるいは州の間でも見られ、それは現在でも一部には見られる。そしてそれは通貨政策のために大きな負担とはなっていないようである。そこで目標とされている通貨同盟とその準備との関連では、各国経済の十分な競争能力と並んで、将来の通貨同盟に参加する各国との間で、十分な、かつ長期にわたる「安定政策上の収斂」の必要性が議論となった。換言すれば、広く同じ目的と結果を志向するEU加盟諸国の通貨・経済・財政政策の必要性、ということである。この安定政策上の収斂基準として、マーストリヒト条約は以下の基準を明確にした（第121条1項、および第104条）。

—物価水準の安定性が高度に達成されていること。これはインフレ率で判断される。

—公共機関の財政状況が長期的に維持可能であること。これは赤字が過度に大きくなく、かつ債務残高も多すぎないことで判断される。

—ＥＭＳにおいて少なくとも二年以上、他の国の通貨に対して切り下げを実施しておらず、通常の変動幅を維持していること。

—参加各国によって達成された収斂、およびＥＭＳへの参加が長く続いていること。長期金利水準がその尺度となる。

この四つの基準は、マーストリヒト条約に添付された議定書の中でさらに具体化されることとなった。また経済通貨同盟への参加前に収斂の度合いを審査する場合には、市場統合の達成状況、経常収支の現状とこれまでの推移、労働コストの推移やその他の物価指数も調査されることとなった。これらの基準が満たされていることを確認するために、第三段階への移行前にＥＵ委員会とＥＭＩは、閣僚理事会に対して詳細な報告を行う義務があった。その際、各国の国内法制と各国の中央銀行の定款が、第108条（特に政治的な指示から独立していることが確保されていること）、109条（国内法制との調整）、およびＥＳＣＢの定款と合致していることについても審査された。経済の全体的な状況と制度的な前提が十分に満たされていると認められる場合のみ、各国は最終的に経済通貨同盟の最終段階への参加が許可されるのである。

各国がこの前提を満たしているか否かを審査することは、極めて重要な問題であった。最終的な判定は、マーストリヒト条約によればＥＵ首脳のために留保されていて、閣僚理事会の推薦と欧州議会によるヒアリングを終えて、特定多数によって決定されることとなっていた。この推薦と決定の基礎が、委員会とＥＭＩによる収斂レポートであり、このレポートと欧州議会の見解に対して、ＥＵ首脳は「十分な配慮」をすることが求められた（第121条3項）。従ってこの二つのレポートの結果と所見は、欧州議会の見解と並んで特別の重みを持っていた。一九九六年に行われた最初の収斂状況審査の場合には、ＥＵ加盟国の多数が必要な前提条件を満たし（当時は明らかにそのケースではなかった）、そして第三段階への移行がＥＵ全体にとって目的にかなっていると認められることを条件に、通貨同盟の開始が決定されることとなっていた。しかし一九九八年の審査と決定のためには、そうした過半数の国という要件や合目的性の決定は求められていなかった（第121条4項）。マーストリヒト議定書に従って最終段階の開始は、「変更の余地なく」一九九九年一月一日とされ、何か国が基準に従って第三段階への移行資格を得たかは問われなかったのである。この結果を真摯に受け止めれば、一九九八年の収斂状況審査には特別の意味が付与されていたということを理解できる。

欧州通貨機関と欧州委員会によるレポート

ドイツでは、マーストリヒト条約が調印されてからしばらくして、収斂状況審査には強い関心が寄せられた。ドイツの世論では、この基準はともすれば政治的に気前良く解釈されるのではないか、そして出発点が異なっていること、また参加各国の共同の政策的方向性が十分でないことを理由に、通貨同盟では共通の金融政策に緊張と負担をもたらす要因を作るのではないか、という疑念が大きくなった。例えば、マーストリヒトにおいて条約調印が行われた直後から、連銀理事会は、参加国の選定について決定が行われる場合には、「その国の安定政策上の遂行能力のみ」を考慮すべきであるとする強い発言が出された。また連邦議会と連邦参議院は条約批准の際、安定基準について「狭く、かつ厳格な」解釈を行うことを要請した。また連邦憲法裁判所は、マーストリヒト条約がドイツ連邦基本法と一致していることを判断した理由の中で、条約において規定された収斂基準は「通貨同盟が第三段階に移行するための前提条件」である、と指摘した。

その後に続く数年、選定のための基準は政治的理由によってあまりにも柔軟に解釈される可能性があるのではないか、という疑念が繰り返しドイツの世論で出されたことを受けて、コール首相は一九九八年の初め、五月初めに予定されるブリュッセル欧州理事会の決定の前までに、ドイツ連銀に対して、ＥＵ各国の収斂状況について書面による見解を求めた。基準が満たされていることが連邦政府の決定にとっても重要であることを市民に納得させるために、連銀の証明書が必要だったのである。

実際に収斂状況報告の作業と協議が始まったのは、一九九七年の統計が取りあえず出揃った後の一九九八年二月になってからであった。ＥＵ委員会とＥＭＩはそれぞれ独立して作業し、議論した。双方の機関とも判断はそれぞれ独自に行い、その結果を正しい時期に、欧州理事会の最終的決定の準備のために提出したかったからである。その際、拘束力のある決定を行う前に、各国の政治機関とEU閣僚理事会、そして欧州議会が意見を形成するために、十分な時間を設けておくことに留意する必要があった。従って両方の報告書は、遅くとも一九九八年三月二五日までに提出される必要があったが、この日時は最終的には守られた。

各国の中央銀行総裁は二度にわたる長い会議で集中的な協議を行い、その後は予定された時期にEMIが収斂状況報告を採択した。この報告は平行して作成されたEU委員会報告と同じく、欧州統計局が提示した一九九七年を含むハーモナイズされた統計をベースにして、追加的に委員会が作成した新しい予測データと一九九八年の各国の財政、そして新しい収斂プログラムも添付されていた。統計データは、特に一九九七年についてはほとんどの国でインフレ率が明らかに低下していること、および長期金利も同様に著しく低下していることを示していた。またほとんどの国で財政赤字と公的債務が大きく減少していたが、それは明らかに、緊縮措置あるいは歳入増加に加えて景気の状態が改善されていたことにも一因があった。もっともいくつかの国では、明らかに疑わしいと思われる「お化粧」もあった。※

一九九七年が進むに従い、統一後のドイツでは、国家財政が危険信号である赤字限度額三パーセントを示す可能性がある、と指摘された。そこでドイツでは短期間、それに対抗する措置が考案された。このとき連邦大蔵省の専門家の一部は、連銀の貸借対照表で金準備を再評価することにより急激かつ大幅な財政状況の改善が達成できる、というアイデアを思いついた。彼らはヴァイゲル蔵相に、そのために必要な法律を早急に提出することを提案したが、それが世論に達したとき、この提案は大きな波紋を巻き起こすこととなった。連銀は、このような不意をつくような行動に対しては当然であるが明らかに反対であった。ヴァイゲル大臣が連銀理事会を訪問したときも同様であった。幸いにも数日を経て、私とヴァイゲル大臣とのボンでの二者会談の際、このような試みは私たちがともに重要であると考えている選定プロセスの信憑性に貢献しない、という点で意見が一致した。連銀の金準備の利用については長期的な観点から考え直すべきところがあるにしても、連銀の国家財政に対する利益還元を短期的に高めるために金を再評価することは、最後には双方にとって意味のあることでもなく、利用するほどの価値もない、と私たちは考えた。ドイツは、一九九七年と一九九八年の国家財政において、財政赤字に対して求められている要請を満たすことに成功した。

通貨同盟に参加しようとする一二の国のうち（英国、デンマーク、スウェーデンはこの時点で数回にわたって参加に関心がないことを明確にしていた）、ＥＭＩの分析では、ギリシャだけが明らかに定められた基準値を満たしていなかった。その他の国についても問題は残されており、この問題を巡っ

※ＥＭＵ参加には、財政赤字の対名目ＧＤＰ三パーセント以内という収斂基準を満たす必要があったため、基準年次一九九七年に幾つかの国は一時的な歳入増加策を実施した。イタリアはユーロ税と呼ばれる一九九七年一回限りの増税措置をとったほか、ドイツ、フランスも国有企業の株式売却益を歳入に充当した。これらの合法的とはいえ、なりふり構わぬ一過性の財政改善策は「お化粧」と批判された。

て各国中央銀行総裁の間では詳細な議論が行われ、その結果は報告書においても明確に、かつ批判的に評価された。しかしＥＭＩ理事会は、特定の国を経済通貨同盟の第三段階に採用するか、あるいはそれを拒否するかについて公式に推薦や提案を行うことを意識的に放棄した。ＥＭＩ理事会の任務は、ＥＵの経済相や蔵相、最終的にはＥＵ首脳が可能な限りデータに基づいた決定を行えるようにするために、各国の収斂状況の入念な分析を行うことである、と考えていたからである。

ＥＭＩによる詳細な収斂状況報告書（全部で三八三ページに達した）の中から、問題と考えられた諸点を以下に指摘しておきたい。

—特にベルギーとイタリアでは、一九九七年時点で政府債務残高はＧＤＰのほぼ一二〇パーセントとなっており、それ以前より割合が低下したとはいえ、条約で言及された基準値である六〇パーセントをはるかに越えている。最近の財政状況の改善は、イタリアでは、なかんずく資本市場金利の大幅な低下によって達成されたものである。両国の債務残高が未だに極めて大きいことは、とりわけ公的財政を引き続き健全化する必要があることを示している。マーストリヒト条約は、政府債務残高の基準値として六〇パーセントを絶対上限値と決定したわけではなく、それを越える場合には、選定基準を、「赤字を十分削減し」、「早急に基準値に近づけるように努めていること」と規定している（マーストリヒト条約第104条）。この選定基準を巡っては、両国においては集中的で、一部には対立的な議論がなされていた。そこでＥＭＩ理事会は最終的に、両国に対して「懸念」があることを記録することに合意した。その懸念とは、「政府債務残高のＧ

ＤＰに対する割合が十分削減されたものとなっているか、十分な速さで基準値に接近しているか、長期にわたって維持可能な財政状態が達成されているか」という点である。理事会は、「この問題の解決には、ベルギーおよびイタリアが高いプライオリティーを持つ」ことを強く要求した。また、試算を根拠として、債務残高を適切な時間内に速やかに六〇パーセントに引き下げるために、これからの数年において大幅かつ持続する財政黒字が達成されなければならないことを指摘した。

—為替相場に関する基準値については、ＥＭＩ理事会は、フィンランド・マルカとイタリア・リラについて、条約が要求している「少なくとも二年」ではなく、それぞれ約一年半しかＥＭＳの為替相場メカニズムに参加しなかったこと、またギリシャ・ドラクマとスウェーデン・クローネ、英国・ポンドは、評価の対象となった二年間には為替相場メカニズムに参加していないことに言及した。フィンランド・マルカとイタリア・リラについては半年が不足しているが、一九九三年八月初めに変動幅を拡大して±一五パーセントとしたことについて、ＥＭＩ理事会において見解が分かれていることもあり、それについて強い批判はなかった。ＥＭＳの為替相場メカニズムに参加していないＥＵ加盟国は、変動幅の拡大によって為替を基準の一つとすることはほとんど意味を失ったと考えていた。しかし私を含めて、理事会の意見の大半は別の見解であった（第5章第3節参照）。先に言及した二つの通貨（フィンランド・マルカ、イタリア・リラ）は、一九九八年三月の収斂状況審査まで全二年間を為替相場メカニズムのもとで過ごしたわけではないが、為替相場メカニズムに参加した全ての国は為替基準を満たした。アイルランド・ポンドについては、条約がそれを可能としているように切り上げられており、切り下げられてはいない。

—理事会は各国の法律とマーストリヒト条約との整合性について、特に深く検討した。条約第109条によれば、ESCBが設立されるまでに、各国の中央銀行の定款を含む中央銀行法令が、ESCBとECBの定款と整合していることを参加各国は確認しなければならない。この審査は、EMIと各国の中央銀行の専門家によって作られた作業カタログをもとに実施された。その結果EMI理事会は、第三段階に移行することに関心を有する全ての国がこの間に必要な法律調整を大きく進めた、という結論に達した。従っていくつかの国で法律の採択がなお滞っているものの、各国の議会で大きく変更されることがない場合、関心ある全ての国は各国の法律を調整することによって、条約の要請に応えることになる。いくつかの細かい点ではなお解明や改善を要する提案が出されたが、これは各国の法令との整合性を目的としたものであり、ポジティブな全体の判定を変えるものではなかった。ただこれまで通貨機関だけを持ちまだ中央銀行を有しないルクセンブルグに対しては、改善に向けた努力が要請された。

EU委員会はEMI理事会と異なり、収斂状況報告の中で参加国を決定するために具体的な提案を提示した。委員会は「一一」の国の参加を推薦した。関心を表明した国のうちギリシャだけが、経済通貨同盟の最終段階への参加に対して十分な資格を有していない、と判定された。委員会のこの提案と同時に政治的な決定プロセスが開始され、それはその後の方向を大きく決定した。欧州議会はこの決定を受けた後の決議において、ＥＭＩと委員会の報告を支持した。そして、十分資格があると判断された国として、この一一か国は直ちに参加する権利を有する、とする委員会の勧告にいかなる異論もないことを明らかにした。

二つのレポートを受けたドイツにおける経済状況審査

この報告と勧告が共同体レベルに提示された後は、ＥＵ加盟各国もそれぞれ最終決定に向けて準備する必要があった。ドイツでは連銀理事会が一〇時間以上の会議を設けてこのテーマを詳細に議論し、一九九八年三月二六日にはコール首相の依頼に応えて書面による意見書を作成した。連銀理事会によるＥＵ各国を対象とした収斂状況評価は、ほとんどの点でＥＭＩ理事会の判断と一致していた。連銀理事会はベルギーとイタリアの国家財政状況に関して、この関連で認められる切実な懸念は、この二か国が「追加的に大幅な義務を受け入れることを約束する」場合のみ払拭される、と明言した。そして理事会は結論として次の要約を示した。

> 通貨同盟が成功する条件の一つとして、国家部門と民間部門が新しい枠組み条件に迅速に適合するために、

安定目標を定めこれと整合的な経済政策を実施することが挙げられる。これらのセクターでは最近大きな前進が達成されているが、通貨圏全体において永続する安定共同体を目的とする信頼に足る前提を作るためには、参加各国はなお懸命の努力をすることが必要である。通貨同盟への移行は大きな経済的帰結をもたらすものであり、移行への決定に当たってはこの経済的帰結の意味が十分に考慮されなければならない。参加する国の選定はしかし政治的な決定である。

連銀理事会はこの理事会全員の一致した見解をもって、連邦政府に対して法的な協議義務を果たすとともに、収斂の差がまだ残っている事実を指摘したかったのである。通貨同盟に参加する国を選定するという決定は、法的な役割分担に従って、それを担当する政治的機関に委ねられていた。

翌日、ボンにおいて連邦閣僚特別会議が召集され、連邦議会の各党議員団長も参加した。その場でブリュッセルの最終決定のために連邦政府の見解が討議され、決定された。ドイツ連銀のガドゥーム副総裁と私がボンに到着したときには、連邦大蔵大臣による提案書は既に閣僚会議の席に配布されていた。ヴァイゲル蔵相は、一一か国を含む参加グループが経済通貨同盟の最終段階に移行するというEU委員会の勧告を、留保なく支持することを促した。まずヴァイゲル蔵相は会議の始めに当たって、一一か国の収斂状況が著しく進展していることを提案の根拠として述べた。連銀理事会によって提出された懸念（提案のあった国のいくつかにおいては財政上引き続き収斂が求められる）については、大臣の説明に続いて私も口頭で強調した。この点はヴァイゲル蔵相も了承した。

私は口頭説明において、ドイツの労働市場の柔軟性が欠如していること、ドイツの年金・医療等社会システム経費のファイナンスが不安定であることを述べ、これらも同様に了承された。

いくつかの国においては財政問題がなお残っているが、これについてヴァイゲル蔵相は、ベルギーとイタリアの蔵相が財政政策上の大幅な修正措置を採ることに同意するという中間的な措置と、大臣自身の意見として、安定・成長協定から醸し出される財政規律上の効果が期待されることを指摘した。また、五月一日のブリュッセルの閣僚理事会の追加声明においては、経済通貨同盟に参加する各国に対して、可能な限り具体的な義務が決定されることになる、との指摘もあった。その後コール首相も参加グループに関するEU委員会の提案を支持すると発言し、これをもって選定についてのドイツ政府の態度は実際上決定された。ドイツ政府は公式決定において、来るブリュッセル欧州理事会では、「経済通貨同盟の最終段階への参加グループについて、一九九八年三月二五日のEU委員会の勧告に従う、またマーストリヒト条約によって求められていた収斂状況の達成を維持し、それに特別に留意する」ことを明らかにした。最後にコール首相は、この決定がドイツ連邦共和国と欧州全体に与える歴史的な意味を再度強調し、通貨同盟は新しい展望と機会を開くと同時に、ドイツ自身に対しても新しい挑戦である、と述べた。

最後に述べたコール首相の希望は、私には特に記憶に残っている。首相は、予定されているドイツ・マルク五〇周年記念式と関連して述べたものであり、「五〇年を経過した後にユーロを振り返るとき、今日のドイツ・マルクと同じように素晴らしい歩みであって欲しい」とする希望を表明した。コール首相は疑いもなく重要な、そして挑戦的な目標について触れたのである。

連邦閣僚会議が終了した直後には、EU委員会とEMIの収斂状況報告書を添付した閣議決定書と連銀の意見書が、同意を求めるための依頼書とともに連邦議会に送付された。連邦議会でこれを担当する二つの委員会、つまり財務委員会とEU関係委員会は四月三日を公開による審議日程として決定し、この審議にはEU委員会で通貨問題を担当しているド・シルク委員と私が招かれた。この審議はほぼ五時間続き、収斂状況報告書の結果と、連銀理事会によるそれに対する評価が詳細に報告され、議論された。連邦議会議員の質問は一部極めて詳細なものであったが、通貨同盟への移行についてはおおむねポジティブな姿勢が表明された。一連の質問においては、これまでに達成された収斂の維持について、ドイツを含めて参加を希望する国については懸念があることも示された。この審議が行われたことで、ドイツ政府はブリュッセルでの票決のために、ドイツ連邦議会で幅広い支持を得ることとなり、数日後、期待に反せず、連邦議会本会議と連邦参議院は、圧倒的多数で連邦政府の見解を支持することを決定した。

同じような政治的意見形成プロセスは、一九九八年四月に他の国においても行われた。欧州議会が通貨同盟への参加のための委員会の決定を支持することを明らかにした後では、五月初旬の欧州理事会による最終的な決定に向けた展開はますます明確になった。EU首脳は、マーストリヒト条約で定められた特定多数決を越えて、全会一致で、一一か国が「共通の通貨の導入のために必要な前提を満たす」(条約第121条4項)ことを決定する可能性が出てきた。将来の参加権について長い間続いてきた不安定な状態は、これによって克服されたと思われた。専門家の間では、プロジェクト全体に関するタイムテーブルや、いくつかの国の早急な通貨同盟参加に対して留保が示されたが、各国の政治機関は、以前にも増してより明確な決定を下していた。その決定とは、マーストリヒト条約で決定されている第三段階の開始の時期、すなわち一九九九年一月一日は維持され、参加国は委員会の勧告に従ってまず一一か国に決定されることを推薦する、というものであった。

経済相・蔵相閣僚理事会は欧州理事会を前にして、通貨同盟への参加が予定されている国の経済財政政策上の留意事項として、一般的かつ具体的な諸義務を含んだ追加的声明の作成作業をしていた。この声明は一九九八年五月一日に閣僚会議で正式に採択された。首脳会議が正式に決定する前に、ＥＣＢのために必要な人事問題を早期に決着するという意図も残っていた。この人事決定をもって、一九九八年後半には、ＥＳＣＢが一九九九年初頭から始まる金融政策の統一のために必要な決定を行うこととなっていた。このようにして通貨同盟のスタートについては、ほとんど問題なく決定のための布石が打たれたかに思えた。しかし次に続く数週間は、こういった期待が、少なくとも一点においてはあまりに楽観的であったことを明らかにすることとなった。

第6節

人事問題で揺れた欧州通貨同盟の出発

初代欧州中央銀行総裁を巡る二人の候補者

正式な決定プロセスのための日程は、相当以前から決まっていた。まずＥＵ首脳は一九九八年五月初頭のブリュッセルでの特別会合で、一九九九年一月一日から始まる通貨同盟への参加国について、またＥＣＢ役員会の最初の人事について、それぞれ判断を下すことになった。この時期、偶然にも英国がＥＵ議長国であったが、英国は以前から、少なくとも当面は通貨同盟の最終段階には参加しないことを明らかにしていた。また公式に最終段階が始まるまでに必要とされる準備、特にECBの創設のために、一九九八年前半にその発足の決議が必要であった。そこで必要な事前の作業と明確化は、特に議長国である英国によって進められていた。

各国と共同体が委員会による集中的な準備作業と提案を討議した後では、一般的な期待として、欧州理事会は一九九八年五月二日に必要な決議を行い、その後それを華やかに発表するのに比較的短い時間しか必要としないであろう、と考えられていた。委員会によって提案された一一の参加国については、ベルギーとイタリアの政治責任を担う人たちが、財政健全化の持続的推進に関して政府の意図と義務を明らかにしたので、最終的には全ての政府の参加が可能となる、と見られていた。また一九九八年末時点の中心相場で参加各国通貨をユーロに転換するための共同声明の案文作成作業や、ECBの人事問題も事前に解決していると考えられていた。

ECB役員会の、また総裁と副総裁の候補者については、決定に至るまでには様々な議論と角逐があった。しかし四月末には、人事パッケージは、ECBの初代総裁に関してフランスがまだ留保していたにもかかわらず、最終的にはフランス大統領にとっても受入れ可能なものとなる、という期待が広がっていった。ともあれ歴史的な欧州理事会の前夜には、比較的短い終結協議と素早い決定が行われるであろう、という期待が支配していた。ブリュッセルでは、夕刻の早い時期に最終討議が行われ、公的な決議文書が華やかに発表されることが予定されていたので、英国は議長国として、大蔵大臣と外務大臣と並んで各国の中央銀行総裁も最終討議に招待していた。

しかし期待とは別の事態が起こった。ＥＣＢ総裁を決定する協議において、ブリュッセルでは重大な、そしてこれまでの決定の全てを問題とするような対立が生じた。打開のための努力は困難を極め、この対立は真夜中にまでずれ込んだ交渉を経てやっと克服されることとなった。難題を抱込むこととなった原因については、その後世論でも色々に解釈されている。ブレア首相の指導のもとにあった英国の議長国としての準備が十分ではなかった、という批判もあった。しかし問題の原因はもっと深刻なところにあった。特にＥＣＢの初代総裁を決定することについて、長い間シラク・フランス大統領は別の意見を持っていて、この相違は初め水面下にあったが、最終局面で前面に出てきたのである。その根源は極めて少数の人たちしか知らず、またかなり前に遡る。

ＥＵ首脳は一九九三年末、各国中央銀行総裁評議会の推薦に基づいて（マーストリヒト条約第17条1項）、ＥＣＢの前身であるＥＭＩの総裁に、長く国際決済銀行の専務理事の職にあったアレキサンダー・ラムファルシー男爵を任命した。それ以外の国からも候補者があったが、各国中央銀行総裁はかなり早い段階で、欧州人として確信を持ち、中立的な候補者であるラムファルシー男爵で一致していた。ＥＵ首脳もこの提案を躊躇することなく受け入れた。任命に当たって少なくとも中央銀行総裁の間では、ラムファルシー男爵は年齢を理由にＥＣＢ総裁職を受けることはないだろう、というのが大方の意見であった。そこで男爵が総裁職を受けないことが明らかになった後では、ＥＭＩ理事会の理事の間では早くから、将来のＥＣＢ総裁職を担うべき他の候補者について非公式な話し合いがあった。ＥＣＢ総裁の任命はＥＭＩの総裁職の場合と異なり、各国の中央銀行総裁の案件ではない。推薦は形式的にはESCBとECBの定款第50条に基づいて、各国の経済大臣と大蔵大臣が行う案件である。EMI理事会は、ECB総裁職に関しては単に意見を述べる機会が与えられているだけである。しかし各国の中央銀行総裁はこの問題に関して極めて早い段階で考えが一致しており、定款が定めている規則は総裁評議会のイニシアティブを排除するものではないと考えられていた。

一九九七年春、ラムファルシー男爵は個人的な会談で近々総裁の職を去る合図を送り、後任にEMI総裁の職にあってECB総裁の職務を準備する、という機会を与える意思があることを伝えた。それを受けて即刻各国の中央銀行総裁の間で最初の非公式の会議が行われ、可能であれば次のEMIの総裁は、一九九八年央以降は初代のECB総裁となる、ということで意見が一致した。このようにして二つの機関の間の必要な継続性が保障されるからであった。議論が進むにつれ、各国の中央銀行総裁の間では、長くオランダ中央銀行総裁を務めているヴィム・ドイゼンベルグが候補者として適当である、とする意見が形成されていった。私の立場からしても、この候補者は多くの利点を備えていた。ドイゼンベルグは経済学者として、政治家として、最後には中央銀行総裁として多様な経験を備えていること、比較的小さい加盟国の出身であること、一貫した安定政策志向には疑問の余地がないこと、などである。

しばらくして各国の中央銀行総裁の間でも、ヴィム・ドイゼンベルグはアレキサンダー・ラムファルシーの後任として優れた候補者である、ということで意見の統一が見られた。次にはヴィム・ドイゼンベルグ自身が受諾する必要があった。彼は、EMI総裁に引き続いてECB総裁への招聘が期待されていることに十分な根拠がある場合のみ、オランダ中央銀行総裁を放棄する意向であった。ＥＭＩとしての任期がほぼ一年しか残っていないことを考えれば、理解できる条件である。最終的にはドイゼンベルグは、指名を受けるに当たって、ＥＭＩ総裁への任命は、将来の中央銀行総裁職への指名を受けるためのある種の事前決定であるとみなされることを条件とした。しかし既述のとおり、この総裁候補の提案権限は一義的には政府にあって、各国中央銀行の権限ではなかった。

各国の中央銀行総裁は、まずこの点について各国政府と内々に連絡を取ることで合意した。私はそれに従い一九九七年夏、コール首相とも、またヴァイゲル蔵相とも個人的にこの問題点を議論し、ドイゼンベルグを推薦することで肯定的な反応を得た。恐らく他の中央銀行総裁も同じような結果を得たと考えられる。ただジャン・クロード・トリシェ・フランス銀行総裁だけはフランス政府から未だ回答を得ていなかった。私たちはＥＭＩ理事会において（ジャン・クロード・トリシェから異論は出されなかった）、ＥＵ首脳に対して、退任するアレキサンダー・ラムファルシーの後任としてヴィム・ドイゼンベルグを推薦することを決定した。この推薦はＥＵ首脳によっても支持を得たが、フランス大統領だけは、ドイゼンベルグをＥＭＩ総裁に任命しても、ＥＣＢ総裁への事前決定とは関係づけられないことを明確にしていた。そして大統領のこの指摘には、形式的な法律的状況を指摘する以上の何かがあるという思惑が広がった。

しばらくして、やはりこのコメントの裏にはそれ以上のものが含まれていることが明らかとなった。パリでは、ジャン・クロード・トリシェがＥＣＢ総裁の公式のフランス政府の候補者として発表された。このことはその他の多くの政府にとっても、また各国の中央銀行総裁にとっても大変な驚きであった。この一方的な告知に対する世論の反応は、どちらかといえば批判的であった。トリシェの高い個人的資質に対しては疑う余地はなかったが、多くの首都では、発表の背後にあるフランスの要求に対して批判的なコメントが出てきた。フランスのモスコヴィッチ欧州問題大臣はこのフランスの提案を、ＥＣＢの初代総裁に対するフランスの「自然な」要求である、と根拠づけた。彼は、フランクフルトをＥＣＢの所在地と決定したことと関連して、ボンとパリの間に申し合わせがあることを示唆した。早速ボンはこのような主張を否定した。もっともドイツではシュミット元首相がドイツの高級週刊誌ツァイト誌において、一時期フランスによる初代総裁を支持していて、その時の候補者はジスカール・デスタン元大統領であった。ＥＣＢ総裁に政治的な人物を指名することについては、欧州の世論は全くポジティブな反響を示さなかった。

ドイゼンベルグかトリシェかについて、議論は引き続き続いたが、多数の意見は明確であった。トリシェの総裁職に対する個人的能力については疑念の余地はないが、ＥＣＢの初代総裁は可能な限り大国から出すべきではない、という総意である。ドイツ政府内でもこの意見が支配的であった。通貨同盟の開始に当たってフランス人を総裁に任命することは、ドイツ人の中にある澱《よど》んだ感情をより先鋭化させることになる可能性がある、としてこれに懸念が示され、フランスに対しては分別が期待された。連銀においてもこの点は同じであった。私は、経験豊かで専門的にも十分な能力のあるフェアなパートナーとして、トリシェを高く評価していた。様々な、しばしば困難な交渉を通じて、私たちは友人となった。ドイツの反論は従って個人に対して向けられたものではなく、フランス人を初代総裁に任命することをドイツの世論に伝える困難さにあった。この点に関して補足すれば、当時のイタリアのロマノ・プロディ首相とカルロ・チャンピ蔵相は、私を妥協的候補として登場させることを何回か試みた。しかしフランス人を初代総裁に任命することに対する異論は、ドイツ人による総裁についても言えることであり、私は初めから立候補の依頼を全く受けつけなかった。この対応はボンでも完全に支持された。

フランスの固執

ブリュッセル欧州理事会を直前に控え、プレスには、パリとボンの間で任期を半分にし、二人の候補者の間で総裁の任期を始めから固定するという交渉が行われる、という憶測が流布した。しかしこれではマーストリヒト条約と整合性のある解釈をすることが困難であり、ボンではこの報道は否定された。コール首相はこの問題について私に、条約と異なる解決は支持しない、と電話で伝えてきた。ボンの連邦大蔵省は、パリからの報道にもかかわらず楽観的であった。フランスはブリュッセルにおいて判断を変える、と見ていたのである。五月二日午後、私はこれまでの意見の相違はそれまでには解決され、ドイゼンベルグが八年間の任期を全うするという任務には何の支障もないだろう、と期待しながらブリュッセルに飛んだ。

ドイゼンベルグが任期を全うするかどうか、それは任命との関係では決定されていない。個人的な決定を理由に任期前に退任することは、連銀法務部の解釈によれば、マーストリヒト条約に抵触するものではない。しかしブリュッセルに到着した私は事情を知って驚いてしまった。人事問題は未だ最終決着に至っておらず、従って会議の華やかな終結は深更に延期される必要がある、という状況を知らされたからである。将来の副総裁と四人の理事についての合意はこの時点で成立していた。私はコール首相や、ヴァイゲル蔵相、その他の国の政府閣僚との協議を終え、理事としてドイツ連銀のチーフ・エコノミストを務めているオットマー・イッシング教授を推薦していたが、この件はこの時点で既に承認されていた。私から見れば、この人事提案とボンやその他の国の政府閣僚による了承は、ＥＣＢの将来の仕事にとって重要な柱であった。この点についてはその後も時折説明しているが、ユーロの将来に対する、連銀による重要な投資でもあった。

この時点でも、初代の総裁について合意はなかった。シラク大統領は明らかに、ドイゼンベルグの総裁としての期間は条約で規定されている八年間のうちの最初の半分とし、その後トリシェが就任すべし、と主張していた。私はたまたま進行している会議場の廊下でドイゼンベルグを見つけた。彼は私に声明書案を示した。これは議長国としての英国からドイゼンベルグに回付されてきたものであった。それによれば、ドイゼンベルグは少なくともユーロ紙幣と硬貨の導入後、遅くとも二〇〇二年初めに退任し、後任に道を譲ることが義務づけられていた。ドイゼンベルグも私も、実質上あらかじめ決定された日付をもって退任するという声明は、条約の内容と一致しないと思っていた。そこで、候補者が個人的な理由で、将来を見渡したときには八年間の全てを職務に従事しないこともありうる、というのが発表としては許される限度であろう、と私たちは考えた。起こりうるかもしれない任期満了前の退任の時期は、候補者の決定に任せなければならない、という考えであった。可能性として考えられる任期満了前の退任のために、その時期を任命との関連で決定することは、明らかに条約の規定と矛盾する。この規定は、意識的に八年間という任期をもって総裁の独立性を強化することを意図していたのである。

以上の見解はドイツ代表団の内部協議においても共通の判断であった。キンケル外相もヴァイゲル蔵相も同じ考えを強調した。両大臣とも、総裁任命との関連で任期満了前に退任の時期を決定することは、条約に反すると考えていた。それでも実行する場合には、カールスルーエの違憲審査を覚悟しなければならない、というのがキンケル外相の考えである。ドイツ代表団の中では明確な意思形成が行われたので、コール首相はその日の夕刻、一連の会談を重ねて条約と一致する妥協案を求めることとなった。困難な二国間・多国間の会談の一部には両大臣と私も参加することとなり、その結果真夜中を暫く過ぎて、内容的に全員が受容できる解決を見つけることができた。書面による声明においてヴィム・ドイゼンベルグは、年齢を考慮して総裁として八年間の任期をＥＣＢの総裁として執務する意図はない、しかし事前に退任のための時期を決定するかどうかは総裁個人の決定である、と宣言した。このような声明は、法律専門家の判断でも条約の法令内容と一致していた。EU首脳は非公式に、ヴィム・ドイゼンベルグが退任する場合には、ジャン・クロード・トリシェがふさわしい後任であることで合意した。

極めて困難で労力を費やした合意の後、一九九八年五月三日の午前には全ての結果が公式に通知された。通貨同盟の第三段階は一九九九年一月一日に一一か国で開始する、各国通貨のユーロへの切り換えは現在の中心相場を基礎として行われる、というのが骨子である。それに加えて、新たに組織されるECBの最初の役員会の候補者名簿も明らかにされた。そしてもともと予定されていた祝典は中止された。協議の進行がほとんど魅力的なものではなかったし、困難な決定の後ではもう誰も祝う気にはなれなかったのである。

ブリュッセルの事件に対する世論の反応は、特にドイツでは散々であった。様々な報道やコメントでは、決定が極度に政治化されたこと、将来のECBに対して各国の影響が行使されすぎたことに対して、懸念が表明された。確かに成立手続きは最善のものでもなく、信頼醸成からは全くかけ離れたものとなってしまったが、しかし決定は行われた。一一か国による通貨同盟への移行とECBの創設に対する決定は、疑いもなく欧州にとって歴史的な意味を持っていた。欧州理事会決定によって通貨同盟が発足すること、一一か国の通貨を共通通貨ユーロに転換すること、一九九九年一月一日をもって金融政策上の権限を超国家的なレベルに移し変えること、が最終的に決定されたのである。最終的には制度的にも人事の面でも、ユーロへの最後の行程と、待ちに待った通貨同盟の開始の決定が下された。最後のラウンドになって不意に起こった困難が過ぎ去った後は、ただ前を見据え新しい挑戦に備えることが重要であった。この意味でＥＣＢとＥＳＣＢを創設し、年が替わって以降、効果的で万人を納得させる金融政策を実行することが必要となった。

第7節 ＥＣＢにおける最初の方針決定

欧州中央銀行の始動

ブリュッセルで人事問題に関する最終決定が劇的な形で結着を見た後は、正式にＥＣＢ総裁を含む理事（総裁、副総裁、理事四名の計六名が執行役員会を形成）の任命は形式的なものであった。条約上規定されている欧州議会とＥＭＩ理事会による審議は、予想どおりいかなる意味でも特別のものとはならなかった。ＥＵ首脳会議の場で合意された候補者は、全て理事就任への推薦を受けた。こうしてＥＣＢとＥＳＣＢを創設するための最初の役員会が一九九八年六月一日に正式に召集され、新しい任務が受諾された。八年（再任は認められない）という通常の任命期限とは異なり、定款第50条では初代の任命に関して総裁については八年、副総裁については四年、そしてその他の四名の理事については五年から八年と規定されていた。四名の理事の任期についてはブリュッセルの交渉で決定された。オットマー・イッシングは最も長い八年の任期を得た。

一九九八年六月初め、新しい組織のもとで役員会が活動を始めた。職員とオフィスは前任のＥＭＩから受け継ぎ、発足に伴う困難さは軽減された。また組織や業務規則、そして特に役員会の担当配分も特段の問題もなく決定された。オットマー・イッシングは重要な部局である「経済・研究局」を受け持ち、初代のチーフ・エコノミストとなった。また新しいＥＣＢ政策委員会は役員会理事と一一名の各国中央銀行総裁で構成され、これも早速任務を遂行していった。

政策委員会は六月九日に最初の会合を開くに当たって、内容にかかわることではないが、象徴的な出来事を経験した。政策委員会を担当する職員はＥＭＩの場合と同様、中央銀行総裁の出身国のアルファベット順に従って各委員の席を決定し、それに対応して各国の名札を置いていった。しかしＥＭＩの場合と異なり、政策委員会は第一義的にはもはや各国の代表ではなく、ユーロに対して個人的に責任を持つ政策委員会の委員である。そこで私は会議の冒頭、新しい着席表と席次名称を提案した。国名とそのアルファベット順はもはや重要ではなく、個人の名前のアルファベットが重要だったからである。ドイゼンベルグ総裁やその他の委員はこの配置を支持し、ＥＣＢにおける彼らの任務はもはや第一義的には各国利益の代表ではなく、将来のユーロに対する共同責任であることを明らかにした。これによってジャン・クロード・トリシェとハンス・ティートマイヤーは、たまたま姓の冒頭がアルファベットでは同じであるということで、着席は隣同士ということになった。

ＥＣＢの創立式典が公式に行われたのはそれから何週間か経った日であり、フランクフルトのアルテ・オペラ劇場で催された。通貨同盟のための具体的な準備作業は、ＥＣＢの役員会においても、またこの時点をもってユーロ・システム（過渡的なＥＳＣＢはこう呼ばれている）に所属した各国中央銀行においても、既に始まっていた。時間は迫っていた。ＥＣＢによる金融政策の責任の引き受けまでに、そして一九九九年初頭から統一的な金融政策が導入されることになるまでに、まだ多くの決定がなされる必要があった。確かにＥＭＩにおける協議によって、金融政策手段、目的設定、そして金融政策戦略のために重要な選択肢はほとんど用意されていた。また多くのテーマに関して専門家による詳細な報告があり、準備作業の現状を要約していた。

ＥＭＩ理事会では全部で一五の中央銀行の総裁が同等の票決権を持っていて、取り敢えずは通貨同盟に参加したくない英国、デンマーク、スウェーデン、あるいは参加が許可されていないギリシャの中央銀行総裁も含まれていた。ＥＭＩによる決定に際しては、ＥＣＢやＥＳＣＢにとって中心的なテーマである金融政策やその援用手続き、将来の金融政策戦略、さらにＥＭＳ協定の管理、ＥＣＵの維持などの関係では、全会一致が求められていた（定款第４条10）。この全会一致制度があるために、議論のある一連の問題が生じた場合には、ＥＭＩ報告の中では単に代替案が示されただけであった。この代替案は選択される必要があったが、その決定はまだオープンなままであった。そこでEMI理事会の場合と異なり、ほとんどが多数決で採択されるECB政策委員会が、代替案について、拘束力を持つ決定を下していく必要があった。

重要な技術的・組織的問題、例えば資本金の払込に関する条件、ECB予算とその監査手続の内容、新しい決済システムの料金体系、最初のユーロ紙幣のための印刷所の決定などが解決された後は、将来の共通の金融政策手段を最終的に決定すること、および新しい共通の決済システムに対するアクセスが問題となった。

特に将来の共通の政策手段については、技術的な問題の微調整という問題以上のものがあった。そこには各国の金融政策の伝統が一部異なっていること、および各国の金融市場の構造が異なっていることによる対立関係があったからである。しかし専門家による集中的な準備作業とEMIにおける事前の協議が終了していたこともあり、政策委員会では驚くような速さで、特別の問題もなく必要とされた一致点に達することができた。そしてECBの新しい金融政策手段は、そのほとんどをこれまでのドイツ連銀の手法から受け継ぐこととなった。例えば連銀が実施していた公定歩合とロンバルド・レートの場合と同じように、二つの常設ファシリティー（証券担保貸付と預金ファシリティー）に適用される金利によって政策金利幅が決定されることとなった。また定期的な公開市場操作によってコールレートと通貨供給量に影響を与えることとなるが、その操作の相手方は、最低支払準備対象の金融機関であった。これによって、欧州の銀行界で長く問題の種となっていた最低支払準備手段も採用されるようになった。連銀は最低支払準備預金への付利を受け入れなければならなくなったが、これは連銀内部で長い間検討していたことであった。

新しい共同体レベルでの決済システムであるTARGETについては、特に通貨同盟に参加しない国のアクセスが議論になった。これは国際金融市場であるロンドンにとっては極めて重要な問題であった。役員会理事であるパドア・スキオッパが交渉に当たり、紆余曲折の末、最終的に政策委員会が受け入れた解決策によって、ロンドンが国際ユーロ市場においてオフショアセンターとしての役割を果たすことが極めて容易なものとなった。

通貨価値の安定と指標の採用

金融政策戦略は、早急に決定されるべき策定の中でも特に重要な意味を持っていた。EMIにおいて行われた事前の作業と議論では、可能な限りの代替案や変更案が詳細に検討されていた。これまで欧州の多くの各国中央銀行が優先して実施してきた為替相場重視論は、ユーロ地域では対内的な通貨価値の安定が一義的任務である、という理由からして既に議論の対象ではなかった。それに代わるものとして、ユーロ地域における物価安定という目的を志向する金融政策戦略が決定される必要があった。その中でも、ECBはこれから先直接的なインフレ目標を持った戦略を進めるべきなのか、あるいはその方向性をより強くマネーサプライの中間的目標に求めるべきなのか、一五か国のEMIメンバーの中では特にこの問題が議論の的となった。

ドイツ連銀の中では、私たちは少なくとも通貨供給量についてはないがしろにしてはいけない、ということに特に重きを置いていた。確かに連銀では、最近数年間通貨供給量の拡大とともに、次第にその他の要素もその時々の情勢判断に加えていた。しかし通貨総量、特にM3の動向を注意深く見守ること、そして安定を許容しうる通貨総量をオリエンテーションとして発表することは私たちにとって放棄することができないものであった。担当する専門家と、最後にはECB政策委員会による集中的な議論と協議を受け、私たちは一九九八年一〇月に共通の立場にたどり着いた。イッシング理事の提案に基づいて、政策委員会は基本路線では今日でも有効ないわゆる二本柱戦略に合意したのである。

この戦略の要点は、まず条約で定められた物価安定という優先目標を、ユーロ地域で統一された消費者物価指数の中期的上昇率を照準にして、具体化することである。当時、政策委員会は目標として前年に対して二パーセント以下を決定した。そして目標とする物価上昇の上限を発表することによって、市民に長期的なインフレ期待に対する「アンカー」を伝えることとした。次にこの場合のリスクを評価するため、また金融政策を決定するためのオリエンテーションとして、定期的に通貨供給量（M3）の動向と、それに影響を与えるその他の要因や安定リスクが、入念に観察され分析される必要があった。その際、事前に決定されるM3の増加目標は参考指標としての機能であって、固定された目標値として機能するものではないとされた。一九九八年秋に初めて決定されたこの戦略はその後、特に英米系の評論家から何回も批判されたが、全体としては真価を発揮したと私は考えている。この戦略はその後いくつかの点でさらに進化していったが、政策委員会は二〇〇三年春、慎重に審査の後、この戦略の基本ラインを再度確認した。このときに強調された戦略の中期的オリエンテーションと物価上昇率の具体化（二パーセント以下、しかしその近傍）は、目的をより詳細に説明したものであり、戦略の変更ではない、と私は考えている。

一九九八年秋に初めて決定され、これまで維持されている金融政策上の戦略によって、ＥＣＢは連銀の最後の実践をほぼ受け継ぐこととなった。その中でもとりわけ重要なことは、マネーサプライの動向を安定政策上のリスク評価に組み込んだことである。特にこの点で、ＥＣＢはドイツの安定政策における中心的要素を採用した。この意味は一九九〇年代に特に米国において発生し、二〇〇〇年になって破裂した証券バブルの経験を考えたとき、過小評価されてはならない。一九九〇年代中期から米国で許容された過剰な通貨総量の拡大は、リスクを伴っていた。それによって消費者物価以外の経済分野でバブル的拡大が生じ、一部では世界的に重大な結果をもたらすこととなった。

残された問題も一九九八年内に処理

ユーロの対外価値との関係においては、既に政策委員会の場で大きな合意ができており、ドルを含む他の通貨に対する為替相場は、第一義的には市場に任せることになった。もっともユーロの為替相場の動向は、安定政策上のリスク評価に組み込まれることとなっていた。この合意に基づいて基本方針が成立していたので、政策委員会では、可能性としてはありうる為替介入のために具体的な原則を決定する必要はなかった。またＥＣＢあるいはＥＳＣＢによる介入は、特別の場合には基本的に排除されるべきでないことについても、始めから合意されていた。

ＥＣＢの定款では、各国の外貨準備の一部をＥＣＢに移管することが予定されており、移管される外貨の量とその通貨構成については、政策委員会でしばらくして合意が達成された。当初問題となったのは、金準備の一部も移管の対象となるのか、という点であった。特に、比較的大きな金準備割合を持つ各国の中央銀行は、ＥＣＢも将来その外貨準備において相当程度の金準備を有することになるということに関心を持っていた。そうすれば市場に対しては、金準備が将来においても発券銀行の外貨準備において一定の役目を果たすということを、メッセージとして伝えることができるからである。このことは特に、市場における金価格の今後の動向や、外貨準備の価値の維持のために重要であった。金準備に関する意見は政策委員会でも最後には採用され、外貨準備をＥＣＢに移管する際には、相当程度の金準備もその対象となった。

ユーロの為替相場が自由に変動することについては基本的な了承があったが、通貨同盟に参加しない国の通貨が、EMSの中でユーロとの結びつきを受け入れる場合には、これらの通貨に対して中心相場を提示する必要があった。為替相場システムに関する決定は、マーストリヒト条約によれば基本的には閣僚理事会の決定事項である。そのため一九九七年のアムステルダムにおける欧州理事会は、経済相と蔵相、および各国の中央銀行総裁の提案を受けて、通貨同盟に参加しないEU加盟国に対しては、為替相場メカニズムII（ERMII）の形でEMSを継続することを、基本的に決定していた。この新しいメカニズムに対しては、各国中央銀行総裁との協議の後に基本原則が決定された。この結果、原則としてこれまでのシステムの規則は将来においても適用されることとなった。また一九九三年の危機の後に暫定的に導入された変動幅（±一五パーセント）は、将来の標準変動幅として援用されるが、個別のケースとして収斂進度の観点から十分であると見られる場合には、為替相場の固定はより狭い幅で実施されることとなった。

その際私の提案が受け入れられて、ECBの介入義務は、介入が物価安定という優先目標と矛盾する場合には、中断されることが可能となった。この結果、一九七八年にドイツ連銀の要請に基づき、当時の連邦政府によって認められた停止規定（第3章第1節参照）は、ERMIIの諸規定に盛り込まれた。この一九九七年のアムステルダム欧州理事会における基本決定はすぐに具体化され、各国の中央銀行間での詳細な合意が実施に移される必要があった。

一九九九年初頭の通貨同盟への移行に伴って、通貨同盟に参加しないEU諸国に対して提示されることとなった新しい協定は、簡単な協議を終えて、一九九八年秋には作業に参加した一五か国の中央銀行によって署名された。このような為替相場の固定化による利益については、通貨同盟に参加していない四か国の間では実に様々な判断があった。そして非ユーロ国の中央銀行総裁も参加したECB拡大政策委員会の席上で、このことがあらためて明らかとなった。イングランド銀行とスウェーデン国立銀行の総裁は、デンマークやギリシャと異なり当分ERMⅡには参加しないだろうと発言したのである。他方ECB政策委員会委員とデンマークの中央銀行総裁は、安定を志向し、EU内での収斂を促進するための為替相場メカニズムの有用性を再度強調した。もちろんERMⅡへの参加に関する決定は各国に任されており、二〇〇四年にEU加盟国となったいくつかの国も、デンマークと並んで今このメカニズムを利用している。

一九九八年秋に政策委員会および将来ユーロ・システムに参加予定の各国中央銀行総裁の間で協議したことの一つは、様々な国際会議における将来の通貨同盟の対外代表の問題であった。一九八九年のドロール報告においても、またマーストリヒト条約においても、この問題はほとんど未定のままであったが、政策委員会では早い時期に合意があり、IMFへの参加権、従ってIMFの会議における公式の参加は、別途の決定が存在しない限り、将来においても参加各国に残されている、というものであった。

不明確な点として、将来、IMFに対してユーロ地域の金融政策はどのようにして代表され、これまで各国別に行ってきた毎年の監視（サーベイランス）はどのようにして組み込まれるか、という問題があった。ＥＣＢは通貨政策に関連した欧州の、あるいはその他の国際会議において代表を派遣すべきか、代表を送る場合の方法はどのようなものか、という問題もあった。一方ではＥＣＢを国際会議の作業に参加させ、他方では各国の中央銀行に国際会議での共同作業を可能とさせる道が求められたのである。これに対して一般的な名案はなかった。実際的な解決に向けて実務的に進めていかざるを得なかった。この努力の結果はまさに様々な形とプロセスを取ることとなった。ワシントンのＩＭＦにおいては、ＥＣＢの非公式な代表部が設立され、ユーロ地域における金融政策が問題となるときは、代表部が協議への招聘を受けることとなった。バーゼルの国際決済銀行では、ＥＣＢは資本金保有率としては比較的小額であるが、ＥＵの各国の中央銀行と並んで独立した出資者となった。大蔵大臣と中央銀行総裁によるＧ７やＧ10においては、将来はＥＣＢ総裁も定期的に招待されることとなった。さらに、以前の通貨評議会から発展した新しいＥＵの経済金融評議会については、ＥＣＢはマーストリヒト条約を根拠に既に参加していた。最後に、ＥＣＢ総裁がユーロ・グループの非公式蔵相会議に招待されることは、当然ながら明確であった。もっともこれらの一部は、まず長い移行プロセスを進めたあとで実現されることとなった。

各国通貨がユーロに統合

一九九八年が終わりに近づき、翌年からはユーロ地域の金融政策が統一されることになったその時期に、通貨同盟に移行する際の共通の金利水準が議題に上ってきた。これについては、欧州の各国の中央銀行の中では、色々な角度から詳細な協議が行われた。ドイツ連銀理事会は、私の提案を踏まえて、一九九八年一二月初めに協調金利引き下げに参加することを決定し、証券レポ金利を三・三パーセントから三・〇パーセントに引き下げた。この決定は連銀にとって容易ではなかったが、それは当時のラフォンテーヌ大蔵大臣がドイツの世論に訴えて圧力をかけ、むしろ逆効果ともいえる金利引き下げキャンペーンを仕掛けたことが大きな理由である。私は記者会見において、「この決定は独立した、政治的な期待から全く影響を受けていない連銀の決定である。正しいと思ったことに対しては讃えることも恐れることもない（Nec laudibus, nec timore）」と述べたことを今でも良く覚えている。新聞やテレビの報道が示すように、報道記者は当時のこのコメントを十分理解していた。

連銀にとってみれば、この決定は独立した金利判断としては最後のものであった。これによってこの金利水準が通貨同盟の開始の際の共通の水準として決定された。証券担保貸付ファシリティーおよび預金ファシリティーとしてそれぞれ決められた四・五パーセント、二・〇パーセントに加えて、一九九九年冒頭から始まる最初のユーロ・システムの証券レポ金利三パーセントが、クリスマス直前にＥＣＢ政策委員会によって決定された。これをもって通貨同盟の最終段階に移行するための政策金利が決定されたのである。

通貨同盟への移行までの最後の日が近づくにつれて、通貨同盟に参加する通貨の為替相場について、市場はこれを疑問視していないことがますますはっきりしてきた。一九九八年五月初めにブリュッセルで発表された声明文では、通貨同盟参加国の中心相場がベースとなって、年末に公式に決定されるユーロへの転換レートが適用されるとなっていたが、国際金融市場は明らかにこれに納得していた。以前は存在していた市場における金利差がどんどんと縮小していっただけではない。参加国の通貨の間の為替相場の変動も、この一年が進行していくにつれてその差は極めて小さくなっていった。その結果欧州理事会は年末の指令において法的拘束力を持つ最終決定を行い、これまでＥＭＳにおいて有効であった二国間の中心相場がユーロ転換時の相場であり、各参加国の通貨はこの相場を介在してユーロに転換されることとなった。これをベースに計算された転換相場一ユーロ＝一・九五五八三ドイツ・マルクをもって、ドイツ・マルクは一九九九年一月一日には共通通貨ユーロへと合流していった。ドイツ・マルクは同時に経済的、法的独立性を失い、それ以後はユーロの構成部分の一つとなったのである。

通貨政策の主権をＥＣＢとＥＳＣＢに移譲したことによって、一九七〇年代初めに通貨同盟に向けて線路に載せられた機関車は、長い間の停滞や、時には後退や脱線を経ながらも、一九九八年末から一九九九年年初にかけて最終的にユーロという駅に到着した。紙幣と硬貨の交換に至るまでにはなお三年を必要としたが、法的にも経済的にも通貨同盟の最終段階はこのときに始まった。そして二〇〇二年初頭の紙幣と硬貨の交換によって初めて、一九九九年初頭に生じたことが明確に認識され、経験できることとなった。それは、全ての参加各国にとって歴史的な、共通の通貨を持った通貨同盟という永続する共同体への一歩であり、重要な論理的帰結を持つ、引き返すことのない一歩である。この一歩は、多くの新しいチャンスと並んで、様々な新しい挑戦を突きつけている。これを越えていくために、将来も転轍器は正しく動かされなければならない。

第6章
単一通貨の発足と残された課題

ユーロ発足を祝って（1999年1月1日）
（ドイセンベルグECB初代総裁（中央））

第1節 中間評価は合格点

市民に受け入れられたユーロ

一九九九年の通貨同盟への参加とユーロへの移行を経て、その後重要な経験が重ねられている。中間評価としては、これまでの経験は通貨の領域に関する限り疑いもなく成功であると言える。長い年月をかけた議論の後に出来上がった通貨金融政策における制度的な、また内容面での基本路線は、危機的な状況にあってもその真価を発揮してきた。今日、ユーロは欧州にとって単なる重要なシンボルであるだけではない。ユーロは今や世界的にも強い通貨として認められている。

産業社会において、国家財政において、あるいは金融市場においても、一九九九年初頭の新しい共通通貨への移行は、ほぼ問題なく実行に移された。多くの国において新しい、あるいは異なった政策手段が共通の金融政策の名のもとに採用された。当初は技術的な困難もあったが、この困難は素早く排除できた。金融市場や市民生活の分野で、ユーロは新しい独自の通貨としてすぐに使用されるようになった。このようにして、通貨同盟に参加している各国の経済主体のために、単一の通貨と金融政策を持った統一通貨圏が、比較的短期間に成立した。

最近の研究が明らかにしているように、欧州の金融市場の統合はこれによって巨大な新しい機会を得た。特に短期資金市場は、ユーロ地域ではほぼ統合されている。資本市場や証券市場においても、統合に向けた進展は明白である。各国の国債に関しては、金利はほぼ同一レートに接近してきた。欧州の社債市場は極めて大きくなり、ダイナミックになってきている。株式市場においては、国の枠にとらわれない度合いは前以上に強くなった。もっとも、ユーロ地域において金融市場が正しい機能を果たしているかどうかという点では、各国で異なる規則や法令が多く存在しているために、その機能が未だに阻害されていることは残念である。各国通貨からユーロへの移行と、共通の金融政策の運用によって、市場とそこで活動している機関が受ける障害は、部分的にせよ以前より明白なものとなった。そこでアレキサンダー・ラムファルシーを委員長とする専門家委員会の報告を基礎として、ＥＵの当局は現在この相違をできる限り早く埋めるために努力している。銀行部門や監督部門においては伝統的に、また組織的に相違があり、このために必要な調和や構造改革は一歩一歩達成していかざるをえない。通貨同盟はしかしこの点で明確に圧力を加えている。

紙幣と硬貨の交換は、そのために必要な準備と印刷・鋳造に時間がかかり、また通貨同盟への最初の参加国が決定された後で法的な措置を取って、実施に移さざるを得なかったこともあって、二〇〇二年初めとなった。この交換も全体としては驚くほど問題のないものであった。一一か国の通貨を新しくユーロ紙幣と貨幣に交換することに、さしたる摩擦も生じなかった。それ自体が立派なロジスティック上の成果である。もっと重要であったのは、通貨同盟参加国やその隣国に住む三億人以上に及ぶ人々が、ユーロを新しい通貨として驚くべき速さで受け入れたことであった。人々は新通貨をすぐさま支払手段として利用し、その価値を認めた。もっとも昔の各国の通貨に対しては、しばしばそれを懐かしむ気持ちは残っている。ドイツでは多くの消費者が明らかに、今日でも大まかにドイツ・マルクに換算している。

同様なことはドイツ以外の国でも見かけられる。長く続いている習慣というものは、昔大切に使っていたものについて、とりわけその効果は持続される。またドイツに限らず多くの人々は、通貨交換によって多くの製品やサーヴィスが相当値上がりした、という印象を持っている。多くのアンケートや分析は、この結果を表している。報道でしばしば引用されているユーロ値上げ効果は、公式の統計では限定的にしか現れていないが、公式の報告においては何度も、「感覚的な」物価上昇効果について報告がなされている。多くの市民が抱いている、統計的把握に対する疑念は、これまでのところ明らかに完全には打ち消すことができていない。多くのことが教えているように、物価が上がった、という感覚は慣れるための時間が長く続いた後で初めて薄れていく、特に昔の通貨と毎日比較することが少なくなったときにこの感覚が薄れる、ということなのであろう。

決定的に重要なことは、ユーロに加盟した一一の諸国の市民は新しい通貨を受入れ、それがもたらした長所を、特に国境を越えた旅行に際して評価した、という点である。ユーロ地域では以前の両替や為替リスク、あるいは為替手数料などが消滅し、市民からは明らかにポジティブに評価されている。もっともアンケートによれば、ユーロについての意見は全ての国で同じように歓迎され安定している、とは現在でも考えられていない。その理由はおそらく、第一義的には通貨政策とは離れたところにあるのではないか、と私は考えている。

通貨政策上これまで重要で、現在でも重要であることは、ユーロ地域における物価安定に関して、従って通貨価値の安定の確保に関して、これまで総体としてポジティブな結果が出ていることである。原料や農産品の多くで物価が一時的に大きく上昇したにもかかわらず、統計的に把握されたユーロ地域での消費者物価は、過去五年間を見れば、全体としては他の工業諸国と比較して上昇率は小さい。確かに、一時的にはECB政策委員会が中期的な上限として定義した二パーセントのインフレ率を超えることもあった。その原因はしかし、金融政策の影響の可能性からはほとんど離れたところに認められる。伝染病や収穫期の影響で生じる農産品の上昇は、この関連での影響の一つである。またいくつかの原材料のように、一時的に見られる異常な輸入物価上昇もそうである。

ユーロ地域における物価上昇を良く見れば、一部には加盟国間で極めて異なる物価格差がある。この国別格差は時間の経過とともに大幅に縮まっているが、伝統的な通貨圏でも一般的に認められる地域的差異は、多くのケースで国別格差を未だに凌駕している。この差は、特に各国経済の間の構造的な、また景気循環的な特異性に帰着しているといえる。通貨同盟内で長期的にインフレ率を完全に平準化することは想定できないし、またそうすべきでもない。しかし今なお各国間でインフレ率に比較的大きな差が存在するということは、新しい共通の通貨地域において、各国の経済財政政策が内部構造を変えて、必要な共通の方向性を打ち出すに至っていない、ということを明らかにしている。

通貨同盟が発足した際、参加各国の状況は景気循環的に確かに多様であった。現在でも、各国経済の伝統や構造において、また政策において、未だに大きな相違や拡散があることは見逃してはならない。ここには潜在的な緊張が宿っていて、それを過小評価してはいけない。各国で異なるインフレ率は、名目ではほとんど同じ金利であっても実質価値を変動させている。確かに実質金利の格差は、インフレ率が低い場合にはそれ自体によって競争条件が有利となるので、少なくとも部分的に相殺されると思われる。しかし実質金利の差がより大きくなれば、困難な局面では、共通の金融政策は各国それぞれで、様々に受け止められる可能性が出てくる。実際に過去においても、現在でも、異なって解釈されていることが、特に政治の公式の反応として表れている。この緊張にもかかわらず、ユーロの対内的安定は守られてきており、現在では世界的に安定した通貨のイメージを確立している。これはこれまでの共通金融政策が、一貫して持続的な安定志向に根ざしていたことの功績であるといえる。

EU拡大、グローバル化そしてユーロへの挑戦

共通の金融政策に対する当初五年間の責任を考えるとき、ECBはその安定志向と政治的独立性を様々な場面で証明してきた。各国の、また欧州レベルでの政治家や学者、報道関係者といった人たちからは様々な批判があり、その中には事実に反するものもしばしばあるが、ESCBに集まる共通の金融政策の責任者は、こういった批判があるにもかかわらず全体としては明確な安定路線をはずれるようなことは行っていない。この安定路線は、その後いくつかの国において明らかとなった構造上の、あるいは財政政策上の問題に対して、責任を問われるような立場に立たされてもいない。事実は逆であって、連銀や各国の中央銀行がかつてそうであったように、ECBも現在では安定政策について名声を勝ち得ている。この名声は、市場による将来の政策評価のために極めて大切である。金融政策上の基本路線を忠実に進めていること、外に対しては良好なコミュニケーションを維持していること、これらは重要なことである。当初の不安定を乗り越えて、ECBとユーロ・

システムは年とともに経験を積んできており、この経験はこれまで批判的であった人たちからも次第にポジティブに評価されてきている。

ＥＳＣＢの責任者は、しばしば公共の場でも責任を有する政治機関に対して、安定・成長政策の立場から経済・財政・社会政策上の問題点を指摘し、その修正を勧奨する勇気を持っている。このような対応が特に議会や政府の責任者の支持を得るとは限らないことは当然である。安定政策の監視者としてのＥＣＢの役割は、ユーロの安定のために重要であり、その立場は放棄できない。ＥＣＢは、安定志向と政治的独立に関してこれまで疑いもなく重要な尺度を提供し、市場に対して明確な方向性を与えてきた。

もっとも、安定を明確に志向するというＥＣＢの政策は、数年にわたる脆弱な局面を経て初めてユーロの対外価値を安定化させ、強化することに成功した、という事実があることを指摘したい。経験によれば、ある通貨の為替相場には、金融政策と並んでその他様々な判断と期待が反映されている。最終的には、為替相場は市場から見れば常に幅広い経済的・政治的な期待像の反映である。この期待像には、ユーロ地域以外の要因も含まれている。一九九九年から二〇〇一年までの米国経済に対する市場の極めて肯定的な評価は、ユーロに対するドルの相場を大幅に引き上げることとなった。ユーロ地域における金融政策の評価については明らかに不安定さがなお残っている、という要素もあった。しかしこの評価は時間の経過とともに明らかに変化していった。米国の国家財政と対外貿易における極めて大きな赤字は、近年では市場から次第に批判的に評価されており、それは特にドルの対ユーロ相場に反映されている。それ以外の通貨に対して、ユーロの為替相場変動はこれまであまり目立っていない。ついでにユーロの長期の対外価値に関していえば、準備通貨としての役割の評価と並んで、特に経済のダイナミズムとユーロ地域内での安定政策上の収斂への期待が、特に重要な役割を果たすこととなろう。何故なら、経験によればある国の通貨の対外価値は、長期的にはその国の通貨によって代表される経済の内的な強さと、その背後に潜む政策を反映しているからである。

国際金融市場においては、ユーロは今日ほぼあらゆる分野で二番目に重要な国際通貨である。ECBの分析が示すように、国際的な通貨の使用に際して、ユーロとドルとの差は明らかに近接してきている。特にユーロ地域に近接する国においては、ユーロは今日「資金調達の場合には借入れ通貨として、外為市場では媒介通貨として、為替相場システムではアンカー通貨として、そして多くの国では並行通貨として」の役割を担っている。ユーロ地域が行う全ての外国貿易において、現在ではほぼその半分がユーロで決済されている。世界的に取引されている原料や国際的な経常取引のための決済通貨としては、ユーロの使用はドルと比較すればまだ極めて少ない。しかしここでも最初の変化が見られる。世界の各国中央銀行の外貨準備を世界的に集計すれば、ドルがまだ支配的であるとはいえ、ユーロの割合は過去数年で大きく伸びている。全体的に見れば、ユーロは国際的にはこれまでユーロの前身である各国の通貨の役割、特にドイツ・マルクの役割だけを引き受けただけではない。既にその役割を一部発展させている。

通貨の分野では争うことのない成果がある一方で、経済財政政策の分野では今なお問題が増大したり、挑戦が生じたりしている。特に重要な問題となっているのは、今でも残る、そして一部では極めて大きくなった加盟各国間における経済財政上の収斂の未達である。各国で長い間堆積している構造問題も、通貨同盟への移行により「旧い通貨のヴェールが剥がされた」ことによってより明らかに、そしてより危険になっている。ユーロと、そして共通の金融政策は、ユーロ地域内の通貨の安定と並んでより大きな透明性と競争を創り出した。また伝統的な金利差と、各国の旧い通貨の間に存在していた特定通貨への選好をなくしてしまった。経済競争における劣位や、経済・財政・社会政策と制度的な構造における脆弱さは、EUの拡大と、進展するグローバル化によって影響される通貨同盟の環境の中で、一層の対策を求めている。この点において、これまで十分には達成されてこなかった重要な課題が我々の前に立ちはだかっている。

第2節

低い経済成長と雇用問題

深刻な構造問題

多くのユーロ諸国において数年前から続いている低成長と、高い、一部では未だに上昇している失業は中心的な問題であり、この課題はこれまでほとんど解決を見出していない。この傾向は一九九〇年代においてその一部が明らかになっていたが、通貨同盟への移行の際には、欧州も含めた世界的なブームによって覆い隠されていた。そして株式市場における投機的上昇が修正を受け、また今世紀に入ってテロ攻撃が発生したことで、世界景気は後退をこうむり、これがユーロ地域にも強い衝撃を与えた。世界経済の大部分はその後比較的早い足並みで軟弱な局面から脱却したが、ユーロ地域においてはこの回復はほとんど現れていない。輸出ブームには力強いものがあるが、ユーロ地域の大部分では、成長と雇用の動向は世界的な回復を大きく下回っている。この最近の回復の差異が示すものは、明らかに持続する低成長と高い失業という主要な原因は各国そのものに求められるということである。特にユーロ地域の中でも三大経済国であるドイツ、フランス、イタリアの経済は、長い間深刻な構造問題と戦ってきたが、経済のダイナミズムと革新は阻害され、成長はひ弱で、また雇用は危険に晒されている。

この問題は詳細に見れば個々の国で異なっているが、長い間堆積された問題である。最近では先鋭化したグローバルな、また欧州内での競争によって、この問題が次第に明確な形を取っており、ますます重要性を増している。成長の弱いユーロ諸国では、多様な規制と課徴金負担が必要な経済的革新と新しいダイナミズムを阻止している。柔軟性に欠ける規則や詳細な賃金・労働協定が、労働市場における弾力性を必要以上に抑えている。教育システムはこれまで、多方面で変化した社会的条件や経済的・技術的要請を十分には考慮してこなかった。次第に明確になっている人口変動は、これまでの社会政策的な所得再配分システムを財政的に支えることを多くの国でますます困難にし、現行の規則のもとでの労働コストを過度に引き上げている。こういった問題が原因となって、これまで大きな期待があったにもかかわらず、通貨同盟は全体として成長の趨勢が強化され、新しいダイナミズムへと発展するというようには進まなかった。実際にはその逆のことが起こっており、ユーロ地域はこれまでどちらかといえば後退している。

これは特にドイツ経済についていいえる。ドイツは、ドイツ統一の後も未だに克服されていない多くの課題と、変革期にある中・東欧諸国による、特にドイツ経済を直撃する新しい競争と対峙している。通貨同盟への移行、次々と開放される東欧の国境によって、長い時間をかけて表出してきたドイツの弱さと問題が特に明確になっており、またその競争力が疑問視されている。この問題はとりわけ投資家による生産立地の決定との関係で重要である。現在のドイツは、過去においてドイツのためだけに適用されてきた比較的低い金利という「特権」を、他のユーロ地域と分け合わざるをえない。ユーロの利点を利用するためだけなら、今では他のユーロ諸国で投資を行うことで十分である。労働コストの相違、低い税金、少ない規制といったものが、今日ではユーロ地域内で製造拠点を決定する上で以前にも増してより重要な意味を持っている。以前は、その一部はドイツ・マルクと連結した切り上げリスクによって相殺されていたが、現在では傾向としてより低い借入れコストによっては補完できなくなっている。世界で二番目に重要な国際通貨が通用する地域で活躍するには、ドイツ以外のユーロ地域での投資でも十分なのである。投資は特に将来を見越して決定されなければならないので、投資行動は将来のユーロ地域の中でも特に中・東欧諸国に対して行われている。これらの国では労働コストや税金、あるいは規制はドイツと比較すれば、多くの場合極めて低いか、少ないのである。

通貨同盟に移行する前に、私はこの新しい競争状況を指摘し、ドイツの構造問題を迅速に、かつ永続的に解決することが次第に緊急となってきていることを、何度も世論に訴えた。私の中心的なテーマは、ユーロは政治的、経済的な理由からその目標を追求する上で価値を有しているが、行き詰まった構造問題を解決することはできない、ユーロはむしろこの問題をより明確にし、より重要なものとする、という点に集約される。一九九九年八月末、私はシュレーダー首相やアイヘル蔵相も出席して行われた連銀総裁退任式の演説において、以下のことを指摘した。

通貨同盟への移行は前に向かう大きな一歩であったし、今もそうである。ユーロはしかし我々の国内的な経済的、社会的問題救済のための万能の方程式ではない。新しいチャンスは、ユーロ地域が新しい挑戦と対峙し、首尾一貫して、また継続して対処するときにだけ活用できる。いかなる国も単独で特別の金融政策の道を進んでいくことはできない。また共同体の規則に反した単独の財政政策は、他の全ての国に害をもたらすであろう。新しいリスク共同体は、自己責任と革新の力を発揮して、ユーロ地域が持続的に安定志向の財政・社会政策を実施することにより、長く連帯を維持することを求めている。

行き詰まった構造問題のために確信のもてる解決策を探ることは、避けて通れない。このことはドイツの世論では、当初は色々な意味で残念ながら十分には認識されておらず、また受け入れられてもいなかった。政治に携わる人たちの大部分は、多くの経営者団体や労働組合も含めて、徹底した改革に対する新しい緊急性を長い間認識したくなかったのである。批判的な分析や修正提案はしばしば悲観論者による議論として、あるいは偏狭なイデオロギーとして葬られていた。この点は最近では少なくとも一部では変化している。現在では、中心的な改革のテーマは政治や経営者団体の責任ある人たちによって認識されてきているが、これまで進められてきた改革路線は十分ではない。政治の指導者は、将来の公共の福祉のために、改革が必要であり、またそれが利益をもたらすことを多くの市民に十分納得させることに成功していない。改革のための政策は、色々な場所で多くの精神的な障壁を乗り越えなければならないので、政治が持つ指導的任務はそれだけ重要となっている。

これまでの政策の修正は未だに十分ではない。改革のための政策は次の数年においては、その実施が困難であっても、一層強力に進めていく必要がある。新しいダイナミックな成長のための、そして一層の雇用のためのポテンシャルは十分存在している。それが呼び覚まされ、利用されることが大切である。そしてそのために、ドイツ経済は多くの分野で新しい、信頼に足る枠組み条件を必要としている。それは革新や柔軟性、そして競争力を持つ経済構造をもたらすためである。こうすることによってのみ、ドイツ経済は新しいダイナミズムと国際的な競争力への道に復帰することができるし、そのようになるだろう。そして、長期にわたる成長とより大きな雇用の可能性をもたらすであろう。将来のユーロ地域における諸国間の緊張の増大は、唯一この方法によって回避することができる。

何をなすべきか

ユーロ地域の中で最も大きな経済を持つドイツは、欧州において特別の責任を持っている。ドイツにおける競争力の弱体化と構造問題は、他の諸国の経済に対して短期的には比較優位をもたらすかもしれない。通貨同盟においては、長期的には参加する全ての国の経済は以前にも増して相互依存の関係を強めることになる。一九九〇年にドイツ連銀が基本声明の中で触れたように、「通貨同盟は解消することのできない運命共同体」である。連帯によるこの結合は最終的には参加する全ての国を包摂する。なるほど短期的には、いくつかの国はドイツ経済の弱さから利益を得ることもあるかもしれない。しかしドイツ経済が長く弱い状態のままでいれば、それは長期的には各国の経済発展を阻害することになるだろう。

最近の経済成長の鈍化と失業問題の常態化は、もちろんドイツだけの現象ではない。これはユーロ地域のほとんどの地域に蔓延している。これまでその理由は各国で異なっていた。部分的には、共通通貨を導入したことによる効果の差（例えば投資家に対する信頼性の確保に開きがあること）、あるいはそれ以降の金融政策の統一（例えばインフレ率に差があることによって実質金利に差が生じること）と関係しているのかもしれない。とりわけ重要な点は、各国の出発点での状況や経済構造、政策に差があったこと、また現在もその差が存在することである。経済的に小さいＥＵの国々や、これまで通貨同盟に参加していないEU諸国は、比較的早い段階で経済と社会の変化に歩調を合わせ、新しい挑戦を受け入れていった。しかしそれ以外の諸国、特に経済の比較的大きなフランス、イタリア、ドイツはなお大きく遅れた部分を取り戻す必要がある。この三か国がユーロのチャンスを自国のために、またユーロ地域全体のために現実に持続的に利用することができるのは、改革に対して弛むことのない努力が実施される場合だけである。

各国で問題となる状況が異なっていること、またEUにおける権限の分担を考慮すると、新しい挑戦に対する回答は、特に通貨同盟参加国レベルにおいて政策を将来を見据えたものに修正することから始まる。欧州の様々な機関は、挑戦を受けている国を助成し、必要な修正のために目標としての方向性を示すことができる。マーストリヒト条約は、これを目的として各国の経済政策の協調と定期的な監視のための特別の手続きを採択した（条約第99条）。しかし特に挑戦を受けている国の経済政策のために、これまでこの一般的な協調手続きが共同の声明と一般的な見解以上のものを提出したことはなかった。

このことはしばしば引用されるリスボン戦略についてもいえる。これは二〇〇〇年にEU首脳によって決議されたものであり、欧州の新生・成長プログラムにおいて、EU首脳は次の一〇年に向けた野心的な戦略的目標を作り上げた。そこには、「EUは世界において、知識をベースにした最も競争力のある、ダイナミックな経済を持たなければならない。そうすることによって、より多くの職場とより良い環境を持ち、より社会的な団結を持つ、永続的な成長能力を備えることができるであろう」と記されている。EU委員会はそれ以来多くの特別なプログラムを提出し、その多くは担当する閣僚理事会で採択されている。しかし、このプログラムが持つ経済への実際の影響は、これまでのところ比較的小さい。現在の欧州の状況は、経済的な競争力とダイナミズムを持つ世界の最先端へ前進するというこの野心的な目標からは、以前にも増して大きな開きがある。リスボン戦略のこれまでの経験は、実体経済は儀式ばった意図表明や共同のプログラムからはほとんど影響を受けていない、という事実をあらためて明確にした。確かに、そのようなものは共同の目標設定としては効果がなかった、ということではない。しかし目標設定は現実への接点を失ってはならず、誰に対して呼びかけているのかを、具体的にかつ明確にしなければならない。

ヴィム・コック・オランダ元首相を議長とする専門家グループは、最近これまでの「リスボン戦略」の欠点を明らかにしている。リスボン戦略の目標は共同の実施が期待されているが、この目標は各国の努力によって実現されなければならない。コック・グループは、各国の政策を定期的に公式に評価することで（いわゆるレーティング）、必要な圧力を強化することができると指摘している。既にいくつかの国がこれに明確に抵抗しているにもかかわらず、新しいEU委員会がバローゾ委員長のもとでこの提案を取り上げ、今後リスボン戦略の目標に向けた事実上の前進のために力を注ぐことが期待されている。そこに至る道は簡単なものではないが、全ての欧州の国の長期的な利益と合致するものである。

もっとも、改革の努力は第一義的には各国において実施されなければならないことを指摘しておきたい。多くの場合、決定的な努力不足と成長抑制要因はまさに欧州各国の側にある。従って、しばしば求められる、EUレベルによるより大きな経済政策の協調行動を過大評価してはいけない。各国の出発点と経済構造は異なっているので、より強力な協調努力といっても、詳細部分では間違った回答を引き出したり、政治の世界でも必要な各国間の競争を阻害したりする可能性があるからである。特に協調への努力が、それぞれに異なる枠組み条件と全体システムに配慮することなく、政治的な部分的活動を調和させることに向けられる場合には、注意が必要である。競争政策や貿易政策のような、明らかにEUレベルに権限が与えられた分野では、明確に未来を志向した決定が重要である。一方共同体内の様々な機関は、独自の規則を利用して直接に、あるいは間接に、一義的には各国の権限に委ねられている政治的決定に干渉してはならない。

経済と関連した政策と重なり合う領域（例えば研究・環境・工業・社会政策など）においては、現在の条約や、あるいは政治的慣行による共同体と国の双方の共管権限は、緊急に必要な国家の改革にとって、明らかに推進源というよりもむしろブレーキの役目を果たしている。また共同体と国による共同の資金手当ては、しばしば責任を不明確にしている。従ってEU委員会は、しばらく自制に努め、何でもかんでも参加することはしないことが望まれる。

委員会は各国で求められている改革の必要性を強力に指摘し、その透明性を十分高めるべきである。山積する構造問題を背景に多くの欧州諸国で発生している成長と雇用の問題は、最終的には各国それぞれが解決できるし、解決しなければならない。そしてそのためにこそ各国の政治家の力が求められている。またEUはそれにふさわしいやり方で、政治家を未来志向の決定へと導き、勇気づけることができるし、またそのようにしなければならない。ユーロ地域では特に共通の未来が重要だからである。

第3節 財政規律に関する問題

守られなかった安定・成長協定

マーストリヒト条約で定められた財政政策に関する諸規定と、安定・成長政策を目的とした財政政策の具体化に関する交渉が始まった時、特に通貨価値の安定は経験的に財政政策における持続的な規律に依存する、という共通の考え方があった。通貨同盟を規定するマーストリヒト条約のもとでは、財政政策は各国が実施しているが、以前には各国の財政政策に対して制裁を行っていた市場の力（例えば各国の為替相場）は、通貨同盟においては、国家財政の大幅赤字に対する財政規律メカニズムとしてはほとんどないに等しい。そこで各国は困難な交渉の結果、補足的な安定・成長協定により強制力のある共通の合意に達した。この結果、均衡財政に向けた中期的な基本的指針、単年度の財政赤字上限としてGDPの三パーセントを採用すること、EU委員会と閣僚理事会による監視、必要な場合は制裁の実施などが採択された。特に上限としての三パーセントの厳格な維持と過大な政府債務残高の持続的削減は、将来の全ての国の政策のために義務的な指針となった。この規約の維持は共同して監視されることとなった（第5章第4節参照）。

特にドイツでは、この協定は問題が生じた場合に実際に機能するのか、という疑念が既に当時からあった。最近の進展は、この疑念が大方において正しかったことを示している。財政政策に関する規律は、協定上の合意があるにもかかわらず、最近では多くのユーロ諸国で実効力を失っている。ドイツにおいても残念ながら例外ではない。特に比較的強い経済成長の時代に、早めに適切な財政健全化を実施してこなかったがために、二〇〇〇年以降ユーロ諸国の一部では、共同して決定した赤字上限幅を持続的に上回ったり、もともと高い政府債務残高がさらに増加したり、あるいは共同して合意した手続き規則に違反したりするケースが大きな問題となっている。今ではいくつかのユーロ参加諸国は、共同で決定した財政赤字上限である三パーセントを何回も踏み越えているが、これまでのところ定められた制裁は援用されていない。これは特に通貨同盟の中で最も大きな国、つまりドイツとフランスに当てはまる。過剰な政府債務残高のために、一九九八年には大幅な健全化措置を採用することが義務づけられたイタリアも、自らが課した追加的な義務に十分には応えていない。

ドイツもフランスも、約束した是正策を実現することに失敗した後、その後の制裁発効に向けた手続きは、二〇〇三年秋、ＥＵ委員会の意思に反して、閣僚理事会での多数決をもって中断された。この中断は、このような投票行動に反対したいくつかの国だけではなく、特に委員会からも批判を受けた。同時に多くの識者からは、安定・成長協定の諸規則が空洞化する始まりである、と評された。多くのオブザーバーは、安定・成長協定は今や多くの点で効力を失ったと考えている。二〇〇三年秋の閣僚理事会の決定を受けて、委員会と閣僚理事会出席者の多数との間で手続きに関して法的な争いが生じ、その結果、欧州司法裁判所は公式に委員会に有利な判決を下した。しかし内容的には、財政規律とその維持を巡る争いは終了していない。事実はむしろ逆で、周知の数名の協定批判者は専門的な反論を展開している。そしてあまりに厳格すぎると見られている規則に反対し、少なくともその一部の変更を求める声が、それ以来次第に高くなっている。独、仏、伊では、様々な規則の適格性と援用に関して、首脳による明確な批判が一部では極めて強くなってきた。

これに関する最近の動きはネガティブな効果を持っており、長期的なユーロの安定や、持続する成長力を呼び覚ますために必要な財政規律をさらに風化させている。このことは過小評価してはならない。ましてやユーロ諸国の政府の間での、またＥＣＢとの対立の可能性については注意が必要である。ＥＣＢ政策委員会は二〇〇三年秋の公式声明において、「フランスとドイツにおける過剰な赤字」を議論した際の経済相・蔵相理事会の多数の行動は、「重大な危険性」を孕むことを指摘した。そして規則と手続きに従わないことによって、「制度的な枠組みに対する信憑性と、ユーロ地域に集まった各国の堅実な公的財政に対する信頼が阻害される」危険があることに注意を促した。新しく就任したアクセル・ヴェーバー・ドイツ連銀総裁も、その就任演説の中で安定・成長協定の中心的な意味を「経済政策の秩序を守るガードレール」と述べ、協定は通貨体制と並んで、「ESCBにとって二番目に重要な柱」であると強調した。「合意された規則を守るという全加盟国の意思」が極めて重要であることも、付け加えている。

安定・成長協定改定の試み

ブリュッセルで開催された欧州憲法条約に関する最終交渉で、欧州首脳は、「EU加盟諸国における財政政策の協調のための枠組みとして、安定・成長協定の諸規定の重要性をあらためて」表明した。彼らは同時に、「安定・成長協定の実施」を推進するために、委員会と加盟国の提案に関心を示した。そして協定の援用に関する新しい提案をもって一つの扉が開かれることとなったが、この扉は問題含みの規則の安易な改定につながる可能性がある。例えば、これまでの加盟国の提案の多くは、特定の支出項目を加算しないこと、あるいは特別のケースを例外とすることを求めている。二〇〇四年秋に提出されたＥＵ委員会の変更提案も、違反を防ぐための意味のある改善策と並んで、現在の規則を緩める問題含みの規定を設けている。※

そこでＥＣＢ政策委員会はこれに関して、協定の変更、特に過剰な赤字の判定手続きの変更に警告を発し、「政策委員会は三パーセントという限界値の信憑性を、財政規律に関して期待を定着させるための基本的な前提として、注視している」と二〇〇四年一月のＥＣＢ月報を引用しつつ指摘した。これは正当である。ＥＣＢ総裁であったヴィム・ドイゼンベルグも世論に対して、「ゲームのルール」の変更に対して警告を発し、安定・成長協定を「天の贈り物」と形容した。この表現はともかく、さらに新たな決定が下される場合には、責任を有する政治家は以下のことを念頭に置く必要がある。

ほとんどの加盟国の政府債務が極めて大きくなっていること（特に年金システムにおける債務を財政へ加算する場合）に鑑み、財政規律がさらに風化することは極めて危険である。この風化は、共同で合意した規則の磐石性に対して、その信頼を著しく損ない、通貨同盟内の各国の連帯と、新しい成長能力のために必要な将来の枠組み条件を大きく揺るがすことになる可能性がある。他方、規則

※二〇〇五年六月、欧州理事会は、安定成長協定を緩和する新たな規則を採択した。中核となる財政赤字のＧＤＰ比三パーセント以内、公的債務残高六〇パーセント以内という参照値は維持しつつも、赤字幅算出に際して景気要因を加味すること、構造改革のための財政支出を除外することなど、多くの特例を設けている。

の実施方法の改善は有効かもしれない。特にそれによって予防的な効果が期待される場合はそうである。EU委員会の一般的な早期警告だけでは十分でない。また時限を設定する等により、時宜にかなった修正のために強い圧力をかけていくことも必要である。広く社会で政治的に中立と見られている機関、例えば欧州会計検査院、あるいはこのために特に設立される独立専門家委員会に判定を依頼することも、意味のあることかもしれない。この機関の任務は、過剰な赤字や政府債務へと進む可能性のある問題のあるケースを正しい時期に発見し、修正に向けて公的な圧力をかけることである。マーストリヒト条約のもとでは（それは欧州憲法条約によっても変更されない）、制裁の決定のための最終的な政治的責任は、閣僚理事会が持たなければならない。その決定は、委員会の決定の場合と同様、公開の席において独立した専門知識を持つ人たちの判定によって証明される必要がある。通貨同盟とユーロの将来にとって極めて重要な協定の援用は、これと直接に関係している人たちが持っている日常の政治的な関心によって影響を受けてはならない。

国民と市場の信頼が失われてしまったことを受けて、合意された財政規律が受けたこれまでの風化は、早急にそして持続的に阻止されることが重要である。これに向けてEU委員会も閣僚理事会も改革努力を集中しなければならない。同規則の緩和は、それが短期的には人気があったとしても、欧州における経済的・政治的共存のためには最終的には非生産的で、明らかに危険なものになる可能性がある。財政規律というものは、常に将来に引き延ばしが可能なヴィジョン以上のものでなければならない。国家財政において各国間の連帯が不足することによるリスクは、ユーロにとっては長期的にあまりにも大きい。従って責任を有する人たちが意識しなければならないことは、ユーロの永続的な安定と対立回避のためには、十分な、そして長期にわたる加盟国の財政規律を必要とする、という点である。安定的な国家財政と、増大する雇用を伴う力強い経済成長は、特に長期的には対立するものではない。両者はむしろ多くの点で双方を補完する。欧州のように、経済活動に占める国家の割合と国の負債が既に極めて大きくなっている所では、この補完関係は特に重要である。

終章
一層の政治的な統合が必要か

ユーロ紙幣

関心の薄れた欧州の深化

経済通貨同盟が成立して五年以上が経過した。これまでの経緯を中間報告として総括すれば、全体としては成否入り混じった姿を示している。ユーロが受け入れられたこと、安定していること、日常の政治的な影響から離れたＥＳＣＢの決定能力と行動能力などは、疑いもなく資産の部に計上される。これらは欧州のこれからの将来にとってポジティブな影響を与えるであろう。従ってここでは改革は求められていない。逆に、法的な枠組みを変更したり、あるいは一般的に政治的に中立であるＥＣＢ政策委員会の任命形態を変えたりすることは、ＥＣＢの信憑性を損なう可能性がある。他方、この中間報告における負債の部、つまり批判的な諸点としては、特に最近次第に明らかとなっている構造問題からくる主要なユーロ諸国の低成長、そして財政規律のために合意された規則が問題化したことによる規律の形骸化、が指摘できる。両者ともその原因は通貨同盟それ自体にあるのではない。それらは困難な、長く堆積してきた主要国の国内政策における欠陥の集積である。ユーロと通貨同盟の将来の発展にとって危険となる、あるいは対立の可能性を含んだエネルギーは過小評価されてはならない。責任を担う立場にある人は全て、責任を自覚しつつ納得しうる決定を行うという挑戦と対峙している。

経済通貨同盟に関する議論が始まって以来対立している基本問題も、重要性を増している。通貨同盟は長期的にはさらに一層の政治統合を必要とするか、という問題がそれである。もしそれが必要とされているなら、どのような形が適当であり、実現可能なのか。この問題に対する解答は、EUだけではなく、経済通貨同盟の拡大プロセスが未だに終了しておらず、また政治的に多様な意見が既に明らかに広がりを見せていることもあって、早急に提示されなければならない。一九九〇年、通貨同盟は「あらゆる経験に従えば、永続的に存続するために包括的な政治同盟の形を持つ、将来に向けた結合を必要とする」と指摘したのは連銀理事会だけではない。一九九二年のマーストリヒト条約に関する連邦議会の決議でも、経済通貨同盟は統合の深化への重要な一歩として歓迎され、続けて、「EUは可及的速やかに政治同盟へと発展しなければならない」と述べている。オットマー・イッシングECB理事は一九九九年に世論に対して、「通貨同盟への道を勇敢に進む欧州は、政治的な同盟の形態に関する決定に対して尻込みすることはできない」と強調した。これは正しい主張である。

こういった見解の表明はしかし、必要と考えられている政治的な同盟への発展を肉付けするための具体的な内容を伴っていない。この種の政治的な同盟の構造と任務について目標を立てることは、ドイツ国内の議論においても長い間様々に拡散している。さらに、政治的に深く結合することに批判的な立場にある国民の感情を害したくない、とする意見があったことも、これに一定の役割を果たしたかもしれない。英国やスカンジナビア諸国と並んで、フランスも長い間この状況にあった。しかし最近では、フランスの雰囲気は、少なくともその一部ではどちらかといえば開かれたものとなっている。一方ドイツでは近年、ＥＵの政治的な深化に対して批判的な風潮が出てきている。多くの人は明らかに、欧州の政治的な集権化を恐れている。

いくつかの提言

通貨同盟それ自体が既に政治的な同盟の一つである、としばしば強調されているが、それは正しい指摘である。問題は、それで長期的にも十分なのか、という点である。欧州において、通貨同盟は政治的な同盟が前進することによって長期的に補完されることを必要としているのか、またどの程度必要としているのか。この問題は多くの場合加盟国の経済的・政治的条件と、政治的な同盟の形に依存している。柔軟性と機動性を通して市場の力を活用し、経済と社会を作り出すために自己中心的な政策を放棄することが各国で困難であればあるほど、拡散と対立を避けるために各国の政策を共通の方向に向けるという必要性は、それだけ大きくなければならない。現在いくつかのユーロ参加国で国家の経済への影響力を少なくするという試みがあるものの、欧州各国の政策は、将来もたびたび政策の形成や修正など経済プロセスに介入するだろう、という前提に立つ必要がある。欧州で支配的な各国の伝統や優先順位は、市場の力だけに任せる経済や社会の発展を全く許さないからである。将来においても、各国に異なる形で影響を与える外部の経済的ショックや競争条件の変化は排除できないだけに、国家による介入はなおさら重要である。

通貨同盟のもとで参加各国の政策決定は、以前と同じ様な市場のコントロールに服していない。各国の通貨の間での為替相場を修正することは、もはや可能ではない。また各国の間で競争は確かに激化しているが、それに対する回答としての各国の政策は、それぞれ異なったものである可能性があり、その回答が、容易に他の国の負担となる可能性がある。従って通貨同盟の中での一体性を損なったり、参加各国を不利にするような政策を阻止するためには、通貨同盟における一定の制約とコントロールが必要不可欠である。もっともこれらを確保するために政策相互の意味のある競争を排除してはならない。競争を歪曲するような介入や、他の国を不利にする政策は、通貨同盟の基本としての経済同盟の原則に反している。このような政策を回避させるための可能性の一つは、共同して監視しながら国の活動を規制するルールに合意することである。しかし安定・成長協定のこれまでの経験は、共同のルールの効果の限界を示した。従ってルールの効果が持続的に改善されるのか、どの程度改善されるのか、はこれからの進展を見守る以外にない。

さらに通貨同盟は、同盟に参加した全ての国民経済に対して、最低限の共通の経済秩序の枠組みを必要としている。現在の経済秩序の枠組みは、EU全体に対しては既に出来上がっている。しかし特定の分野ではどちらかといえば行き過ぎたものとなっており、EUの多様で詳細な法令がそのことを明らかにしている。また詳細な法令と官僚的な規制があまりにも拡大しているが、その原因は特に、しばしば曖昧に定められた国と超国家組織のレベルでの権限配分に求められる。極めて不明確で十分な行動能力の備わっていないEUレベルでの決定機構もその一因となっている。そこで対内的に、あるいは対外関係において通貨同盟がより経済効率的に活動できるように、枠組み条件と各政策に対する所管について明確化することは極めて重要である。まさに通貨同盟においては、新たな成長力に伸びる余地を与え、今後の展開をより予見しやすくするために、経済はできるだけ明確な経済秩序の枠組みを必要としている。共通の通貨は、対外関係において幅広い各国の長期的な政策的一体性をも必要としている。

全体が見渡せ、判断を行うことができるような秩序体系は、最終的には欧州における政治的な協調と、決定構造をさらに発展させることによってのみ達成可能となる。この将来へと続く協調が内外で政治的な同盟と形容されるかどうかは、さして重要なことではない。連邦国家か国家連合かという伝統的な概念について争うことも、それだけではほとんど前進はないだろう。かつてヴァルター・ハルシュタインによって提唱された、最終目標としての伝統的な欧州の連邦国家は、今日では当時と比べて明らかに支持を失っている。当時でもこの問題については議論があった。それに対して国家連合という概念は、主権国家の緩やかな協調から、限定された主権を超国家的な組織に移譲することによって長期的な連結を図ることまで、多くのことを包含している。通貨同盟が永続的に機能するためには、明確な、可能な限り共通の秩序の枠組みが重要である。それは財政規律を引き続き確実なものとし、対外的には共通の政策を可能とするものでなくてはならない。つまり、通貨には持続的な経済力と国内政策だけではなく、国際的な共通の政策像も反映されているのである。

従って外交防衛政策の共通性も、共通通貨を評価する場合には極めて重要である。

通貨同盟の将来のために今後とも重要な、幅広い政治統合を目標として、現在のEUのステータスについては特に二つの中心的な改善が必要である。

—各国のレベルと超国家的なレベルの権限を明確に規定し、できるだけ明確に権限の帰属を決定すること。

—民主的なコントロールを持った、より良い決定能力と行動能力のある超国家的な組織とすること。

過去一〇年間にEUと加盟各国の間で共同所管の事業が大きく増えていったことから、双方のレベルで政策が次第に策定不能なものとなり、明確な決定が色々な面で阻害されてしまった。その結果は専門家にとってもしばしば全体を見えにくくしており、ましてや責任の具体的な帰属に至っては見通しがたくなっている。権限を明確に限定しなければ、欧州では官僚組織のジャングルはより広くなることはあっても、小さくなることはない。補完性の原則を一般的に徹底するだけではその効果は限定的である。

緊急の課題は、EUレベルで組織の決定能力と行動能力を改善することである。これは特に、拡大によって大きくなった国益と代表部の数を前にして、重要な問題となっている。欧州共同体の創設以来、効率の改善については色々な試みがあった。しかしこの試みは、共同体レベルでの組織や権限の配分、あるいは決定のための規則を基本的に変更することにはならなかった。最後には国益の支配が実質的な変更をほとんど阻止していたのである。その結果は各種の決定プロセスを見れば一目瞭然であり、決定のためにしばしば数年が費やされ、ＥＵの機関に対してはアクティブに行動する可能性がほとんど与えられていない。さらにＥＵの対内的あるいは対外的関係において、行動能力が制限されていることを過小評価してはいけない。様々な関係によって制限を受けている「ガリバーのような状態」は、欧州のレベルにおいて将来に向かって政策を作り上げるためには、ふさわしい枠組みとはいえない。

一層の発展のために

マーストリヒト条約の採択に当たって、特にドイツの政界においては、政治統合の推進と、欧州で行動能力を有する政策組織の創設のために、通貨同盟はすぐにも触媒としての力を発揮する、という希望があった。これまで、この触媒的な効果はほとんど知覚されていない。二〇〇四年の新しい欧州憲法条約案は、特に多数決による議決と行政組織の一部分で一定の前進をもたらした。しかし制度に関する基本的構造は、欧州憲法条約が期待どおり批准された後でも効率の良いものとはなっていないだろう。基本構造は、ＥＵが二〇〇四年に二五か国に拡大されたことによって、より動きにくいものとなっている。そしてさらに加盟国が拡大すればなおさらである。

欧州憲法条約によっても十分には解決されていないテーマとして、特に加盟各国と超国家レベルの間での権限の帰属を指摘したい。事業の共同所管はさらに拡大される模様である。補完性の原則を援用することによって、新たなEUの活動に一線を画そうとしても、限定的にしか行いえないだろう。欧州の政策の将来の発展のために、また特に通貨同盟のために、より明確に権限を配分し限定することは、参加国とEU両方のために、また超国家的組織の持続的な強化のために緊急に必要である。欧州理事会議長やユーロ・グループ議長の任期を複数年とすること、あるいはEU外務大臣の任命などだけでは十分ではない。EU委員会の役割の強化（例えば安定・成長協定の監視の場合）や、閣僚理事会の権限と任務をより明確にすること（例えば立法権や行政権など）と並んで、欧州議会の将来の役割についての明確化も必要である。

必要な政治統合の拡大と深化は、欧州憲法条約をもってしてもなお十分には前進しておらず、明確化されてもいない。そして通貨同盟も、超国家的なレベルでの経済財政政策分野のためにより効率的な規則と組織を必要としている。カルロ・チャンピ・イタリア大統領とホルスト・ケーラー・ドイツ大統領は、ローマにおける最初の会合で、欧州憲法条約は更なる統合のための最終地点ではなく、出発地点として理解されるべきであろう、という点を共同で強調した。これは正しい指摘である。

通貨同盟は長期的に一層の、かつより明確な政治的一体性を必要としており、憲法条約による修正はその一部でしかない。例えば新しい欧州憲法条約は、加盟諸国の一部の間での「協調の強化」

の可能性を明確に想定している。しかしこの道を利用する場合には、新しい活動領域のために欧州理事会の全ての加盟メンバーの支持が必要となる。一方欧州の一層の統合の形については、各国の間で関心項目や意見が拡大によってむしろ拡散している。こういう状況の中では、統合活動を様々な形で進めていくことは将来容易になるということでは全くないだろう。

ユーロへの移行は、欧州の更なる統合への道において重要な中間地点を表示しているが、統合はさらにその他の領域における共通化によって、特により効率的な政策組織によって補完される必要がある。幅広い政治的統合の前進というテーマは、従って欧州の政治アジェンダとして残らなければならない。そして、EUの中で多様な政治的統合の度合いを持つ組織がもっと容易にその存在を認められるようにすべきである。このような道を進むことによって、欧州とユーロのために新しい政治的な展望が開かれるであろう。ユーロに参加した各国は、共通の、そして前進する政治的統合のために、共同してこの道を利用することができるかもしれない。

全体としてみれば、ユーロに至る長い道のりは多くの、そして困難な挑戦であった。これまでの中間報告は、そこに至る過程で払われた努力が実りをもたらしたことを教えている。ユーロは参加各国のために多くの新しいチャンスを切り開いた。このように全体としてはポジティブな判断ではあるが、ユーロは将来も挑戦である、という事実に目を閉ざしてはいけない。経済と政治はこの挑戦と対峙しなければならない。こうすることによってのみ、長期的にも成果を期待しうるであろう。

訳者あとがき

本書は、二〇〇五年にドイツ・ハンザー社から出版された『ユーロへの挑戦──その成立とそれがドイツの将来にとって意味するもの』(*Herausforderung Euro — Wie es zum Euro kam und was er für Deutschlands Zukunft bedeutet*)の全訳です。著者はドイツ連邦大蔵省次官を経て一九九三年から一九九九年までドイツ連邦銀行総裁の職にあったハンス・ティートマイヤー教授で、一九六二年に連邦経済省に入省して以来一貫して、ほぼ四〇年間にわたって欧州通貨統合問題を直接担当し、常に交渉の最前線にありました。

欧州中央銀行が活動を開始した一九九九年前後には、わが国でも欧州中央銀行の機能や制度、運営に始まり、通商・通貨に関して米欧の対抗機軸から発生した通貨統合の歴史や理論について優れた書籍が出版されています。しかし本書は、著者が交渉者として直接かかわりあった場面を再現し、それに対する著者の判断が明らかにされており、その意味で著者にしか書けない、臨場感のあるメモワールとなっています。また、文章の端々にはドイツとヨーロッパに対する特別の思いが漂っています。

ティートマイヤー教授は、欧州における通貨統合は経済的にも歴史的にも必然であるとの立場から、一九六〇年代の統合論に関する黎明期から始まって、欧州中央銀行の設立とユーロの発展を二〇〇四年までにわたって、交渉の現場を中心に詳述しています。ヴェルナー・プラン（第2章第1節）、独仏イニシアティブによる欧州通貨制度（第3章第1節）、ドロール報告（第4章第2節）、マーストリヒト条約（第4章第5節）、安定・成長協定（第5章第4節）などは本書の骨格を構成しています。また、ユーロ地域における経済成長が鈍化を続ければ、ユーロそのものの安定にも問題が生じることについても一章（第6章第2節）が設けられています。

私は一九九六年から五年間フランクフルトの日本国総領事館に勤務していました。欧州通貨機関（EMI：欧州中央銀行の前身）が一九九四年にフランクフルトに創設されてから、ここに集まったEUの各国中央銀行の専門家は共通の目標である通貨同盟の準備に専心し、欧州通貨機関を収容したユーロタワーは不夜城の感を呈していました。

欧州通貨の統一についてはドイツにおいてさえも懐疑的な議論が多くあり、ユーロが流通を始めた二〇〇二年辺りでも懐疑論は残っていました。しかしその後のユーロの着実な発展を見て、ユーロは最強通貨の一つとしての道を歩んでいる、と判断している専門家も多くなっているようです。それはともかく、これからのユーロの発展に対する関心はより大きくなっています。これに関して、著者は終章において広い立場から、根源的な指摘をしていますが、最も重要な点は、ユーロの価値の維持の為に決定された手段を守り、欧州の統合をこれからも持続的に進めることがユーロの安定を維持する上で重要である、としています。とりわけ欧州連合の深化が重要であるとして、「通貨同盟は解消することの出来ない運命共同体」であって、ユーロは将来も挑戦を続けることがその安定に寄与する道である、と述べています。

ところで本書は副題にも示してあるように、「ユーロがドイツの将来にとって意味するもの」を意識して書かれています。戦後、ドイツでは特に歴史学者の中で、ドイツ人は「特有の道」を歩んできた、という議論が展開されました。勿論この議論は戦争という暗い過去が出発点となっており、なぜドイツは他の西欧諸国と比べて「特有の道」を辿ったのか、そしてなぜ二〇世紀の悲惨な歴史の原因を作ったのか、という問いかけがドイツ市民の間に広く存在しています。

これについてベルリン・フンボルト大学のハインリッヒ・ヴィンクラー教授は『西欧への長い道』(*Der lange Weg nach Westen*, Heinrich Winkler, I, II, C. H. BECK, 2002) において、神聖ローマ帝国の終焉から検証を始めています。そして結論として、「各国は固有の歴史を有している。しかしドイツの歴史はその中でも「特有の道」を歩んできた。ドイツの市民が歴史を現代の立場から見直すのはドイツ人のためだけではない。ヨーロッパという共同のプロジェクトを進めるためにも、ドイツの歴史を理解することが必要である」として、ドイツが進むべき将来の道を暗示しています。この考えは歴史学者だけの議論に留まってはいません。ドイツ産業連盟の会長であったハンス・オーラフ・ヘンケルIBMヨーロッパ元会長の著書『成功の倫理』(*Die Ethik des Erfolgs*, Hans-Olaf Henkel, Econ, 2002) の第一章は「特有の道を持つ国民」となっています。そして一歩を進めて、普通の国の国民の一人として、束縛を離れてより自由な発言や経済行動をとるべきである、と述べています。本書『ユーロへの挑戦』は「特有の道」については直接には言及していません。しかしドイツが欧州の深化に積極的に係わることを求め、それがユーロと欧州の安定に貢献することを指摘しており、ヴィンクラー教授と同じ視点から書かれているといえると思います。

本書はメモワールとはいえ、内容は理論的で専門書的な要素が多分に含まれています。そこで出版に当たっては監訳者の方々にひとかたならぬお世話になりました。京都大学の村瀬哲司教授は私の訳文を原書に照らし合わせて全面的にチェックされ、また専門用語の解説と本書関連事項の時系列的な一覧表の作成を担当されました。国際通貨研究所の篠原興専務理事、絹川直良（前）経済調査部長、田中和子客員研究員には、読みやすい日本語への訳文の修正と推敲、さらに事実関係の確認など、極めて広範囲かつ詳細にご助言・ご尽力いただきました。また京都大学学術出版会の鈴木哲也編集長と斎藤至編集室員には、本の構成への工夫など編集の立場から貴重なご助言をいただきました。本書を出版までこぎつけることが出来ましたのは、これらの皆様のご協力のおかげです。各位に深謝申し上げます。

原著の全体は二六の章から構成されていますが、翻訳にあたっては、この上に七つの章を設け、原著の章は「節」として、各章ごとに番号を振り直しました。なお、原著の注はそのほとんどが、歴史的背景に関する詳細な説明から成っています。また、参考文献は英語・フランス語・ドイツ語の書籍から成り、必ずしも日本国内で入手しやすいものではありません。翻訳にあたっては、日本の読者の便宜を考え、これら原注と参考文献を省略いたしました。関心のある読者は、適宜、原著をご参照いただくとよいでしょう。

本書が日独の理解の一助になれば望外の喜びです。

二〇〇七年五月

山木　一之

事　項　索　引

◎か行

◎さ行

◎た行

◎な行

◎は行

人　名　索　引

本書に関連する主な出来事

1948年6月	西ドイツの通貨改革によりドイツ・マルク誕生。
1950年1月	欧州経済協力機構（OEEC）が欧州決済同盟（EPU）を創設。
5月	仏外相ロベール・シューマンが欧州統合の礎となる「シューマン宣言」発表（5月9日は「欧州の日」として祝われている）。
1951年4月	欧州石炭鉄鋼共同体（ECSC）を設立するパリ条約調印。1952年7月発効。
1957年3月	フランス、西ドイツ、イタリア、ベネルックスの6か国がローマ条約調印。
1958年1月	ローマ条約に基づき欧州経済共同体（EEC）と欧州原子力共同体の設立。
同	欧州通貨協定（EMA）締結。
12月	欧州主要国の通貨が交換性を回復。
1961年3月	マルク切り上げ。1ドル4.20マルクから4.0マルクへ。
	ロバート・マンデル（1999年ノーベル賞受賞）が最適通貨圏理論発表。
1962年	ハンス・ティートマイヤー、ドイツ連邦経済省入省。
10月	仏のマルジョランEEC委員会委員「長期経済計画」を提案、西独反対。
1963年1月	独仏友好条約（エリゼ条約）締結。
1964年 春	中央銀行総裁評議会の設立。
秋	西独で五賢人委員会が最初の年次報告書で弾力的な為替相場を勧告。
1965年7月	ドゴール仏大統領によるEEC大臣会合「欠席政策」。
1967年	カール・シラー西独経済相主導で「安定・成長促進法」成立。
7月	ブリュッセル併合条約発効により欧州共同体（EC）発足（欧州3共同体—ECSC、EEC、EURATOM—の理事会、執行機関の一本化）。
11月	英ポンド14%切り下げ。
1968年7月	EC関税同盟完成。
10月	ボンでの10か国グループ「結果の出ない会議」（マルク切り上げ見送り）。
1969年2月	経済通貨政策の協調強化に関するバール提案。

	4月	ドゴール仏大統領退陣。
	8月	フランス・フラン11%切り下げ。
	10月	マルク9.3%切り上げ。
	12月	デンハーグ首脳会議で経済通貨同盟の段階プラン作成に合意。
1970年	3月	経済通貨同盟のための「ヴェルナー・グループ」作業開始。
1971年	3月	閣僚理事会がヴェルナー計画を採択。
	5月	西独の為替市場閉鎖、ドイツ・マルクとオランダ・ギルダーがフロート。
	8月	ニクソン米大統領がドルの金兌換停止を発表。
	11月	ポンピドー仏大統領が経済通貨同盟の計画を批判。
	12月	スミソニアン合意でドルの切り下げとマルク、円などを切り上げ。
1972年	4月	「トンネルの中の蛇」(欧州通貨共同フロート制) 実施。
	6月	西独が為替市場を閉鎖。資本流入規制を実施。
1973年	1月	英国、アイルランド、デンマークEC加盟。
	3月	アメリカ合衆国がドル平価を放棄。世界は変動相場制の時代に入る。
	6月	欧州通貨協力基金が業務を開始。
	10月	第一次石油危機。
1974年	5月	シュミット西独首相、ジスカール・デスタン仏大統領が就任。
1978年	4月	欧州の通貨協力に関するコペンハーゲン・イニシアティブ。
	6月	ブレーメン欧州理事会で欧州通貨制度に関する独仏共同提案。
	9月	ECUの役割に関するアーヘンでの独仏首脳の妥協。
	11月	シュミット首相が連銀に過度の介入義務を課さないことを約束 (いわゆるエミンガー書簡)。
	同	カーター米大統領がドル防衛策を発表。
	12月	ブリュッセル欧州理事会で欧州通貨制度に合意。
1979年	3月	欧州通貨制度 (EMS) が発足。
	5月	マーガレット・サッチャー英首相就任。
	秋	マルクの2%切り上げ。デンマーク・クローネ2回切り下げ。
1981年	1月	ギリシャEC加盟。
	5月	ミッテラン仏大統領就任。
	10月	EMS多角的平価調整 (マルク、ギルダー切り上げ、仏フラン、リラ切り下げ)。

1982年	春夏	EMS多角的平価調整（マルク、ギルダー切り上げ、フランなど切り下げ）。
	9月	コール首相率いるCDU/CSUとFDPの連立政権成立。 ハンス・ティートマイヤー、ドイツ連邦大蔵省事務次官就任。
1983年	3月	独仏秘密交渉。EMS多角的平価調整とフランス安定政策へ軌道修正。
1985年	初め	ジャック・ドロールEC委員長就任。
1986年	1月	ポルトガルとスペインEC加盟。
	2月	単一欧州議定書に調印(経済通貨同盟がEC条約の見出しに)。
	4月	仏政府申請によりEMSの多角的平価調整(仏フラン切り下げなど)。
	8月	電話による通貨評議会決定でアイルランド・ポンド8%単独切り下げ。
1987年	1月	独仏協議に続きEMSの多角的平価調整（マルクなど切り上げ）。
	9月	EMS強化のためのバーゼル・ニューボー合意。
	10月	ミッテラン仏大統領が初めて欧州中央銀行に言及。
	11月	フランスの申し入れにより独仏金融経済評議会が発足。
1988年	6月	欧州理事会で資本移動自由化のためのガイドライン採択。
	同	欧州通貨同盟検討のためのドロール・グループ結成。
1989年	4月	ドロール報告（経済通貨同盟創設に関する欧州委員会の報告書）発表。
	10月	英国大蔵省が「ハードECU」創設を提案。
	11月	ベルリンの壁崩壊。
	同	コール首相「ドイツ統一のための10項目プログラム」発表。
1990年		ハンス・ティートマイヤー、ドイツ連銀理事就任。東西ドイツ統一交渉に際してはコール首相顧問兼交渉団一員として参加。
	4月	ジャック・シラク（仏野党指導者）「欧州統一通貨の導入」に反対。
	7月	欧州経済通貨同盟（EMU）第一段階の開始。資本移動の自由化。
	9月	連銀が条件付でEMUに賛成する旨の見解を採択。
	10月	東西ドイツ統一。

	同	英ポンドが EMS の為替相場メカニズムに参加。
	11月	サッチャー英首相退陣、メージャー首相就任。
	12月	EMU の条約交渉のために政府間会議開始。
1991年	12月	マーストリヒト欧州理事会で条約テキストに合意。
1992年	2月	マーストリヒト条約に調印。
	6月	デンマークが国民投票でマーストリヒト条約を否決。
	7月	連銀は公定歩合を歴史最高の 8.75%へ引き上げ。
	8月	英独仏伊の蔵相と中銀総裁がパリのベルシーで秘密会議。
	9月	欧州通貨危機。英ポンドが為替相場メカニズムから離脱（暗黒の水曜日)、伊リラの介入停止。スペイン・ペセタ切り下げ。
	同	フランスが国民投票でマーストリヒト条約僅差で可決。
	11月	スペイン・ペセタとポルトガル・エスクード切り下げ。
1993年	1月	アイルランド・プント切り下げ。単一市場開始。
	5月	スペイン・ペセタとポルトガル・エスクード切り下げ。
	同	デンマークが二度目の国民投票でマーストリヒト条約可決。
	7月	欧州通貨危機の再発。仏フランに売り投機 (22 日数時間のうちに 200 億マルク介入)。独仏蔵相・中銀総裁の秘密会議。
	8月	EMS 参加通貨の変動幅を ± 2.25%から ± 15%に拡大。通貨危機沈静化。
	10月	ハンス・ティートマイヤー、ドイツ連銀総裁に就任。
	同	欧州中央銀行（ECB）の所在地フランクフルトに決定。
	11月	マーストリヒト条約が発効。EC は欧州連合（EU）に改組。
1994年	1月	EMU 第二段階開始。欧州通貨機関（EMI：ECB の前身）発足。
1995年	1月	オーストリア、スウェーデン、フィンランド EU 加盟。
	5月	シラク仏大統領就任。
	12月	マドリッド欧州理事会で新通貨の名称「ユーロ」に合意。
1996年	11月	伊リラが EMS 為替相場メカニズムに復帰。
	12月	ユーロ紙幣のデザインを公募で決定。
1997年	7月	アムステルダム欧州理事会で安定・成長協定を採択。ユーロ使用の法的枠組み等最終合意。
	10月	ミュンスターの独仏蔵相評議会で「ユーロ・グループ」会合に原則合意。
1998年	3月	欧州委員会と EMI が収斂レポートを発表。

5月	欧州理事会がEMU第三段階参加11か国を決定。
同	欧州理事会でECB初代総裁人事をめぐり紛糾。
6月	ECB設立。ヴィム・ドイゼンベルグ総裁就任。
同	ドイツ・マルク50周年記念式典。
10月	コール首相退任。シュレーダー独首相就任。
12月	連銀最後の金融政策決定。証券レポ金利を3.3%から3.0%へ引下げ。
1999年1月	EMU第三段階開始（11か国参加）。ユーロ誕生。
8月	ハンス・ティートマイヤー、ドイツ連銀総裁を退任。
2000年3月	欧州理事会がリスボン戦略を決議。
7月	「ユーロ・グループ」の発足。
10月	ユーロが対ドル（0.82ドル台）、対円（88円台）の最安値を記録。ECB介入。
2001年1月	ギリシャがEMUに参加。
2002年1月	ユーロ紙幣、硬貨流通開始。
2003年7月	ドイゼンベルグECB総裁が任期途中で辞任、トリシェ総裁へ。
11月	閣僚理事会が独仏に対する安定・成長協定上の「過大な財政赤字手続き」を中断。ECBが抗議声明発表。
2004年5月	東欧・地中海10カ国EU加盟（25カ国へ）。
10月	欧州憲法条約に調印。
12月	ユーロが対ドル（1.36ドル台）の高値を記録。
2005年5月	フランスが国民投票で欧州憲法条約を否決。
6月	オランダが国民投票で欧州憲法条約を否決。
同	欧州理事会が安定・成長協定を改定・緩和。

（本書その他資料に基づき監訳者作成）

[監訳者紹介]

財団法人　国際通貨研究所

1995年に東京銀行（現三菱東京UFJ銀行）によって設立された公益法人。国際金融・国際通貨について、シンポジウムの開催、出版物の刊行や調査研究の実施を通じて、国内外での質の高い情報提供と政策提言のための活動を行っている。理事長は大蔵省財務官、東京銀行会長などを歴任した三菱東京UFJ銀行特別顧問の行天豊雄。

ホームページURL：http://www.iima.or.jp

村瀬　哲司（むらせ・てつじ）

1945年生まれ。1968年、一橋大学商学部卒業。東京銀行、東京三菱銀行調査部長を経て、現在京都大学国際交流センター教授。2001年、京都大学学位取得（経済学博士）。

著　書：『アジア安定通貨圏──ユーロに学ぶ円の役割──』勁草書房、2000年
『東アジアの通貨・金融協力──欧州の経験を未来に活かす──』勁草書房、2007年
A Zone of Asian Monetary Stability, Asia Pacific Press, 2002. 他共著多数

翻　訳：『マルクの幻想─ドイツ連銀の栄光と苦悩』D. バルクハウゼン著、日本経済新聞社、1993年

[訳者紹介]

山木　一之（やまき・かずゆき）

1949年生まれ。1974年、岡山大学中退、外務省入省。ドイツキール大学で研修後、在東ドイツ日本国大使館、在フランクフルト日本国総領事館などに勤務。2005年病気のため退職。現在ドイツ関係のアクチュアルなテーマの翻訳に従事。

論　文：「独仏関係は大西洋関係にいかに影響するか」（『外交フォーラム』1993年8月号）

[著者紹介]

ハンス・ティートマイヤー (Hans Tietmeyer)

1931年生まれ。1960年政治学博士（ケルン大学)。1962年にドイツ連邦経済省入省。1982–89年ドイツ連邦大蔵省次官。1990年ドイツ連邦銀行理事となり、1993年総裁就任。1999年に総裁職を退任してのち、現在は欧州ビジネス・スクール学長、国際決済銀行副総裁、IMF金融安定フォーラム委員など役職多数。ほぼ40年間にわたって欧州通貨統合問題を直接担当する。ドイツ連邦共和国大功労十字章、わが国の旭日大綬章を授与される。

ユーロへの挑戦

2007年9月15日　初版第一刷発行

著　者　ハンス・ティートマイヤー
監訳者　財団法人　国際通貨研究所
　　　　村　瀬　哲　司
発行人　加　藤　重　樹

発行所　京都大学学術出版会
京都市左京区吉田河原町15-9
京大会館内（〒606-8305)
電話（075）761-6182
FAX（075）761-6190
URL http://www.kyoto-up.or.jp
振替　01000-8-64677

ISBN 978-4-87698-726-9
Printed in Japan

印刷・製本　㈱クイックス東京
定価はカバーに表示してあります